Direito
Imobiliário

O GEN | Grupo Editorial Nacional – maior plataforma editorial brasileira no segmento científico, técnico e profissional – publica conteúdos nas áreas de concursos, ciências jurídicas, humanas, exatas, da saúde e sociais aplicadas, além de prover serviços direcionados à educação continuada.

As editoras que integram o GEN, das mais respeitadas no mercado editorial, construíram catálogos inigualáveis, com obras decisivas para a formação acadêmica e o aperfeiçoamento de várias gerações de profissionais e estudantes, tendo se tornado sinônimo de qualidade e seriedade.

A missão do GEN e dos núcleos de conteúdo que o compõem é prover a melhor informação científica e distribuí-la de maneira flexível e conveniente, a preços justos, gerando benefícios e servindo a autores, docentes, livreiros, funcionários, colaboradores e acionistas.

Nosso comportamento ético incondicional e nossa responsabilidade social e ambiental são reforçados pela natureza educacional de nossa atividade e dão sustentabilidade ao crescimento contínuo e à rentabilidade do grupo.

Marcelo **Tapai**

COORDENAÇÃO
Renee do Ó **Souza**

Direito
Imobiliário

■ O autor deste livro e a editora empenharam seus melhores esforços para assegurar que as informações e os procedimentos apresentados no texto estejam em acordo com os padrões aceitos à época da publicação, e todos os dados foram atualizados pelo autor até a data de fechamento do livro. Entretanto, tendo em conta a evolução das ciências, as atualizações legislativas, as mudanças regulamentares governamentais e o constante fluxo de novas informações sobre os temas que constam do livro, recomendamos enfaticamente que os leitores consultem sempre outras fontes fidedignas, de modo a se certificarem de que as informações contidas no texto estão corretas e de que não houve alterações nas recomendações ou na legislação regulamentadora.

■ Fechamento desta edição: 17.01.2022

■ O Autor e a editora se empenharam para citar adequadamente e dar o devido crédito a todos os detentores de direitos autorais de qualquer material utilizado neste livro, dispondo-se a possíveis acertos posteriores caso, inadvertida e involuntariamente, a identificação de algum deles tenha sido omitida.

■ **Atendimento ao cliente: (11) 5080-0751 | faleconosco@grupogen.com.br**

■ Direitos exclusivos para a língua portuguesa
Copyright © 2022 by
Editora Forense Ltda.
Uma editora integrante do GEN | Grupo Editorial Nacional
Travessa do Ouvidor, 11 – Térreo e 6º andar
Rio de Janeiro – RJ – 20040-040
www.grupogen.com.br

■ Reservados todos os direitos. É proibida a duplicação ou reprodução deste volume, no todo ou em parte, em quaisquer formas ou por quaisquer meios (eletrônico, mecânico, gravação, fotocópia, distribuição pela Internet ou outros), sem permissão, por escrito, da Editora Forense Ltda.

■ Capa: Bruno Sales Zorzetto

■ **CIP – BRASIL. CATALOGAÇÃO NA FONTE.
SINDICATO NACIONAL DOS EDITORES DE LIVROS, RJ.**

T175d
2. ed.

Tapai, Marcelo de Andrade
Direito imobiliário / Marcelo de Andrade Tapai; coordenação Renee do Ó Souza. – Rio de Janeiro: Método, 2022.
400 p. ; 21cm (Método essencial)

Inclui bibliografia
ISBN 978-65-5964-429-2

1. Direito imobiliário – Brasil. I. Souza, Renee do Ó. II. Título. III. Série.

22-75613 CDU: 347.23(81)

Camila Donis Hartmann – Bibliotecária – CRB-7/6472

Agradecimentos

À minha querida esposa Giselle, pelo apoio e colaboração para a realização tanto desta obra como em todos os projetos da minha vida.

Ao meu filho Vinicius e ao meu sobrinho Renato Estevan, que participaram de forma direta com pesquisas e sugestões.

Para Bia, minha filhinha, que nunca parou de incentivar este trabalho, e para a minha mãe Vanda pelo amor incondicional.

Apresentação

Esta obra busca apresentar de maneira simples e didática os principais temas do Direito Imobiliário, possibilitando uma visão ampla sobre a matéria, atendendo, dessa forma, tanto aos estudantes de Direito como participantes de concursos públicos.

A estrutura apresentada não necessariamente segue a ordem do Código Civil ou a de outras legislações. Segue o esquema e a metodologia das aulas do Curso de Direito Imobiliário por mim ministradas, cuja sequência dos temas busca atender ao aprendizado de maneira evolutiva.

Cada capítulo foi pensado para expor uma visão ampla e completa sobre o Direito Imobiliário, dividido por temas, e o desenvolvimento de cada um deles abarca os pontos mais importantes, assim como traz questões controversas sobre alguns assuntos e os diversos entendimentos, tanto doutrinários quanto jurisprudenciais.

Bons estudos!

Sumário

Capítulo 1

Introdução ao Direito Imobiliário... 1

1.1 Direito das obrigações.. 2
  1.1.1 Objeto da obrigação..................................... 2
  1.1.2 As partes da obrigação................................. 4
  1.1.3 Encerramento da obrigação........................... 6
1.2 Direitos reais.. 7
  1.2.1 Princípios dos direitos reais.......................... 7
  1.2.2 Direitos reais em espécie.............................. 9
    1.2.2.1 Propriedade.................................... 11
    1.2.2.2 Superfície....................................... 15
    1.2.2.3 Servidão.. 16
    1.2.2.4 Usufruto.. 17
    1.2.2.5 Uso... 18
    1.2.2.6 Habitação...................................... 18
    1.2.2.7 Direito do promitente comprador do imóvel......... 19
    1.2.2.8 Penhor.. 19
    1.2.2.9 Hipoteca.. 20
    1.2.2.10 Anticrese...................................... 22
    1.2.2.11 Concessão de direito real de uso (CDRU)............. 23
    1.2.2.12 Concessão de uso especial para fins de moradia (CUEM)........ 25
    1.2.2.13 Direito de laje............................... 26

Capítulo 2

Posse... 27

2.1 Conceito de posse... 27
  2.1.1 Teoria subjetiva de Savigny........................... 28
  2.1.2 Teoria objetiva de Ihering............................. 29

x Direito Imobiliário

2.2	Objeto da posse	31
2.3	Classificações	31
2.3.1	Posse natural e posse jurídica	31
2.3.2	Posse *ad interdicta* e posse *ad usucapionem*	32
2.3.2	Posse direta e posse indireta	32
2.3.3	Posse exclusiva e composse	33
2.3.4	Posse justa e posse injusta	34
2.3.5	Posse precária, posse clandestina e posse violenta	34
2.3.6	Posse de boa-fé e posse de má-fé	35
2.3.7	Posse velha e posse nova	36
2.4	Aquisição da posse	37
2.5	Perda da posse	38
2.6	Tradição	39
2.7	Efeitos da posse	40
2.7.1	Proteção possessória	40
2.7.1.1	Turbação	41
2.7.1.2	Esbulho	41
2.7.1.3	Ameaça	42
2.7.2	Percepção dos frutos	43
2.7.3	Perda ou deterioração da coisa	43
2.7.4	Indenização pelas benfeitorias e o direito de retenção	43

Capítulo 3

Propriedade		45
3.1	Breve relato histórico	45
3.2	Formas de aquisição da propriedade	48
3.2.1	Acessão	49
3.2.2	Usucapião	53
3.3	Perda da propriedade	54

Capítulo 4

Compra e venda e promessa de compra e venda		57
4.1	Compra e venda	58
4.1.1	Elementos	58
4.1.2	Características	59

Sumário **xi**

4.1.3   Formalidades 59
4.1.3.1   Descrição do imóvel 60
4.1.3.2   Outorga ou consentimento expresso do cônjuge 60
4.1.3.3   Documentos do vendedor 60
4.1.3.4   Documentos do imóvel 63
4.1.4   Escritura e registro do imóvel 65
4.2   Promessa de compra e venda 66
4.2.1   Requisitos essenciais 67
4.2.2   Da irretratabilidade na promessa de compra e venda 68

Capítulo 5

Usufruto 71

5.1   Conceito 71
5.2   Sujeitos 71
5.3   Constituição 73
5.4   Duração 74
5.5   Bens e frutos 75
5.6   Obrigações do usufrutuário 76
5.7   Extinção do usufruto 79

Capítulo 6

Registro público de imóveis 81

6.1   Registro e averbação 83
6.1.1   Legitimidade 84
6.2   Princípios dos atos registrais 85
6.2.1   Publicidade 85
6.2.2   Legalidade 85
6.2.3   Fé pública 86
6.2.4   Continuidade 86
6.2.5   Prioridade e preferência 86
6.2.6   Especialidade 87
6.2.7   Territorialidade 88
6.2.8   Concentração 88
6.3   Atos praticados pelo Registro de Imóveis 88
6.4   Suscitação de dúvida 90

xii   Direito Imobiliário

6.5   Retificação de registro de imóvel 91
6.6   Nulidade do título 93

Capítulo 7

Usucapião 95

7.1   Conceito e características 95
7.2   Do exercício da posse na usucapião 96
7.3   Partes legitimadas 100
7.4   Modalidades de usucapião 100
  7.4.1   Usucapião ordinária 101
  7.4.2   Usucapião ordinária reduzida 104
  7.4.3   Usucapião extraordinária 104
  7.4.4   Usucapião extraordinária reduzida 105
  7.4.5   Usucapião constitucional urbana 106
  7.4.6   Usucapião constitucional rural 109
  7.4.7   Usucapião especial coletiva 110
  7.4.8   Usucapião familiar 111
  7.4.9   Usucapião extrajudicial 112
7.5   Quadro esquemático 114

Capítulo 8

Incorporação imobiliária 117

8.1   Conceito 117
8.2   Do incorporador 118
  8.2.1   Falhas no sistema legal 121
8.3   Da incorporação 123
  8.3.1   Do registro da incorporação 123
  8.3.2   Da carência inicial ou desistência inicial da incorporação ... 126
  8.3.3   Do terreno 126
  8.3.4   Do empreendimento 127
  8.3.5   Convenção de condomínio 129
  8.3.6   Idoneidade financeira do incorporador 130
  8.3.7   Do patrimônio de afetação 133
8.4   Do contrato de promessa de compra e venda 134
  8.4.1   Informações essenciais dos contratos de promessa de compra e venda 135

8.4.2   Da entrega e atraso nas obras 137
8.5   Das construções por empreitada e por administração 141
8.5.1   Da construção por empreitada 142
8.5.2   Da construção por administração 144
8.6   Das infrações 146

Capítulo 9
Patrimônio de afetação 149

9.1   Origem e finalidade 149
9.2   Conceito e características 152
9.3   Regime de tributação especial e outras vantagens legais .. 154
9.4   Fiscalização 156
9.5   A falência do incorporador e a continuidade da obra 158
9.6   Considerações críticas 162

Capítulo 10
Distrato 165

10.1 Breve contexto histórico 165
10.2 Regulamentação dos distratos – Lei nº 13.786/2018 171

Capítulo 11
Alienação fiduciária 179

11.1 Breve relato histórico 179
11.2 Conceito e características 181
11.3 Do leilão extrajudicial 184

Capítulo 12
Hipoteca 193

12.1 Conceito 193
12.2 Espécies de hipoteca 194
12.2.1 Hipoteca legal 194
12.2.2 Hipoteca judicial 196
12.2.3 Hipoteca consensual 197

xiv Direito Imobiliário

12.3 Características e regras... 198
12.4 Extinção da hipoteca.. 202

Capítulo 13

Direito de vizinhança 205

13.1 Conceito... 205
13.2 Situações típicas do direito de vizinhança.......................... 206
    13.2.1 Uso anormal da propriedade 206
    13.2.2 Das árvores limítrofes... 208
    13.2.3 Passagem forçada... 209
    13.2.4 Das águas... 211
    13.2.5 Dos limites entre prédios e do direito de tapagem...... 215
    13.2.6 Do direito de construir.. 216

Capítulo 14

Condomínio 221

14.1 Definição.. 221
14.2 Natureza jurídica.. 222
14.3 Espécies de condomínio... 223
14.4 Administração.. 225
14.5 Extinção do condomínio... 225
    14.5.1 Extinção do condomínio de coisa indivisível............... 225
    14.5.2 Extinção do condomínio de coisa divisível.................. 226
14.6 Condomínio edilício.. 227
    14.6.1 Breve histórico e características.................................. 227
    14.6.2 Natureza jurídica 229
    14.6.3 Instituição do condomínio edilício............................. 229
    14.6.4 Convenção de condomínio 232
    14.6.5 Regimento interno 235
    14.6.6 Síndico 237
    14.6.7 Unidade autônoma e área comum 240
    14.6.8 Assembleias... 242
    14.6.9 Direitos e deveres dos condôminos........................... 244
    14.6.10 Punições para infrações... 256
    14.6.11 Extinção do condomínio edilício............................... 259

Sumário xv

14.7 Condomínio de lotes 260
14.8 Condomínio em multipropriedade 262

Capítulo 15

Locação 265

15.1 Introdução 265
15.2 Definição e características 267
15.3 Forma dos contratos de locação 268
15.4 Prazo 268
15.5 Término da locação 270
15.6 Transmissão e sub-rogação da locação 274
   15.6.1 Morte do locador 274
   15.6.2 Morte do locatário 274
   15.6.3 Divórcio e separação dos locatários 275
15.7 Sublocação 275
15.8 Valores dos aluguéis 276
15.9 Obrigações do locador 277
15.10 Obrigações do locatário 279
15.11 Direito de preferência do locador 282
15.12 Das garantias locatícias 285
   15.12.1 Caução 286
   15.12.2 Fiança 289
   15.12.3 Seguro de fiança locatícia 292
   15.12.4 Cessão fiduciária de quotas de fundo de investimento...293
15.13 Modalidades de locação 294
   15.13.1 Locação residencial 294
   15.13.2 Locação para temporada 299
   15.13.3 Locação não residencial (comercial) 305
   15.13.4 Locação de espaços em *shopping centers* 320
15.14 Ação revisional 325
15.15 Ações de despejo 328
   15.15.1 Rito 328
   15.15.2 Denúncia vazia e denúncia cheia 329
   15.15.3 Liminar 330
   15.15.4 Fiador como corréu 336
   15.15.5 Direito de purgar a mora 336

xvi   Direito Imobiliário

15.15.6	Sentença e despejo	337
15.15.7	Sublocatário	338
15.15.8	Outros motivos que fundamentam as ações de despejo	339
15.16	Causas de despejo nas locações residenciais	341
15.17	Causas de despejo nas locações não residenciais (ou comerciais)	343
15.18	Ação de consignação de aluguel e acessórios da locação	345

Capítulo 16

Desapropriação 351

16.1 Conceito e características 351
16.2 Espécies de desapropriação 353
    16.2.1 Desapropriação por utilidade pública 353
    16.2.2 Desapropriação por necessidade pública 353
    16.2.3 Desapropriação por interesse social 354
    16.2.4 Desapropriação confiscatória ou de propriedade nociva ... 355
16.3 Requisitos para a desapropriação 356
16.4 Partes legitimadas para desapropriar 357
16.5 Hipóteses que autorizam a desapropriação 357
    16.5.1 Casos da Lei de Desapropriação 357
    16.5.2 Casos de interesse social 360
    16.5.3 Desapropriação para fins de reforma agrária 361
16.6 Pagamento das indenizações 362
16.7 Procedimentos para a desapropriação 363
16.8 Desapropriação indireta 365

Capítulo 17

Parcelamento do solo urbano 369

17.1 Conceito e espécies 369
17.2 Regulação do parcelamento de solo urbano 371
    17.2.1 Proibições para o parcelamento 373
    17.2.2 Exigências mínimas para o loteamento 373
17.3 Tipos de loteamento 374

Referências 377

1

Introdução ao Direito Imobiliário

O **Direito Imobiliário** é um ramo do **Direito Privado**, cujo objetivo é **regulamentar toda** e qualquer discussão envolvendo **bens imóveis.** Dentre os principais tópicos estão o estudo da **posse e da propriedade de qualquer tipo de imóvel** (residencial, comercial, urbano, rural etc.) e toda e **qualquer negociação,** formal ou informal, das mais diversas naturezas, tais como compra e venda, locação, comodato, usucapião, incorporação imobiliária, financiamento imobiliário, alienação fiduciária, condomínio, negócios estes, cujas regras, em geral, são estabelecidas por meio de legislação específica.

Tem-se na essência que o direito pode ser dividido em **dois ramos principais,** que são os **direitos extrapatrimoniais** e os **direitos patrimoniais.** O primeiro diz respeito à personalidade, à vida, ao nome, à honra, à liberdade, entre outros, direitos esses que são próprios da pessoa humana e não são passíveis de precificação. O segundo, relativo **aos direitos patrimoniais, que interessam ao estudo do Direito Imobiliário,** são aqueles valoráveis economicamente; **dividem-se em direito das obrigações e direitos reais.**

1.1 Direito das obrigações

Cuida das **relações contratuais** entre o **credor (sujeito ativo) e o devedor (sujeito passivo)** de um direito, de caráter pessoal, **envolvendo um objeto**, por meio de um **vínculo jurídico** cujo objetivo é **adquirir, modificar ou extinguir um direito**. Além da vontade das partes como nascedouro de uma obrigação, formalizada por meio de contrato, a obrigação também pode derivar de ato ilícito ou imposição legal.

Essa **relação** havida entre as partes é de **natureza pessoal** e, em razão do vínculo jurídico existente, traz meios legais para o credor cobrar do devedor seus créditos, limitando-se essa execução ao patrimônio, não recaindo sobre a pessoa do devedor.

1.1.1 Objeto da obrigação

Em relação ao objeto, pode ser dividida em **obrigação de dar, de fazer ou não fazer**.

a) *Obrigação de dar*. O devedor se compromete a **dar uma coisa** ao devedor, como no caso de compra e venda, no qual tendo pago o preço estabelecido o devedor tem a obrigação de entregar a coisa, ou na locação, em que o locador é obrigado a entregar a posse do imóvel locado.

A **obrigação de dar coisa certa** é a entrega de um bem determinado, que pode ser em **caráter definitivo ou temporário**. Se for entregue em caráter temporário, aquele que a receber assume a obrigação de devolvê-la no prazo determinado e ainda conservá-la na forma que recebeu, sob pena de ter que indenizar.

A **obrigação de dar coisa incerta** implica entregar um bem que deve ser determinável pelo gênero ou quantidade, mas que não precisa ser específico, porém não poderá entregar coisa pior ou de menor valia.

b) *Obrigação de fazer.* Quando o **devedor se obriga a fazer** algo a ser construído. Pode ser exemplificada pelo contrato de construção de um imóvel, que obriga o devedor, futuramente, em data estipulada entre as partes, a construir e entregar o bem.

Pode ser uma **obrigação fungível**, permitindo que uma terceira pessoa cumpra a obrigação, desde que a faça nos exatos termos contratados. A construção de uma casa, por exemplo, pode ser realizada por profissionais **terceirizados** pelo empreiteiro contratado (devedor), responsabilizando-se esse pela entrega daquilo que foi prometido. É possível também que o credor, havendo recusa ou demora no cumprimento da obrigação, contrate terceira pessoa para realizá-la, cabendo ao devedor indenizar o credor.

Sendo a **obrigação infungível**, somente o **próprio devedor** é quem deve realizá-la, como, por exemplo, um projeto arquitetônico que foi contratado justamente pelo fato de ser aquele profissional renomado. Se, depois de contratado, este se recusar a executar o projeto, nasce para o credor o direito de exigir indenização, em caso de a recusa ter gerado um prejuízo pelo descumprimento.

c) *Obrigação de não fazer.* Essa obrigação exige que o devedor se **abstenha de praticar um ato,** que normalmente poderia fazê-lo, em razão do contrato, como no caso do locatário que se compromete a não realizar obras no imóvel.

No caso em que, mesmo comprometido a não realizar determinado ato, o devedor o faça, poderá ser compelido a indenizar por eventuais danos causados em razão de sua con-

4   Direito Imobiliário

duta, permitindo, inclusive, que o credor o desfaça por conta própria, também respondendo o devedor pela indenização.

1.1.2 As partes da obrigação

O direito das obrigações diz respeito somente às partes envolvidas e tem **caráter pessoal e transitório**, extinguindo-se com o cumprimento da obrigação, ou, no caso de inércia do credor em cobrar dívida vencida, operar a prescrição do direito.

A transitoriedade, contudo, não tem prazo definido e a **obrigação pode ser instantânea, a ser cumprida apenas uma vez**, como entregar um livro, **ou contínua**, que depende de cumprimentos sucessivos, como o contrato de locação, no qual o devedor se obriga a pagar mensalmente os aluguéis enquanto perdurar o contrato.

As partes de uma obrigação são:

a) *Devedor* é o **sujeito a quem cabe o cumprimento** de uma prestação à qual se obrigou por meio de contrato. É possível que exista mais de um devedor da mesma obrigação, hipótese na qual estes podem ser solidariamente demandados para o cumprimento.

Em que pese ser de caráter pessoal, **pode ser prestada por terceira pessoa**, desde que atinja o fim pretendido, **exceto** aquelas classificadas como infungíveis, **personalíssimas ou** *intuitu personae*, nas quais apenas a pessoa que figura no contrato pode cumprir.

Não sendo uma obrigação personalíssima, é possível, em regra, transmitir as obrigações, por ato *inter vivos* ou *mortis causa*. Existem situações legais ou contratuais que não permitem a cessão.

b) *Credor* é o **destinatário da obrigação**, tendo direito de recebê-la do devedor ou do terceiro que o substitua, nos exatos termos em que foi contratada.

Diante do credor ambos **os devedores são responsáveis pelo pagamento da obrigação**, podendo aquele que experimentou o prejuízo em decorrência do ato ilícito cobrar, de forma regressiva, o causador do dano.

Pode o **credor originário ceder seu direito**, tornando-se o cessionário credor da obrigação ou, no caso do **devedor**, pode haver a **assunção da dívida**, responsabilizando o sucessor pelo cumprimento da obrigação. A cessão ou assunção de direitos pode ocorrer de forma gratuita ou onerosa.

No caso de **cessão de direitos**, o **credor origin**ário **torna-se o cedente**, o **novo credor é o cessionário** e o **devedor é o cedido**, e pode ser feito independentemente da anuência do devedor. A ciência ao devedor, embora não seja compulsória, é importante, pois caso isso não ocorra e o devedor quite a obrigação com o cedente diretamente, ainda assim terá quitado sua obrigação, não podendo o cessionário reclamar pelo não recebimento.

O cedente responde ao cessionário pela existência do título no momento da cessão, porém, se o devedor cedido se tornar insolvente em momento posterior, não poderá ser cobrado do cedente eventual prejuízo.

Em se tratando de **assunção**, tem-se uma relação jurídica na qual um novo **sujeito, não vinculado ao negócio inicial, assume a posição de devedor** e, salvo se expressamente convencionado entre as partes, as garantias dadas pelo devedor original deixam de existir.

Para surtir efeitos legais, é **necessário o consentimento expresso do credor**, ficando exonerado o devedor primitivo,

6   Direito Imobiliário

salvo se aquele que assumiu a dívida, ao tempo da assunção, era insolvente e o credor o ignorava. Para tanto, qualquer das partes pode estabelecer prazo **para que o credor consinta** na assunção da dívida, interpretando-se o seu silêncio como recusa.

No caso de imóveis hipotecados, aquele que o adquiriu pode assumir o pagamento do crédito garantido. Feita a devida notificação ao credor, se esse quedar-se silente não impugnando o ato em até 30 dias, o assentimento é dado de forma tácita.

Outra modalidade, na qual a obrigação é quitada por pessoa diversa do devedor originário, é a **sub-rogação**. Enquanto na cessão ou assunção nasce da vontade das partes, a sub-rogação pode decorrer tanto de relação contratual quanto da lei.

Nessa modalidade, realizado o cumprimento da obrigação pelo devedor sub-rogatário, extingue-se a obrigação, apenas em relação ao credor originário, porém surge para aquele que cumpriu a obrigação o direito de sub-rogar-se no papel de credor e buscar o ressarcimento junto ao devedor primitivo. **Não há a extinção da dívida, apenas a mudança de credor**, assumindo o sub-rogatário esse papel.

1.1.3 Encerramento da obrigação

Encerra-se a obrigação do devedor com o **cumprimento** daquilo a que estava obrigado, no lugar, forma e tempo contratados, devendo o devedor dar recibo de quitação.

Importante consignar que o **cumprimento da obrigação** deve ser nos **exatos termos** do quanto foi contratualmente estabelecido, não podendo o credor exigir mais do que o pactuado, assim como não será obrigado a aceitar coisa diferente daquilo que foi acordado, independentemente de ser de maior valia.

1.2 Direitos reais

Também chamado de **direito das coisas**, o direito real nada mais é do que o conjunto de normas que trata das relações jurídicas acerca de **bens passíveis de serem adquiridos pelo sujeito de tais relações**. Em se tratando de direito real, **esses bens são sempre corpóreos ou materiais e determinados.**

Diferente do direito pessoal, que é a relação entre duas partes e, portanto, relativo, o **direito real** é absoluto e **recai diretamente sobre a coisa**. Desta forma, a **relação é do sujeito com a coisa;** também diferente do direito pessoal, que só produz efeito entre as partes, o direito real possui efeito para toda a sociedade.

São necessários **dois elementos básicos** que caracterizam o direito real: um **sujeito ativo**, detentor dos direitos sobre o bem, e o **próprio bem** cuja propriedade pode ser oponível a toda e qualquer pessoa, tendo esse sujeito ativo o poder jurídico de reivindicar seus direitos de qualquer pessoa.

Embora não exista uma definição exata de direito real, duas teorias se destacam ao tentar explicá-lo.

Segundo a **teoria realista**, os direitos reais são aqueles nos quais a relação existente é sobre a coisa, nos quais o sujeito pode exercer um poder imediato e absoluto sobre o bem. Existe apenas **o sujeito e o bem**. É uma definição mais técnica e mais direta. Para a **teoria personalista** relações jurídicas somente podem existir entre pessoas. **É impossível uma pessoa se relacionar com a coisa.** Apenas com a existência das pessoas é que existem relações jurídicas propriamente ditas.

1.2.1 Princípios dos direitos reais

a) *Princípio* erga omnes. O mais característico dos princípios dos direitos reais é o efeito *erga omnes*. Nada mais é do que opor, de forma indistinta, o direito de propriedade a qualquer pessoa. O absolutismo do direito real obriga a todos, independentemente de relação jurídica precedente. É diferente do efeito *inter partes*, cuja eficácia se restringe de forma individualizada somente àqueles que fizeram parte da relação jurídica.

Em outras palavras, significa que **o titular de direito real tem o direito de exercer de forma absoluta seu poder sobre uma determinada coisa**, obrigando a todos respeitarem esse direito, independentemente de qualquer relação existente entre o detentor do direito e o terceiro, **podendo perseguir a coisa onde quer que se encontre.**

Toda a sociedade passa a ser o sujeito passivo na relação entre o detentor do direito real e a coisa. Cria-se uma situação jurídica com eficácia *ultra partes*, ou seja, cria obrigações para terceiros.

b) *Princípio da publicidade.* **Somente existe o efeito *erga omnes* com a publicidade dos atos.** É necessária a utilização de mecanismos que assegurem a possibilidade de qualquer pessoa ter ciência de que certo direito pertence a alguém.

Não pode, por exemplo, o credor de uma hipoteca insurgir-se contra eventual adquirente de determinada coisa, sem que tivesse antes dado publicidade ao ato. **Para o caso de imóveis, essa publicidade se dá por meio do registro do título no Cartório de Registro de Imóveis.** É justamente a publicidade dos atos que garante o exercício de outra característica dos direitos reais, o direito de sequela.

c) *Princípio da sequela.* É o **direito de seguir a coisa onde quer que ela esteja. Reaver para si aquilo que injustamente lhe**

foi retirado, podendo promover ação contra qualquer pessoa que injustamente estiver com a coisa. Não é necessária nenhuma relação jurídica anterior entre o sujeito ativo e o sujeito passivo, basta que o direito real seja violado para nascer para o seu titular o direito à ação.

d) *Princípio da aderência.* É a especialização ou inerência que garante ao titular sempre exercê-lo diretamente sem a necessidade de socorrer-se de qualquer intermediário, ou seja, **não é necessária qualquer autorização para que o proprietário possa usar o bem.**

e) *Princípio da taxatividade.* Também conhecido por *numerus clausus*, são **somente aqueles direitos esculpidos no art. 1.225 do Código Civil que podem ser tidos como direitos reais.**

f) *Princípio da exclusividade.* **Não pode haver dois detentores de direitos reais idênticos sobre a mesma coisa.** Quando o direito real é exercido sobre coisa alheia, o proprietário é apenas o dono da coisa e o direito real, exceto para dispor do bem, é daquele a quem foi concedido o direito do exercício do direito real, como, por exemplo, no usufruto ou na anticrese.

1.2.2 Direitos reais em espécie

Os direitos reais são regulados pela parte especial do Código Civil – Livro III, e as modalidades, como visto anteriormente, são elencadas em *numerus clausus* (princípio da taxatividade), pois existem somente naquelas **hipóteses exclusivamente elencadas na lei.**

São eles: I – a propriedade; II – a superfície; III – as servidões; IV – o usufruto; V – o uso; VI – a habitação; VII – o direito do promitente comprador do imóvel; VIII – o penhor;

IX – a hipoteca; X – a anticrese; XI – a concessão de uso especial para fins de moradia; XII – a concessão de direito real de uso; XIII – a laje.

É possível dividir os direitos reais em duas categorias: **pleno ou limitado.**

PLENO		Propriedade
LIMITADO	**De gozo ou fruição**	Superfície
		Servidão
		Usufruto
		Uso
		Habitação
		Promitente comprador
		Concessão de uso especial para fins de moradia
		Concessão de direito real de uso
		Laje
	De garantia	Penhor
		Hipoteca
		Anticrese

Antes de traçar breves comentários em relação a cada um deles, é importante consignar que, embora transfira a terceiro o direito de usar a coisa, a **locação** é obrigação **de direito pessoal e não real.** "Por esta razão é que, para acolhimento do pedido de retomada de imóvel, com escora na falta de pagamento de alugueres, desnecessária a prova da propriedade, bem como irrelevante o fato de o locador ser ou não proprietário do imóvel" (TJSP, Ap. 99208068856-9, Des. Mendes Gomes).

Cumpre esclarecer ainda, que o termo **posse,** que será utilizado no decorrer de todo o trabalho, pode representar um **direito real ou pessoal.** De acordo com a Lei Civil, art. 1.196: "Considera-

Introdução ao Direito Imobiliário   11

se possuidor todo aquele que tem de fato o exercício, pleno ou não, de algum dos poderes inerentes à propriedade".

De modo simplificado, a **aquisição da posse se dá desde o momento em que se torna possível legalmente o exercício, em nome próprio, de qualquer dos poderes inerentes à propriedade.** Para os **bens móveis** a aquisição de direitos se dá com a **tradição** (entrega do bem).

Tanto as teorias explicativas sobre a posse, quanto sua classificação e efeitos são tratados em capítulo próprio nessa obra.

1.2.2.1 Propriedade

Dentre os **direitos reais,** cujo estudo é objeto de um capítulo específico, o **direito de propriedade** é o de **maior destaque** e confere ao seu detentor poderes mais amplos sobre a coisa. O proprietário tem a faculdade de **usar, gozar e dispor da coisa,** e o **direito de reavê-la do poder de quem quer que injustamente a possua ou detenha** (art. 1.228, CC).

O direito a **exploração da propriedade,** contudo, **tem algumas restrições legais** e deve ser exercido em consonância com as suas **finalidades econômicas e sociais,** primando pela preservação da flora, fauna, belezas naturais, equilíbrio ecológico e o patrimônio histórico e artístico, além de não poluir o ar e as águas.

Não pode o proprietário realizar atos que não lhe resultem qualquer comodidade ou utilidade, sendo o único objetivo dessas ações prejudicar outras pessoas ou a própria comunidade.

Mais do que isso, a Constituição Federal impõe que "**a propriedade atenderá a sua função social**" (art. 5°, XXIII).

Os primeiros ensaios que colocaram a função social como condição ao direito de propriedade, nasceram de forma tímida, com a nossa Constituição de 1934, que trazia ideias sobre o tema, mas ainda considerava o direito à propriedade quase que absoluto.

Atualmente esse princípio é cada dia mais presente no nosso ordenamento e diversas leis estabelecem restrições ao direito absoluto que o proprietário exerce sobre seus bens.

De maneira apenas exemplificativa, temos o Código Civil, que estabelece limites condicionando o direito de exercício da propriedade ao respeito pelos recursos naturais, estabelece o dever de respeito à vizinhança com normas para fazer cessar a interferência de vizinhos que façam mau uso de seus imóveis.

Constantes inovações legislativas adotam cada dia mais mecanismos para facilitar a ocupação racional de imóveis, urbanos e rurais, com mecanismos de desapropriação de áreas improdutivas ou subutilizadas, assentamentos rurais, políticas de incentivos fiscais para construção de moradias populares, enfim, uma gama cada vez maior de mecanismos que tornam o direito de propriedade mais "relativo", valorizando cada vez mais o ser humano e suas necessidades.

Nesse sentido, observando o ordenamento jurídico vigente, especialmente os **princípios constitucionais**, conclui-se que

> o direito de propriedade não se reveste de caráter absoluto, eis que, sobre ele, pesa grave hipoteca social, a significar que, **descumprida a função social que lhe é inerente (art. 5º, XXIII, CF), legitimar-se-á a intervenção estatal na esfera dominial privada**, observados, contudo, para esse efeito, os limites, as formas e os procedimentos fixados na própria Constituição da República. O acesso

à terra, a solução dos conflitos sociais, o aproveitamento racional e adequado do imóvel rural, a utilização apropriada dos recursos naturais disponíveis e a preservação do meio ambiente constituem elementos de realização da função social da propriedade (STF, ADI 2.213-MC, Min. Celso de Mello, grifos nossos).

Atendidas as funções sociais, o direito de propriedade tem como característica sua perpetuação no tempo. Apesar de o proprietário poder dispor do bem, enquanto não o fizer, poderá ficar com este por tempo indeterminado.

Em regra, o **direito de propriedade é perpétuo** e permanece no patrimônio de seu titular, sem prazo definido. É exatamente a **perpetuidade que justifica o direito da sucessão**, quando falece o titular da propriedade, transferindo-se por *saisine* aos sucessores, no momento de sua morte.

Apenas de forma excepcional o direito de propriedade não tem a característica de perpetuidade.

Na alienação fiduciária, por exemplo, o imóvel que garante a dívida é de propriedade daquele que concedeu o empréstimo, contudo, quitada a dívida, a propriedade é obrigatoriamente transmitida para aquele que se valeu do financiamento.

Outra situação é quando, em um contrato de compra e venda, se insere a obrigação de retrovenda, ou seja, o vendedor poderá reaver o imóvel alienado, restituindo todos os valores recebidos por ocasião da alienação originária.

Entende-se por **usar** a prerrogativa que o titular do direito tem de **servir-se da coisa. Fruir** vai além do uso puro e simples, é **explorar a coisa** no sentido de obter proveito econômico. Quanto a **dispor**, é a faculdade que o proprietário tem de **alienar a coisa** ou a oferecer como garantia. **Reaver** a coisa é

14   Direito Imobiliário

própria daquele que detém o *domínio* de **retomar o bem**, inclusive por meio de ação judicial.

Apesar do direito de o proprietário reaver a coisa, esse não é absoluto para retomada do imóvel a qualquer tempo. Nas hipóteses em que o proprietário transferiu o direito da posse a terceiros, não pode retomar a coisa enquanto viger o contrato.

O **proprietário** de bens corpóreos tem sobre a coisa o domínio **direto** ou propriedade plena, que é absoluto e oponível a qualquer pessoa. Detém o proprietário todos os elementos caracterizadores do *domínio*, podendo ele **usar, gozar, dispor e reaver** a coisa.

É possível, contudo, que o direito real seja **desmembrado do** domínio, também classificado como **limitado**, ou seja, o sujeito detém algumas características do direito real, mas não todos eles reunidos. Embora seja um direito real e o possuidor possa gozar e fruir da coisa, não pode dela dispor.

O **Direito Imobiliário**, embora também envolva obrigações e direitos pessoais, é em grande parte **subordinado ao direito das coisas**, notadamente por abarcar todas as hipóteses legais, exceto o direito real do penhor, que recai sobre bens móveis.

A aquisição desses direitos se efetivará de formas distintas. A aquisição dos bens móveis se dá com a tradição, ou seja, a simples entrega da coisa. Segundo definição legal, os bens móveis são aqueles que pela sua natureza podem movimentar-se por si próprios ou por ação de terceiros, sem que percam sua essência.

Dentro desse contexto, são considerados bens móveis as energias que podem ser economicamente valoradas, os direitos reais sobre objetos móveis, os direitos pessoais de caráter patrimonial e respectivas ações, assim como materiais a serem utilizados em edificações enquanto a estas não forem empregados, assim como os elementos provenientes da demolição de bens imóveis.

Aos bens imóveis a lei dá mais proteção, **exigindo formalidades para transferência de sua propriedade**. A aquisição de **direitos reais sobre imóveis só se realiza com o registro no Cartório de Registro de Imóveis**, que é a maneira de transferir entre vivos a propriedade mediante o registro do título translativo.

Enquanto não se registrar o título de transferência da propriedade, esta permanece como sendo daquele que a alienou. Daí um ditado que diz que quem não registra não é dono. **Realizado o registro, a propriedade é transferida** e enquanto não se decretar a invalidade do registro, por meio de ação própria, o adquirente continua a ser havido como dono do imóvel.

O registro é eficaz desde o momento em que se apresentar o título ao oficial do registro e este o **prenotar no protocolo**. Deve o registro retratar exatamente os fatos e, caso não exprima a verdade, o interessado poderá exigir que seja retificado ou anulado o ato.

1.2.2.2 Superfície

Direito de superfície é a **concessão pelo proprietário**, de forma gratuita ou onerosa, **de um terreno** para que **um terceiro nele construa ou plante**. É um **direito real, válido por tempo determinado**, cuja contratação precisa ser por **escritura pública** registrada no Cartório de Registro de Imóveis, cabendo ao superficiário o pagamento de tributos e encargos que recaiam sobre o imóvel.

16   Direito Imobiliário

Poderá o superficiário transferir a terceiros o seu direito, sem necessidade de autorização prévia do concedente, que não poderá em nenhuma hipótese exigir qualquer pagamento pela transferência, porém previamente deve-se dar o direito de preferência ao proprietário.

De outro lado, no caso de alienação do imóvel, deve ser dado também o direito de preferência ao superficiário.

Ao final do contrato, **qualquer construção ou plantação existente sobre o terreno pertencerá ao proprietário independentemente de indenização**, exceto se decidido de forma diversa no momento da contratação.

1.2.2.3 Servidão

Servidão é o direito real sobre **imóvel alheio**, que **proporciona utilidade para o prédio** chamado dominante sobre o prédio chamado de serviente, mediante declaração expressa dos proprietários, ou por testamento, devendo ser registrada no Cartório de Registro de Imóveis.

Em que pese a forma mais comum de servidão ser a de passagem, é possível servir-se do imóvel alheio para outras finalidades, como captação de água, por exemplo.

Outra forma de registrar uma servidão em cartório é ter havido o exercício incontestado e contínuo de uma servidão aparente, por dez anos, situação na qual o interessado poderá por meio de uma sentença judicial, registrá-la em seu nome no Registro de Imóveis.

O objetivo da servidão é proporcionar **maior conforto ou facilidade a quem a utiliza**. Não se confunde com **passagem forçada**, na qual um prédio que não tiver acesso a via pública, nascente ou porto, permite que o ocupante deste passe pelo prédio alheio, cujo proprietário poderá ser constrangido a ceder a passagem. O dono do prédio serviente não poderá embaraçar de modo algum o exercício legítimo da servidão.

O dono da propriedade dominante está autorizado a realizar as obras necessárias à sua conservação e uso.

1.2.2.4 Usufruto

É o direito real sobre coisas alheias, que cede ao usufrutuário o **direito à posse, uso, administração e percepção dos frutos**, que pode recair em um ou mais bens ou até em um patrimônio inteiro. Desta forma tem-se que o usufrutuário poderá, além de usar o imóvel, dele **auferir proventos** por meio de locação, por exemplo.

A forma mais conhecida de usufruto é a que **recai sobre imóveis**, mas pode recair sobre qualquer bem, inclusive títulos de crédito, conferindo ao usufrutuário o direito de perceber os frutos. É possível também o usufruto recair sobre animais, sendo que as crias pertencerão ao usufrutuário.

É o usufrutuário o responsável pelo **pagamento das despesas ordinárias** de conservação dos bens e pagamentos de tributos e despesas derivadas da posse da coisa usufruída, contudo não é obrigado a pagar as deteriorações resultantes do exercício regular do usufruto.

A **extinção** do usufruto se dá pelo **término do período de sua concessão**, pela cessação do motivo de que se origina e pela renúncia ou morte do usufrutuário.

É possível também extinguir-se o usufruto quando o usufrutuário deteriora a coisa ou não realiza a manutenção necessária para sua preservação ou quando o usufrutuário deixa de usar ou fruir o bem objeto do usufruto.

18 Direito Imobiliário

1.2.2.5 Uso

Esse direito real guarda bastante similitude com o usufruto, distinguindo-se desse apenas na questão da **fruição.**

Enquanto no usufruto é dada a total fruição do bem, no direito de uso **a percepção dos frutos será limitada às necessidades pessoais e familiares do titular do direito,** conforme a sua condição social e o lugar onde viver.

Dessa forma, "são aplicáveis ao uso, no que não for contrário à sua natureza, as disposições relativas ao usufruto" (art. 1.413, CC), sendo este um direito temporário que decorre do desmembramento da propriedade.

1.2.2.6 Habitação

No caso de **falecimento de um dos cônjuges,** será assegurado ao que sobreviver o **direito real de habitação** relativamente ao imóvel destinado à residência da família, desde que seja o único daquela natureza a inventariar.

Esse direito é assegurado ao cônjuge supérstite seja qual for o regime de bens, de **maneira vitalícia** e **independentemente de pagar** qualquer valor pela ocupação, sem prejuízo da participação que lhe caiba na herança. Importante consignar que, mesmo que o cônjuge sobrevivente se case novamente, não perderá esse direito. Estende-se o benefício àqueles que vivam em união estável.

Na hipótese de o patrimônio deixado ser de grande monta, apenas um imóvel residencial deverá ser gravado com direito real de habitação, partilhando-se o restante do patrimônio normalmente.

É um **direito pessoal e intransferível,** não podendo ceder seu uso ou mudar-lhe a destinação. Desta forma, apenas o cônjuge sobrevivente poderá usufruir do imóvel com o fim exclusivamente residencial. A não observância dessas condições pode resultar na extinção do direito.

1.2.2.7 Direito do promitente comprador do imóvel

O **contrato de promessa de compra e venda** é um **contrato preliminar** que obriga uma pessoa a vender a outra, **em momento futuro, um imóvel** por preço e condições predeterminadas.

O promitente comprador, desde que registrado esse contrato no Cartório de Registro de Imóveis, **tem direito real à aquisição do imóvel, obrigando o vendedor a concretizar a venda** e podendo opor esse direito a terceiros.

Eventual recusa do promitente vendedor diante do promitente comprador dá a este o direito de adjudicar compulsoriamente o bem.

1.2.2.8 Penhor

É direito real que **vincula um bem móvel ao cumprimento de uma obrigação.**

Implica a **transferência efetiva da posse do devedor para o credor de uma coisa móvel,** suscetível de alienação, com a finalidade de **garantir** qualquer obrigação pecuniária ou indenizável, impedindo o devedor de ficar com o bem enquanto não realizado o pagamento. Quando na posse do bem, tem o credor a obrigação de guardar a coisa e zelar pela sua conservação.

Para tanto, **somente o proprietário**, que tem o direito de dispor do bem, poderá empenhá-lo. Formaliza-se o penhor com o registro do instrumento no Cartório de Títulos e Documentos.

20 Direito Imobiliário

Exceções são os casos de penhor rural, industrial, mercantil e de veículos, hipóteses nas quais os bens oferecidos em garantia continuam em poder do devedor.

Os sujeitos da relação são chamados de **credor pignoratício**, a parte que **recebe** o bem em garantia (sujeito ativo), e o **devedor pignoratício**, aquele que **oferece** o objeto em garantia (sujeito passivo).

O penhor decorre de disposição contratual ou legal. Nos **convencionais** o credor recebe um bem com a finalidade de **garantir o pagamento de uma dívida**. Já o penhor **legal** independe da vontade das partes e existe por **força de lei**.

A **extinção do penhor** se dá com o **pagamento da dívida**, **perecimento da coisa**, **renúncia do credor** ou quando **adjudicado ou vendido o objeto**, momento no qual se deve averbar o cancelamento do registro.

Importante diferenciar **penhor** de **penhora**. O **penhor** é uma **garantia** dada antecipadamente pelo tomador do empréstimo e consiste em um direito real de garantia, ficando o bem empenhado. Já a **penhora** independe da vontade da parte e decorre de **ato judicial** que restringe a **venda de imóvel** para também **garantir o pagamento de uma dívida**, cujo bem é penhorado.

1.2.2.9 Hipoteca

É o **direito real de garantia** que recai sobre **bem imóvel**, navio ou aeronave do devedor ou de terceiros, **sem**, contudo, **transferir a posse do bem**, que permanece com o devedor. Também podem ser hipotecados o direito de uso especial para fins de moradia, o direito real de uso e a propriedade superficiária.

Somente poderá oferecer bem a hipoteca **aquele que pode alienar a coisa.** A constituição da hipoteca **pode ser contratual ou legal.** Na primeira hipótese o devedor oferece o bem em garantia de qualquer obrigação por vontade própria.

A hipoteca legal é constituída em situações expressas por lei, quais sejam:

> I – às pessoas de direito público interno sobre os imóveis pertencentes aos encarregados da cobrança, guarda ou administração dos respectivos fundos e rendas;
>
> II – aos filhos, sobre os imóveis do pai ou da mãe que passar a outras núpcias, antes de fazer o inventário do casal anterior;
>
> III – ao ofendido, ou aos seus herdeiros, sobre os imóveis do delinquente, para satisfação do dano causado pelo delito e pagamento das despesas judiciais;
>
> IV – ao coerdeiro, para garantia do seu quinhão ou torna da partilha, sobre o imóvel adjudicado ao herdeiro reponente;
>
> V – ao credor sobre o imóvel arrematado, para garantia do pagamento do restante do preço da arrematação (art. 1.489, CC).

É possível constituir **mais de uma hipoteca sobre o mesmo imóvel**, em favor de credores diferentes, assim como é **lícito** ao proprietário **alienar** o bem enquanto estiver hipotecado.

Nas hipóteses de **múltiplas hipotecas**, em caso de execução, as **dívidas serão pagas na mesma ordem cronológica em que foram gravadas.** Porém, se o valor for insuficiente para o pagamento de obrigações diversas, o devedor **não** será considerado insolvente senão em relação à primeira.

A hipoteca **subsiste na sua totalidade mesmo com o pagamento parcial da dívida**, por isso é indivisível. Não existe hipoteca sobre parte do imóvel de um único dono, porém pode recair sobre a parte ideal daquele que oferecer o bem em garantia quando existir mais de um proprietário.

Para constituírem direito real de garantia, as **hipotecas deverão ser registradas** no Cartório de Registro de Imóveis, bastando para tanto que os interessados exibam o título e requeiram o registro da hipoteca.

Independentemente da data em que foi dada a garantia, os registros e averbações seguirão a ordem na qual forem requeridas, prevalecendo esse critério para estabelecer a preferência entre as hipotecas.

A **extinção da hipoteca se dá com o cumprimento da obrigação principal**, pelo **perecimento da coisa**, pela **resolução da propriedade**, pela **renúncia do credor**, pela **remição** e pela **arremação ou adjudicação**. Extinta a hipoteca, deve ser requerido o seu cancelamento no Cartório de Registro de Imóveis.

1.2.2.10 Anticrese

A exemplo do penhor, anticrese é uma **garantia real na qual se transfere a posse da coisa ao credor** para que ele possa utilizar e usufruir dos frutos, com a **finalidade de amortizar os juros** do empréstimo ou a própria dívida. Caso os frutos percebidos superem o valor dos juros estipulados, o excedente necessariamente abate o valor principal. Para tanto, deve o credor anticrético apresentar anualmente balanço, exato e fiel, de sua administração.

Somente se **estabelece a anticrese por meio de escritura pública**, que deve ser registrada pelo Cartório de Registro de Imóveis, tendo em vista se tratar de um direito real. No instrumento

Introdução ao Direito Imobiliário   23

de anticrese deve ser especificado o bem dado em garantia, o valor total da dívida, o prazo para o pagamento e a taxa de juros.

Como possuidor de coisa alheia, o **credor precisa zelar pela conservação** da coisa como se fosse dele, respondendo ainda por eventuais prejuízos dos frutos não recebidos em razão de sua negligência.

É **facultado ao credor anticrético arrendar os bens** dados em anticrese a terceiros, salvo se convencionado de forma diversa. Deve, contudo, observar a real destinação do imóvel, não sendo lícito modificar sua essência.

Extingue-se a anticrese por meio do **pagamento da dívida**, pela **renúncia do credor** ou decorridos **15 anos** da data de sua constituição.

1.2.2.11 Concessão de direito real de uso (CDRU)

Concede ao usuário o direito de **utilizar da coisa, bem como receber seus frutos na medida das necessidades suas e de sua família**, que serão avaliadas conforme a sua **condição social** e o lugar onde viver, incluindo-se as necessidades tanto do usuário quanto do seu cônjuge, filhos solteiros e das pessoas de seu serviço doméstico.

Poderá a concessão de uso ser transferida, salvo se previsão contratual em sentido diverso, por ato *inter vivos* ou por sucessão legítima ou testamentária, transferência essa que precisará ser registrada.

A concessão de direito real de uso **é resolúvel e formalizada por instrumento público ou particular, ou por simples termo administrativo,** e pode ocorrer em terrenos públicos ou particulares, de forma onerosa ou gratuita, por tempo certo ou indeterminado, sendo condição atender aos **fins de regularização fundiária de interesse social,** urbanização, industrializa-

24 Direito Imobiliário

ção, edificação, cultivo da terra, aproveitamento sustentável das várzeas, preservação das comunidades tradicionais e seus meios de subsistência ou outras modalidades de interesse social em **áreas urbanas.** Quando concedida por tempo determinado, a concessão vence ao final do prazo contratual. Aquela por prazo indeterminado subsistirá indefinidamente. **Poderá**, contudo, **ser revogada na hipótese de o concessionário dar ao imóvel destinação diversa** da estabelecida no contrato ou descumpra cláusula resolutória do ajuste, perdendo, neste caso, as benfeitorias de qualquer natureza.

Em regra, para concessão do direito real de uso, o Poder Público só poderá concedê-la depois de realizada avaliação prévia do bem, assim como realizar processo licitatório na modalidade de concorrência. Contudo, dispensa a licitação para bens imóveis residenciais construídos, destinados ou efetivamente utilizados no âmbito de programas habitacionais ou de regularização fundiária de interesse social desenvolvidos por órgãos ou entidades da administração pública.

Não pode ser confundido com a concessão comum de uso, ou concessão administrativa de uso, cuja finalidade é a exploração por particulares de bem público, com exclusividade, por pessoa determinada, que deverá explorar o bem por conta e risco, respeitando sua destinação, remunerando o Poder Público pela sua utilização, sendo vedada a transferência a terceiros.

Nessa hipótese a administração pública autoriza o particular a usar e explorar determinado bem, desde que haja interesse da sociedade no serviço a ser explorado, por meio de um contrato administrativo que vincula o concessionário a dar a destinação específica ao bem, em razão de uma contraprestação.

É um contrato de direito real administrativo, que

confere ao particular o direito de se opor contra terceiros que pretendam impedir ou turbar este uso, bem como confere direitos em face do próprio poder concedente, enquanto vigente a concessão, pois que, ainda que assistam ao poder público prerrogativas de extinção antecipada da outorga, nos termos da lei e do contrato de concessão, enquanto estiver vigente, nem mesmo o poder concedente poderá impedir o uso privativo do bem concedido (MARQUES NETO, 2009, p. 350-351).

Vê-se, portanto, que concessão comum de uso, apesar de permitir que o Estado faculte ao particular explorar coisa pública, não pode ser confundida com locação ou comodato, pois, por se tratar de bens públicos, não se submete a regime jurídico de direito privado.

Assim sendo, a diferenciação entre a concessão de direito real de uso e a concessão de uso está no objetivo específico de cada espécie. A primeira visa o caráter social e a segunda tem caráter comercial e visa transferir a particular o uso e exploração do bem que atenda a interesse público.

1.2.2.12 Concessão de uso especial para fins de moradia (CUEM)

Será **concedida de forma gratuita** ao homem ou à mulher, ou a ambos, independentemente do estado civil, desde que não seja proprietário ou concessionário, a qualquer título, de outro imóvel urbano ou rural, cuja **finalidade seja nele habitar.**

Contudo, àquele a quem for concedido o uso especial para fins de moradia **não será transferido o** domínio **do imóvel,** que **permanecerá como bem da união.** Apenas a posse e o direito de uso são transferidos.

26 Direito Imobiliário

Aplica-se às áreas de propriedade da União, e será conferida aos possuidores ou ocupantes de imóveis que até 22 de dezembro de 2016 os possuíam, por pelo menos cinco anos ininterruptamente, e sem oposição, cuja área seja de até 250 m², de imóvel público situado em área com características e finalidade urbanas, e que o utilizem para sua moradia ou de sua família. Para o fim de contar o prazo exigido é possível a soma do tempo de posse atual com a do antecessor.

Tendo em vista o objetivo social da concessão e continuação do direito com a unidade familiar, autoriza a lei que o **herdeiro legítimo continua, de pleno direito, na posse de seu antecessor**, desde que já resida no imóvel por ocasião da abertura da sucessão. Também pode o direito de concessão ser transferido por ato *inter vivos*.

Diferente do direito real de uso, que decorre de um contrato administrativo e depende de avaliação do Poder Público, a concessão de uso real para fins de moradia é um direito que **independe da discricionariedade do Poder Público e deve ser concedida desde que preenchidos os requisitos legais.**

1.2.2.13 Direito de laje

É um direito real daquele que **constrói sua casa sobre a laje de imóvel de terceiros, de forma autorizada.** Prática muito difundida de maneira informal, foi adicionada à legislação civil na condição de direito real somente em 2017, através da Lei n° 13.465.

Desta forma, **o proprietário que autorizar a construção acima ou abaixo da sua laje terá de transmitir àquele que construiu os direitos inerentes à propriedade,** constituindo um imóvel autônomo que poderá ter matrícula individual.

2

Posse

2.1 Conceito de posse

A **posse** é um dos institutos mais polêmicos no Direito Civil acerca de sua conceituação. Muitas vezes se confunde com a propriedade e, de fato, tem ligações estreitas com esta e precisa ser estudada em conjunto.

Incluída no Direito das Coisas e disposta no Livro III, Título I, do Código Civil de 2002, **não há uma definição exata** se constitui **direito real ou direito pessoal**, sendo na verdade **um misto de ambos**, ou seja, **um direito de natureza especial ou *sui generis*.**

Os questionamentos principais são se **posse é um fato ou um direito.** Se para o exercício da posse é necessário apenas deter a coisa ou exige-se também o interesse de sobre ela exercer um poder, com possibilidade de defendê-la contra intervenção de terceiros.

É possível afirmar que **a posse pode ser uma situação de fato que aparenta ser uma situação de direito.** Nossa legislação permite que a situação fática seja suficiente para presumir-se a questão de direito. Nesse caso tem-se que **a posse autônoma**

28   Direito Imobiliário

existe independentemente de qualquer relação jurídica que a conceda.

Aquele que exerce de fato a posse da coisa sem nenhuma oposição faz presumir que seja o titular do direito, sem necessidade de maiores comprovações. Apossando-se um sujeito de um bem, sem que ninguém o reclame, configura-se a posse de direito.

Também existe a **posse derivada de um título**, que concede ao detentor o direito de possuir a coisa, caracterizando um verdadeiro direito real, como no caso do usufruto, em que a posse decorre da vontade das partes e o inequívoco interesse em ceder a posse da coisa a terceiro de forma transitória.

Embora em alguns momentos posse e propriedade possam se confundir, há elementos que as distinguem. **A posse, em regra, é transitória, o que a difere da perpetuidade da propriedade.** O proprietário pode ter a posse direta ou indireta, enquanto o possuidor apenas terá a posse direta. Somente ao proprietário é permitido dispor do bem.

Quando o bem estiver com o proprietário, este exercerá a posse direta sobre a coisa. É possível, no entanto, que o **proprietário transfira a posse** a terceira pessoa. Desta forma, **aquele que recebeu a posse passa a ser o possuidor direto do bem,** enquanto **aquele que a transferiu será o possuidor indireto.**

Existem duas teorias principais que procuram explicar o conceito de posse, uma para a qual os elementos que caracterizam a posse são objetivos e outra que questões subjetivas a definem.

2.1.1 Teoria subjetiva de Savigny

Segundo Friedrich Karl Von **Savigny**, para a caracterização da posse são necessários **dois** elementos: **deter fisicamente** a coisa e o desejo de tê-la para si, como se fosse dono. O elemento subjetivo para que a pessoa seja possuidora é o *animus domandi*, ou seja, a vontade, a intenção de ter o domínio.

O **grande problema** nessa teoria é justamente saber **qual é a intenção** daquele que está com a coisa, se é tê-la para si como proprietário, o que caracterizaria a posse, ou apenas detê-la de forma temporária.

Assim, conforme Savigny, alguém que tenha a coisa fisicamente em seu poder, mas **sem a intenção** de tê-la para si como se dono fosse, não teria posse, mas **mera detenção**, o que se adotado pela nossa legislação não ampararia aqueles que precisam reaver seus bens das mãos de terceiros por meio de ações possessórias.

2.1.2 Teoria objetiva de Ihering

Rudolf Von **Ihering** defende que a posse independe do elemento subjetivo intenção. **O que caracteriza a posse é a forma como o agente se comporta**, no agir como proprietário.

Não exige necessariamente o contato físico com a coisa, tampouco importa qual a intenção do agente, mas o seu comportamento, **a exteriorização da conduta de proprietário**. A conduta do possuidor não exige uma conduta padronizada,

> o lavrador que deixa sua colheita no campo não a tem fisicamente; entretanto a conserva em sua posse, pois que age, em relação ao produto colhido, como o proprietário ordinariamente o faz. Mas, se deixa no mesmo local uma joia, evidentemente não mais conserva a posse sobre ela, pois não é assim que proprietário age em relação a um bem dessa natureza (RODRIGUES, 2007b, p. 18).

30 Direito Imobiliário

Para Ihering ao possuidor basta ter o *animus tenendi*, caracterizando-se a posse por elemento de fácil percepção por qualquer pessoa. Não há necessidade de análise subjetiva e nem sempre fácil de ser detectada.

Portanto, salvo previsão legal que restrinja o direito à posse, **a conduta do agente exteriorizada para o mundo, agindo como se dono fosse, é o que caracteriza como possuidor.** Todavia, se houver óbice legal a essa conduta, terá o sujeito simples detenção da coisa.

Essa **restrição** ao exercício da posse deve ser expressa por lei, como, por exemplo, o art. 1.198 do Código Civil: "considera-se detentor aquele que, achando-se em **relação de dependência** para com outro, conserva a posse em nome deste e em cumprimento de ordens ou instruções suas"; ou no art. 1.208 do Código Civil: "não induzem posse os atos de **mera permissão ou tolerância** assim como não autorizam a sua aquisição os atos violentos, ou clandestinos, senão depois de cessar a violência ou a clandestinidade".

Também ocorre a **mera detenção** nas ocupações cujo proprietário **não presenciou o esbulho** ou, ao ter notícia deste e ao tentar a recuperação, é violentamente repelido.

Bens públicos também não são passíveis de serem possuídos. Caso ocupados, independentemente do tempo que essa ocupação perdure, não há possibilidade de usucapir, razão pela qual, mesmo que haja omissão ou tolerância do Poder Público, o ato é considerado mera detenção da coisa.

Nosso ordenamento jurídico adotou a teoria de Ihering, definindo que "**considera-se possuidor todo aquele que tem de fato o exercício, pleno ou não, de algum dos poderes inerentes à propriedade**" (art. 1.196, CC), contudo com algumas reservas, inserindo no contexto a questão social da propriedade.

Essa teoria, que acrescenta a visão social ao conceito de posse, é adotada pela Constituição Federal ao estabelecer que a propriedade atenderá a sua função social e, por via de consequência, em casos específicos previstos em lei, se sobrepõe à propriedade, o que é possível pelo instituto de usucapião, por exemplo.

Juristas reunidos na **V Jornada de Direito Civil** definiram que **"a posse constitui direito autônomo em relação à propriedade e deve expressar o aproveitamento dos bens** para o alcance de interesses existenciais, econômicos e sociais merecedores de tutela" (Enunciado n° 492, grifos nossos).

2.2 Objeto da posse

Podem ser **direitos reais ou direitos obrigacionais**, desde que impliquem **poderes sobre uma coisa**. Recai, portanto, sobre coisas corpóreas que podem ser fisicamente detidas pelo possuidor.

Existem situações de **bens "semicorpóreos"**, que, embora não possam ser fisicamente palpáveis, são assim considerados juridicamente, como, por exemplo, sinal de internet e linhas telefônicas.

2.3 Classificações

2.3.1 Posse natural e posse jurídica

Há duas situações para aquisição da posse. A *posse natural*, **originada de um fato**, o apossamento físico da coisa, e a *posse jurídica*, decorrente da transmissão por meio **de um título**.

32 Direito Imobiliário

2.3.2 Posse *ad interdicta* e posse *ad usucapionem*

A depender da intenção do sujeito a **posse** também pode ser *ad interdicta*, aquela na qual o **possuidor não tem intenção de ter a propriedade da coisa, mas pode utilizar-se de ações, chamadas de interditos, para defender o seu direito à posse**, desde que seja justa.

A posse *ad usucapionem* permite ao possuidor reivindicar o domínio do bem depois de transcorrido o **lapso temporal legal**. Também depende da intenção do agente, pois há necessidade de demonstrar o *animus domini*, ou seja, agir como dono.

2.3.2 Posse direta e posse indireta

O proprietário pode ou não ter o contato direito com a coisa, quando surge a classificação da posse em direta ou indireta.

Tem a *posse direta* aquele que **tem o bem para dele usar e fruir, utilizando-o diretamente**, situação essa que pode ser exercida tanto pelo proprietário quanto pelo possuidor do bem.

A *posse indireta* pode ser **exercida somente pelo proprietário**. Ao **transferir a posse para terceiro**, este passa a deter os direitos possessórios diretamente sobre o bem, na medida em que quem **detém o domínio possui a posse indireta**. Permanece com os direitos atinentes à propriedade, exceto o uso direto do bem.

Dessa maneira, pode-se definir que "a **posse direta, de pessoa que tem a coisa em seu poder, temporariamente, em virtude de direito pessoal, ou real, não anula a indireta, de quem aquela foi havida, podendo o possuidor direto defender a sua posse contra o indireto**" (art. 1.917, CC).

Na hipótese de **desmembramento da posse em direta e indireta**, é necessária uma relação de direito preexistente entre as partes; a posse não tem origem em um fato, mas em um negócio jurídico, razão pela qual são **posses jurídicas.**

É possível que existam **desdobramentos sucessivos da posse,** como no caso do usufruto. Enquanto usufrutuário, o sujeito detém a posse direta do bem, porém, se decide alugá-lo, a posse direta é transmitida para o locatário, permanecendo o usufrutuário com a posse indireta. O proprietário, por sua vez, continua tendo a posse indireta sobre o bem.

2.3.3 Posse exclusiva e composse

Tem a *posse exclusiva* aquele que **exercer de maneira individual os poderes a ela inerentes.**

Composse é uma exceção à regra que estabelece que a existência de nova posse extingue a anterior. Não existe a extinção da posse de um para existir a de outro, pois os **sujeitos exercem a posse de forma conjunta e simultânea.**

Portanto, "se duas ou mais pessoas possuírem coisa indivisa, poderá cada uma exercer sobre ela atos possessórios, contanto que não excluam os dos outros compossuidores" (art. 1.199, CC).

Casos típicos de composse são de herdeiros antes da partilha, cônjuges a depender do regime de bens adotado no casamento e nos condomínios de qualquer bem, até por motivos lógicos, pois quem tem a copropriedade naturalmente tem também a composse.

A composse pode ser *pro diviso*, quando os possuidores delimitam a área do imóvel que cada um tem o direito de usar,

34 Direito Imobiliário

e *pro indiviso*, no caso de os possuidores exercerem o mesmo direito sobre a **coisa inteira**.

2.3.4 Posse justa e posse injusta

Posse justa é aquela adquirida em **consonância com a lei**, sobre a qual **não paira nenhum vício** capaz de invalidá-la. Decorrem da posse justa os direitos do possuidor em se utilizar dos meios legais para defendê-la.

Posse injusta resulta de **aquisição** ou exercício em **desacordo com a lei**. São tidas como **injustas** as posses adquiridas **de forma precária, por meio de violência ou clandestinamente**.

2.3.5 Posse precária, posse clandestina e posse violenta

A *posse precária* decorre da **retenção ilegal da coisa**, que deve ser restituída ao seu proprietário. Aquele que está com a coisa de **forma lícita**, mas se **nega a devolvê-la quando lhe é solicitado** ou quando encerrado o vínculo contratual que lhe assegurava a posse lícita, passa a possuir o bem precariamente.

A precariedade não surge no momento da aquisição da posse, mas **a partir do momento em que o possuidor se nega a devolvê-la** ao detentor do domínio.

Transforma-se o anteriormente detentor de posse justa em esbulhador no momento que se nega a restituir o bem, demonstrando um novo ânimo sobre a coisa, com intenção de tê-la para si na condição de proprietário.

É preciso a configuração de atos que demonstrem inequivocamente o propósito de apoderar-se do bem, não bastando para isso indícios. Sendo assim, o **vício da precariedade não**

Posse   35

cessa e impede que o possuidor clandestino possa adquirir o bem por meio de usucapião. A *posse clandestina* é aquela **praticada às escondidas, sem o conhecimento público.** A clandestinidade se configura **desde o momento da aquisição da posse,** que se dá de **maneira ilícita.**

A clandestinidade **cessa a partir do momento em que o detentor de direito da posse direta toma conhecimento da apropriação clandestina,** sem tomar providências para retomar a posse. Para tanto, não é necessário provar a ciência inequívoca desse, mas demonstrar ser possível que saiba sem, contudo, adotar providência para a retomada da posse.

Diferente da posse precária, mantendo-se na posse do bem **sem oposição** do detentor do domínio, é possível que, passado o prazo legal, consiga a aquisição do bem por meio de **usucapião.**

A *posse violenta* é **obtida por meio da força ou ameaças** capazes de induzir o justo possuidor a abandonar a posse do bem a fim de manter sua integridade física ou de terceiros. Essa modalidade de aquisição da posse pode ser equiparada ao crime de roubo. Exemplo cotidiano dessa modalidade de aquisição da posse pode ser observada em invasões de terras, quando empregada força física, depredação ou coação para concretização do ato.

A exemplo da clandestinidade, a **posse violenta é injusta desde o momento de sua aquisição,** assim como **cessa a violência quando o possuidor passa a usar a coisa publicamente e tem o proprietário ciência do fato sem opor resistência.**

2.3.6 Posse de boa-fé e posse de má-fé

"É *de boa-fé* a posse, se o **possuidor ignora o vício, ou o obstáculo que impede a aquisição da coisa"** (art. 1.201, CC,

36 Direito Imobiliário

grifos nossos). Para tanto, o possuidor precisa estar convencido de que a posse é legítima e não tinha como saber de vícios que a inviabilizariam. Não basta para tanto alegar que ignora o vício, é preciso que esse desconhecimento não seja por ignorância grosseira ou erro inescusável.

Legalmente "o possuidor com justo título tem por si a presunção de boa-fé, salvo prova em contrário, ou quando a lei expressamente não admite esta presunção" (art. 1.201, parágrafo único, CC). A **boa-fé desaparece** desde o momento em que as circunstâncias façam presumir que **o possuidor não ignora** que possui indevidamente a coisa.

Caracteriza-se também boa-fé quando o possuidor tenha se apropriado de coisa abandonada, cujo **proprietário é desconhecido**.

Posse de má-fé é aquela na qual o **possuidor tem conhecimento de vício que a macule** ou, a tendo de boa-fé, tome conhecimento posterior de óbice que impeça a aquisição da coisa, mas ainda assim permanece com ela.

É considerada de má-fé a posse obtida de **forma negligente**, na qual o possuidor poderia ter conhecimento do vício realizando diligências simples. Do mesmo modo, é de má-fé a posse adquirida de forma **clandestina, violenta ou precária**.

2.3.7 Posse velha e posse nova

É de fundamental importância a distinção entre *posse velha e posse nova*. A primeira se caracteriza se o **possuidor está com a coisa mais de ano e dia**, e a segunda, se o **período for menor que esse**.

O **efeito imediato dessa distinção é a possibilidade de concessão de liminar na ação possessória**, caso o possuidor detenha a coisa por menos de ano e dia. Passado esse prazo, embora seja possível reaver a posse, deverá observar o procedimento processual comum.

Quadro-resumo da classificação das espécies de posse	
Natural – originada de um fato.	**Jurídica** – decorre de um contrato.
Ad interdicta – sem intenção de propriedade.	**Ad usucapionem** – intenção de ser dono.
Direta – tem o bem para usufruir.	**Indireta** – tem a propriedade, mas não pode usufruir do bem.
Exclusiva – exerce de maneira individual a posse.	**Composse** – exercício da posse de forma simultânea.
Justa – exercida legalmente.	**Injusta** – exercida ilegalmente (precária clandestina; violenta).
Boa-fé – possuidor ignora vício ou obstáculo à posse.	**Má-fé** – possuidor tem conhecimento do vício que macula a posse.
Velha – exercida a mais de ano e dia.	**Nova** – exercida a menos de ano e dia.

2.4 Aquisição da posse

A **aquisição da posse se dá desde o momento em que se torna possível o exercício, em nome próprio, de qualquer dos poderes inerentes à propriedade**, e pode ser realizada pela própria pessoa que a pretende ou por seu representante. Caso seja consolidada por terceiro sem mandato, dependerá de ratificação.

Pode a posse ser adquirida de forma **originária**, ou seja, **unilateralmente e sem transmissão** pelo possuidor anterior.

Já na **posse derivada** ocorre a **entrega formal e consensual do bem,** por meio de uma relação bilateral, na qual o possuidor precedente a cede por meio de negócio jurídico.

Há outra figura de transmissão da aquisição da posse chamada de *constituto possessório*. Ocorre quando **alguém aliena um**

38   Direito Imobiliário

bem, porém não transfere a posse ao adquirente. Este que transmitiu o domínio continua exercendo a posse direta sobre a coisa e aquele que adquiriu o bem tem apenas a posse indireta. Por exemplo, o proprietário de um imóvel que o vende, mas continua nele morando. O novo proprietário terá o domínio e a posse indireta do bem, e o alienante continuará exercendo a posse direta.

A posse também pode ser **adquirida em razão de sucessão** *inter vivos* e *mortis causa*. No caso do falecimento do titular do direito, transmite-se por meio de sucessão aos herdeiros ou legatários do possuidor, com os mesmos caracteres.

É possível também que um dos sucessores **compre** o todo ou parte dos **direitos dos demais herdeiros.** Nessa hipótese "o sucessor universal continua de direito a posse do seu antecessor; e ao sucessor singular é facultado unir sua posse à do antecessor, para os efeitos legais" (art. 1.207, CC).

2.5 Perda da posse

A **perda da posse** não é um fenômeno que demanda muita explicação. "Perde-se a posse **quando cessa,** embora contra a vontade do possuidor, **o poder sobre o bem,** ao qual se refere o art. 1.196" (art. 1.223, CC, grifos nossos).

Existem **motivos** que podem levar à **perda da posse,** quais sejam:

a) *Abandono.* O detentor da posse desiste da coisa, com *animus* de dispor do bem. **Não basta o não exercício temporário da posse, mas a demonstração que não lhe interessa mais o direito**.

Importando o abandono em renúncia, é possível concluir que o abandono por parte do titular resulta tanto na perda da posse como na perda da propriedade do bem, pelo manifesto desinteresse.

b) *Perda.* Diferente do abandono, é um ato involuntário do possuidor, que ao não encontrar a coisa, por motivo alheio à sua vontade continua procurando com a intenção de retomá-la. **Somente quando o detentor da posse desiste de continuar a procurar ocorre a perda da posse.**

c) *Destruição.* Na hipótese de o **objeto da posse tornar-se imprestável, perdendo sua substância.** Observe-se que a destruição pode ocorrer por causas naturais, fortuitos ou ato de terceiros, mas devem ser **fatores alheios à vontade do possuidor.**

A **destruição pode ser material,** quando um bem fisicamente se deteriora e se torna imprestável, ou a **destruição econômica,** resultante de condições fáticas que tornam o bem imprestável em razão de superdesvalorização. Embora mantenha as características físicas intactas, não tem mais valia econômica.

2.6 Tradição

A tradição é a efetiva **entrega da posse a outrem,** decorrente de transação entre as partes.

A tradição pode ser **real,** com a **efetiva entrega do bem,** ou **simbólica,** hipótese na qual a entrega do bem físico é **impossível.**

A **tradição de bens imóveis,** por óbvio, é **simbólica** e ocorre de forma definitiva com o **registro** no Cartório de Registro de Imóveis.

40 Direito Imobiliário

Colocar o **bem fora do comércio** inviabiliza a posse, devido à indisponibilidade física. Pode ocorrer "porque se tornou **inaproveitável ou inalienável.** Por razões de ordem pública, de moralidade, de higiene e de segurança coletiva passa à categoria de coisa *extra commercium*" (GONÇALVES, 2016, grifos nossos).

2.7 Efeitos da posse

Os efeitos da posse são diversos e existem em razão das consequências jurídicas advindas do seu exercício, diferenciando-se da detenção especialmente por esse ponto. **Somente o possuidor ou seu sucessor legítimo pode valer-se dos interditos para assegurar os seus direitos.**

A quantidade de referidos efeitos não é unânime e os juristas divergem quais deles são relevantes. O detentor da posse tem à sua disposição um arcabouço legal que lhe permite desde defender a posse até adquirir a propriedade em razão dela.

Em que pese a possibilidade de **diversos efeitos,** a **proteção possessória,** e a possibilidade de invocar os interditos, para alguns autores é o único efeito da posse e, de fato, parece o **mais importante.**

2.7.1 Proteção possessória

A lei explicitamente assegura que "**o possuidor tem direito a ser mantido na posse em caso de turbação, restituído no de esbulho, e segurado de violência iminente, se tiver justo receio de ser molestado**" (art. 1.210, CC), assegurando-lhe ainda o **direito de manter-se ou restituir-se na posse por sua própria força,** contanto que o **faça logo.** Contudo, os atos de defesa, ou de desforço, não podem ir além do indispensável à manutenção ou restituição da posse.

O exercício desse direito deve ser **imediato**, ou logo depois de ocorrida a turbação, não se justificando o exercício dessa prerrogativa se decorrido muito tempo sem que tenha sido adotada nenhuma providência. Pode o esbulhado exercer seu direito individualmente ou com auxílio de terceiros.

Além da possibilidade de valer-se da **autodefesa**, o possuidor pode também se valer das **ações possessórias**, cuja finalidade específica é assegurar a defesa ao possuidor que já fora esbulhado, ou está na iminência de que aconteça a turbação. Dessa forma, "o possuidor tem direito a ser mantido na posse em caso de turbação e reintegrado em caso de esbulho" (art. 560, CPC). No entanto, para se valer do socorro judicial, **é necessário que o autor prove a sua posse**, qual foi a turbação ou o esbulho praticado pelo réu, e suas respectivas datas.

Requisito inicial para valer-se das ações possessórias, então, **é que o autor tenha ou tinha a posse sobre a coisa**, caso contrário, se somente é proprietário sem **nunca ter sido possuidor** ou tenha perdido a posse, deve se utilizar de **ação reivindicatória** pelo rito comum.

2.7.1.1 Turbação

É todo ato que **atrapalha o pleno uso do imóvel**, porém o **possuidor ainda mantém a coisa**. Assim, um grupo de sem-terra acampado em frente a uma fazenda, impedindo a entrada e saída ou usando parte do imóvel para acampar, caracteriza a turbação. Esse perigo precisa ser real e atual. A **ação** cabível em caso de turbação é a de **manutenção na posse**.

2.7.1.2 Esbulho

O esbulho caracteriza-se pela **perda da posse de forma ilícita**, contra a vontade do possuidor, o que ocorre nos casos

42 Direito Imobiliário

da posse clandestina, precária ou violenta. A ação apropriada quando a posse já foi turbada é a reintegração de posse. Em caso de **esbulho**, o possuidor esbulhado pode valer-se da ação de **reintegração de posse**.

2.7.1.3 Ameaça

Caso existam elementos que façam crer que a **posse está sendo ameaçada** e pode ser turbada ou esbulhada, o possuidor pode valer-se do **interdito proibitório**. A ameaça precisa ser real, não basta qualquer desconfiança do possuidor para a propositura da ação.

Para a propositura das ações possessórias, é fundamental que se **prove a data do fato**, pois daí **depende o tipo de socorro judicial** que terá o autor. Terá direito a liminar o autor se proposta a ação dentro de ano e dia contados do evento danoso. Caso não seja a ação proposta nesse prazo, o procedimento será o comum, sem concessão de liminar inicial, contudo mantendo o caráter possessório.

Em razão da **data do ajuizamento da ação** também poderá ser classificada **como de força nova**, quando proposta dentro de ano e dia ou de **força velha**, quando ultrapassado esse prazo.

No caso das ações possessórias, a lei admite a **fungibilidade**, sendo certo que "a propositura de uma ação possessória em vez de outra não obstará a que o juiz conheça do pedido e outorgue a proteção legal correspondente àquela cujos pressupostos estejam provados" (art. 554, CPC). No entanto, **não** há fungibilidade **entre ações possessórias e reivindicatórias**, tendo em vista que o fundamento do pedido é outro.

2.7.2 Percepção dos frutos

É outro efeito decorrente da posse. Isso porque "o possuidor de boa-fé tem **direito,** enquanto ela durar, **aos frutos percebidos**" (art. 1.214, CC, grifos nossos).

Há necessidade de elemento essencial **para ter direito aos frutos,** qual seja, a **boa-fé.** Estabelece a Lei Civil que os frutos pendentes quando cessada a boa-fé devem ser restituídos, depois de deduzidas as despesas da produção e custeio. O mesmo ocorre com os frutos colhidos com antecipação.

Parece lógica essa exigência de comprovação de boa-fé, pois não é dado ao praticante de ato ilícito beneficiar-se de sua ação. **Agindo com má-fé,** o possuidor, além de não se beneficiar dos frutos, está sujeito a **indenizar por eventuais prejuízos** causados pela apropriação dos frutos ou que por sua culpa deixou de perceber.

2.7.3 Perda ou deterioração da coisa

Mais uma vez o fator **boa-fé ou má-fé** é o divisor de águas. Isso porque "**o possuidor de boa-fé não responde pela perda ou deterioração da coisa,** a que não der causa" (art. 1.217, CC, grifos nossos), ao passo que "**o possuidor de má-fé responde pela perda, ou deterioração da coisa,** ainda que acidentais, salvo se provar que de igual modo se teriam dado, estando ela na posse do reivindicante" (art. 1.218, CC, grifos nossos).

2.7.4 Indenização pelas benfeitorias e o direito de retenção

O **possuidor de boa-fé,** caso tenha **realizado benfeitorias** necessárias ou úteis na coisa, tem o **direito de ser indenizado** e

poderá reter o bem enquanto isso não ocorrer. Com relação às benfeitorias voluptuárias, se não lhe sejam indenizadas, é lícito que as retire, desde que não afete o bem.

No entanto, se a **posse for de má-fé**, somente terá direito o possuidor ao ressarcimento dos gastos com as **benfeitorias necessárias** e, caso não sejam pagas, precisará socorrer-se de meio autônomo para o recebimento, **não sendo lícito reter a coisa**. Com relação às **voluptuárias, não lhe assiste o direito de retirada**.

Importante consignar que "as benfeitorias compensam-se com os danos, e só obrigam ao ressarcimento se ao tempo da evicção ainda existirem" (art. 1.221, CC).

3

Propriedade

3.1 Breve relato histórico

A propriedade talvez seja um dos mais antigos direitos da humanidade e desde os primórdios vem sendo exercido. Inicialmente não se tratava de relação jurídica, mas somente de cunho social e regrada pelos costumes de cada povo e região.

Tem a **propriedade aquele que detém o poder completo sobre a coisa**. Ao proprietário é **assegurado o direito real, vinculando diretamente a coisa a quem pertença** a propriedade. Propriedade é **também chamada de** *domínio*.

Os direitos à propriedade são vistos de maneira diferente a depender do sistema de governo de determinada região.

No **sistema coletivista**, que privilegia o interesse da sociedade em detrimento do interesse individual, a propriedade deve ser coletiva, objetivando o atendimento das necessidades da comunidade e o planejamento da produção de bens, deve ocorrer de forma centralizada e igual para todos, e as tarefas devem ser realizadas por todos, de acordo com a divisão estabelecida pelo poder central.

Já **capitalismo** é um sistema no qual existe a **liberdade econômica plena e as propriedades são, em regra, privadas e individuais.** As decisões de funcionamento e divisão de tarefas são próprias de cada núcleo econômico, com intervenção estatal mínima. O próprio indivíduo escolhe sua profissão de forma livre, assim como executa os trabalhos nas medidas que lhe interessam, respondendo a um poder segmentado, cujo lucro varia em razão do empreendimento.

No **Brasil adotou-se o sistema capitalista**, o que faz presumir que o direito à propriedade é individual e absoluto daquele que tem o *domínio*. **"O proprietário tem a faculdade de usar, gozar e dispor da coisa, e o direito de reavê-la do poder de quem quer que injustamente a possua ou detenha"** (art. 1.228, CC).

Para reaver a coisa, o direito reserva ao proprietário a ação reivindicatória, que busca retomar o bem quando este estiver ilicitamente em poder de terceiros, restituindo ao autor o domínio e a posse do bem. Também se reserva ao proprietário a ação de imissão na posse do bem, na hipótese de o domínio não ser objeto da discussão, mas apenas a necessidade de obter a posse.

O direito de **propriedade se perpetua no tempo**, e, mesmo que o sujeito esteja temporariamente privado de exercer os poderes legais inerentes à propriedade, não perde a qualidade de proprietário.

Apesar de o direito à propriedade, em tese, ser absoluto, há hipóteses que o relativizam em razão da necessidade de se explorar a função social da propriedade, princípio fundamental esculpido na **Constituição Federal**, que no inciso XXIII do art. 5º determina que **"a propriedade atenderá a sua função social"**.

Tal é a importância da função social, que a Carta Magna, além de elevar a função social à qualidade de cláusula pétrea, reitera que a ordem econômica, fundada na valorização do trabalho humano e na livre-iniciativa, tem por fim assegurar a todos existência digna, conforme os ditames da justiça social, observados os seguintes princípios: (...) III – função social da propriedade (art. 170, III, CF).

Esse princípio inafastável é disciplinado pela legislação pátria por meio de **leis especiais ou previsão do Código Civil, que exige que a liberdade contratual seja exercida nos limites da função social** do contrato, levando a concluir que o contrato não é mais uma relação jurídica que exclusivamente só interessa às partes contratantes, mas que deve atender aos anseios sociais, interessando, portanto, a toda a comunidade.

Tem-se como **exemplo de legislações que buscam proteger o fim social** da propriedade o **Estatuto da Cidade**, no qual o bem imóvel precisa estar atrelado ao aproveitamento e destinação do bem, atendendo ao que determina o plano diretor do município. Como medidas coercitivas para melhor aproveitamento da propriedade pode-se destacar o IPTU progressivo e a desapropriação de imóvel subutilizado para atender a interesses sociais.

O **Estatuto da Terra** também é elemento legal que busca a redivisão de terras improdutivas no campo. Vigente desde 1964, tem como ponto central a reforma agrária, cujo objetivo é a melhor distribuição das terras rurais, em razão de sua utilização e produtividade. Deve o governo, dentro de critérios técnicos, desapropriar as terras que não exerçam a função social na sua plenitude e entregá-las de maneira fracionada às famílias que necessitam.

Dentre os pontos levados em conta para eleger uma propriedade como "desapropriável" estão a produtividade e aproveitamento do solo, a preservação de recursos naturais, cumprimento

48   Direito Imobiliário

de leis trabalhistas e o bem-estar e boas condições de trabalho para aqueles que trabalham na propriedade, entre outros.

3.2 Formas de aquisição da propriedade

A aquisição da propriedade pode se dar de forma **originária ou derivada.**

a) *Aquisição originária.* Ela é desvinculada de qualquer relação com o titular anterior, **não existindo relação jurídica de transmissão.** A coisa passa a pertencer à pessoa sem que tenha sido transmitida por antigo proprietário. Como exemplo de aquisição originária a **usucapião e acessão.**

b) *Aquisição derivada.* Ocorre quando **há relação jurídica com o antecessor.** Decorre de um ato ou fato, que pode se dar por transcrição do título, direito sucessório ou casamento.

Subentende-se como título apto a transferir a propriedade do imóvel as decisões judiciais transitadas em julgado, proferidas em inventários, partilhas, ações divisórias, as sentenças que adjudicarem bens de raiz em pagamentos de dívidas de herança, as sentenças de separação, nulidade e anulação de casamento que tenham imóveis envolvidos, sentença proferia em ação de usucapião e demais decisões transitadas em julgado, que determinem a transmissão da propriedade do imóvel.

Uma das formas da **transmissão da propriedade é a transferência** *inter vivos,* que **decorre da vontade das partes.** É um negócio jurídico, solene e que exige formalidades, sem as quais não se efetiva. "Não dispondo a lei em contrário, a **escritura pública é essencial à validade dos negócios jurídicos** que visem à constituição, transferência, modificação ou renúncia de direitos reais sobre imóveis de valor superior a trinta vezes o maior salário mínimo vigente no País" (art. 108, CC). Exceto nas situações excepcionais previstas em lei, a escritura pública é o único instrumento apto a transferir a propriedade.

No entanto, nem a escritura, nem qualquer outro título bastam por si só para a transferência da propriedade. Estabelece a lei que somente "transfere-se entre vivos a propriedade mediante o registro do título translativo no Registro de Imóveis" (art. 1.245, CC), sendo certo que, enquanto referido título não for devidamente registrado, o alienante continua como dono do imóvel.

A eficácia do registro produz efeitos desde o momento em que se apresentar o título ao oficial do registro, e este o prenotar no protocolo. Desta maneira, mesmo antes de finalizados os trâmites cartorários, desde que devidamente cumprida a formalidade de prenotação, o registro terá validade.

Da mesma forma, havendo qualquer ilegalidade na transferência da propriedade, e "enquanto não se promover, por meio de ação própria, a decretação de invalidade do registro, e o respectivo cancelamento, o adquirente continua a ser havido como dono do imóvel" (art. 1.245, § 2º, CC).

O registro é realizado junto à matrícula do imóvel, assim como todos os fatos jurídicos que de alguma forma alteram o direito referente àquele imóvel específico. Existe apenas uma matrícula para cada imóvel, servindo essa como "carteira de identidade" que especifica e individualiza os bens imóveis.

3.2.1 Acessão

Acessão é o aumento de volume ou de valor da propriedade provocado por fatores externos, cuja causa pode ser natural ou decorrente de atividade humana. Pertencerá ao detentor do domínio do imóvel por previsão legal, tendo em vista

50   Direito Imobiliário

que aquilo que se incorpora a um bem passa a pertencer ao seu proprietário.

As **formas naturais** de acessão são:

a) *Formação de ilhas*. Diversas são as situações nas quais as ilhas podem se formar e, por isso, a Lei Civil buscou regular todas as possibilidades.

As ilhas que se **formarem em correntes comuns ou particulares pertencem aos proprietários ribeirinhos fronteiros,** cuja participação de cada um dependerá da posição de sua propriedade em relação ao acréscimo existente.

Referidas hipóteses são enumeradas no art. 1.249 do CC:

> I – As que se formarem no meio do rio consideram-se acréscimos sobrevindos aos terrenos ribeirinhos fronteiros de ambas as margens, na proporção de suas testadas, até a linha que dividir o álveo em duas partes iguais;
>
> II – as que se formarem entre a referida linha e uma das margens consideram-se acréscimos aos terrenos ribeirinhos fronteiros desse mesmo lado;
>
> III – as que se formarem pelo desdobramento de um novo braço do rio continuam a pertencer aos proprietários dos terrenos à custa dos quais se constituíram.

Essa aquisição de propriedade só é possível em **águas particulares.** O Código das **Águas** determina que, se as correntes forem navegáveis, trata-se de águas públicas e, portanto, pertencem ao domínio público.

b) *Aluvião.* Parecido com a formação de ilhas, é o **acúmulo de material que aumenta o volume ou valor da propriedade**. A diferença é que nessa hipótese as correntes depositam os sedimentos às margens da propriedade.

Esses acréscimos **não podem provir da ação humana**, por meio de depósito proposital de material com intenção de aumentar a propriedade.

Os acréscimos formados, sucessiva e imperceptivelmente, por depósitos e aterros naturais ao longo das margens das correntes, ou pelo desvio das águas destas, **pertencem aos donos dos terrenos marginais**, sem indenização (art. 1.250, CC, grifos nossos).

Na hipótese de esse acúmulo se formar em frente de prédios de proprietários diferentes, a divisão será proporcional da testada de cada proprietário sobre a antiga margem. Por se tratar de adicional à propriedade, a ela pertencerá em razão da regra que o acessório acompanha o principal.

c) *Avulsão.* Ocorre quando, **por força da natureza**, uma parte do lote destaca-se da **propriedade original** e se junta à outra. Pertencerá ao detentor do domínio das terras a que se incorporou, porém, nesse caso, para aquisição da propriedade adicionada o dono do lote que recebeu o acréscimo deverá indenizar o proprietário que a perdeu.

Estará dispensado de indenizar o proprietário das terras a que foi incorporado o terreno deslocado pelas correntes, se aquele que o perdeu, no prazo de um ano, não reclamar.

d) *Álveo abandonado.* **Álveo é o leito de um rio.** Se o curso das águas se desviar por força da natureza, "o álveo abandonado da corrente pública pertence aos proprietários ribeirinhos das duas margens, sem que tenham direito a indenização alguma os donos dos terrenos por onde as **águas** abrigarem novo curso" (art. 26, Código de Águas). Porém, se a mudança do curso das águas se der por ação humana, cabe indenização ao proprietário prejudicado.

As **formas artificiais** de acessão são aquelas que se originam de **um comportamento do homem**. Sendo assim, presume-se que toda plantação ou construção seja realizada por um sujeito.

a) *Construções e plantações com material alheio*. As **construções e plantações são consideradas acessórios do solo** e por consequência presumem-se ser do proprietário da terra. Porém, **há situações** que, mesmo plantando em solo próprio, o dono do imóvel tem obrigações com terceiros. Isso porque **é possível semear, plantar e construir com sementes e materiais alheios**. Nessa situação, os acessórios ao terreno são do proprietário, que fica obrigado a pagar a quem cedeu os insumos o valor, além de responder por perdas e danos, se agiu de má-fé.

Segundo a lei, as plantações e construção são do proprietário do terreno mesmo que plantadas por terceira pessoa. Diz a lei que "Aquele que semeia, planta ou edifica em terreno alheio perde, em proveito do proprietário, as sementes, plantas e construções; se procedeu de boa-fé, terá direito a indenização" (art. 1.255, CC).

Na hipótese da construção ou a plantação exceder consideravelmente o valor do terreno, aquele que, de boa-fé, plantou ou edificou, adquirirá a propriedade do solo. Caso não haja consenso quanto ao valor a ser indenizado, este poderá ser arbitrado judicialmente.

Como visto em todo o **Código Civil, a boa-fé é norteadora das ações das partes** e, a depender de como agem, adquirem ou perdem direitos. No caso de plantações e/ou construções, se houver má-fé de ambas as partes, adquirirá o proprietário as sementes, plantas e construções, devendo ressarcir o valor das acessões.

A **má-fé do proprietário é presumida quando tem ciên-cia ou presencia o trabalho de edificação ou plantação e permanece inerte**, não manifestando oposição aos serviços que estão sendo realizados.

Na hipótese de tanto as sementes ou materiais, assim como o terreno, serem alheios, "o proprietário das sementes, plantas ou materiais poderá cobrar do proprietário do solo a indenização devida, quando não puder havê-la do plantador ou construtor" (art. 1.257, parágrafo único, CC).

b) *Construção em imóvel alheio*. Se ao realizar edificação em solo próprio o **construtor invadir terra alheia**, desde que em proporção de até a vigésima parte do tamanho do terreno, e agindo de boa-fé, aquele que construiu adquire a propriedade da parte do lote invadido **e deve ressarcir ao proprietário** daquele terreno os **prejuízos** experimentados.

Se, contudo, o construtor agiu de má-fé, também poderá adquirir a parte do terreno utilizada para a construção, porém o valor da indenização será de **dez vezes** o montante calculado para indenização caso tivesse agido de **boa-fé**.

Se o tamanho da **área invadida superar a vigésima parte do terreno alheio**, o construtor que agiu de **boa-fé** deverá indenizar o proprietário daquele lote em **perdas e danos**, indenização equivalente ao **valor do terreno ocupado**, além do acréscimo que o valor da construção tiver. **Se agir de má-fé, terá que demolir a construção.**

3.2.2 Usucapião

A usucapião **é a aquisição da propriedade em razão do exercício da posse do bem**, com intenção de ser dono, **sem oposição do seu proprietário**.

Existem diversas modalidades de usucapião, e diante das especificidades legais e da sua importância para o Direito Imobiliário, será objeto de estudo em um capítulo destinado à discussão exclusiva deste tema.

3.3 Perda da propriedade

As razões da perda de propriedade estão elencadas no Código Civil. **É possível classificar essas modalidades em voluntárias e involuntárias.** Exemplos de **perda voluntária** da propriedade são a **alienação da coisa a terceiro** por aquele que é o detentor do domínio, a **renúncia** ao direito de propriedade ou ainda **abandono** do bem. A **perda é involuntária** quando ocorre em razão de **fato externo** ao qual o **proprietário não tem controle**, como, por exemplo, desapropriações ou arrematações judiciais.

a) *Alienação*. É realizada por meio de **negócio jurídico** no qual o **proprietário transmite o domínio do bem**. Deve haver o competente **registro** junto ao Cartório de Registro de Imóveis, sem o qual o ato não se aperfeiçoa.

b) *Renúncia*. Ocorre por **ato unilateral do proprietário** do bem, através do qual **renuncia ao direito** sobre a coisa de forma expressa. Para imóveis cujo valor supere 30 salários mínimos, deverá ser realizada por **escritura pública**, que também precisa ser levada a registro para surtir efeitos.

c) *Abandono*. A exemplo da renúncia, o **proprietário abre mão** do seu direito sobre o bem, porém de maneira informal, simplesmente abandonando-o. Para haver o abandono é preciso que haja a intenção de abandonar, permitindo que o imóvel possa ser ocupado por qualquer pessoa.

d) *Perecimento*. Em regra, o perecimento se origina de um **fator externo, independente da vontade do proprietário**

do bem, como, por exemplo, uma explosão ou qualquer outro acontecimento que torne a coisa imprestável para o fim ao qual se destina. É possível também que haja o perecimento por ato intencional do proprietário, que por qualquer razão decida destruir a coisa.

e) *Desapropriação*. **Ato do Poder Público** que **adjudica** para si imóvel particular, **pagando ao seu proprietário** o valor de mercado. A diferença da alienação convencional por compra e venda é que na desapropriação **não** depende do querer do proprietário, mas da vontade ou necessidade do órgão desapropriador.

f) *Requisição*. Também **decorre de ato do Poder Público**, porém o **objetivo de uso é transitório**. O Estado se utiliza do bem de forma direta ou por meio de terceiros, restituindo-o ao seu titular quando cessado o interesse. **Deve remunerar o proprietário pelo uso**, assim como indenizar eventuais prejuízos decorrentes do uso.

g) *Confisco*. Nessa hipótese o **Estado se apropria do bem sem indenizar** o proprietário. Decorre de norma constitucional que estabelece que as propriedades rurais e urbanas nas quais forem localizadas **culturas ilegais de plantas psicotrópicas**, ou a **exploração de trabalho escravo**, serão expropriadas pelo Poder Público e destinadas à reforma agrária e a programas de habitação popular, sem qualquer indenização ao proprietário e sem prejuízo de outras sanções previstas em lei.

4

Compra e venda e promessa de compra e venda

O Código Civil elenca **23 contratos típicos ou nominados**. Estes, cuja lei especifica serem próprios de determinado negócio jurídico, estabelecem os parâmetros que devem ter em razão da natureza do negócio que se destinam a regular.

O contrato nominado **deve seguir as premissas elencadas no Código Civil e legislação especial**, razão pela qual muitas das cláusulas são até desnecessárias, tendo em vista que é a própria **lei que regula o assunto**.

Aqueles contratos cuja **natureza não esteja prevista em lei**, firmados em razão de negócios outros que não aqueles constantes do rol de contratos nominados, são chamados de **atípicos ou inominados**.

Os **contratos inominados são regidos pela vontade das partes**, pelo direito de contratar livremente. **Para que sejam válidos**, além do consenso das partes, que devem ser capazes, é necessário que o **objeto seja lícito e que não violem os princípios jurídicos ou o texto legal**.

Tendo em vista a liberdade de contratar e estabelecer direitos e obrigações para as partes, e por não haver regulamentação legal expressa sobre o tema tratado, é importante que se estabeleça de maneira clara e abrangente todas as condições para a validade da relação contratual.

4.1 Compra e venda

O primeiro dos **contratos típicos, e talvez um dos de maior relevância para o Direito Imobiliário, é o contrato de compra e venda**, por meio do qual um dos contratantes se obriga a transferir o domínio de certa coisa, e o outro, a pagar-lhe certo preço em dinheiro.

4.1.1 Elementos

Na formação do contrato existem três elementos principais, que são:

a) *Res (coisa).* **Todo bem, corpóreo ou incorpóreo, passível de alienação** que pode ser transferido entre as pessoas. No caso de **bens incorpóreos** cuja propriedade é transferida a outra pessoa, chamamos na doutrina de **cessão de direitos**.

Em que pese a coisa da compra e venda poder ser bens de qualquer natureza, o que será objeto de estudo é o contrato de compra e venda de imóveis, em razão do conteúdo desta obra.

b) *Pretius (preço).* Tendo em vista o princípio da onerosidade que caracteriza a compra e venda, **deve ser estabelecido um preço livremente entre as partes**. Todavia, é nulo o contrato de compra e venda, quando se deixa ao arbítrio exclusivo de uma das partes a fixação do preço.

A quitação do preço precisa ser em **dinheiro**, não necessariamente em cédulas, mas meios que caracterizem o conteúdo monetário, como cheque ou cartão de crédito, por exemplo. Sem pagamento em dinheiro não é compra e venda. Pagamento em outros bens é troca, e a entrega do bem de forma gratuita é doação.

c) *Consensus (consentimento)*. A formação do contrato **depende da vontade das partes e deve ser consensual**. "A compra e venda, quando pura, considerar-se-á obrigatória e perfeita, desde que as partes acordarem no objeto e no preço" (art. 482, CC).

4.1.2 Características

As características essenciais do **contrato de compra e venda** são:

1. **Bilateral ou sinalagmático**	Gera direitos e obrigações para ambas as partes.
2. **Translativo**	Transfere a propriedade. Para bens imóveis só ocorre a transferência da propriedade com o registro do título no Registro de Imóveis.
3. **Consensual**	É preciso o acordo das partes.
4. **Oneroso**	Pagamento de uma parte à outra.
5. **Comutativo (em regra)**	O conteúdo da prestação é conhecido desde o início.
6. **Consensual**	É preciso o acordo das partes.
7. **Solene para imóveis**	A escritura pública em regra é exigida.

4.1.3 Formalidades

O contrato de compra e venda de imóvel é um **documento oficial** que exige a observância de certas formalidades para sua **plena validade**. Não incluir algumas informações pode

60   Direito Imobiliário

gerar até mesmo a nulidade desse pacto, então é necessário checar todos os detalhes.

4.1.3.1 Descrição do imóvel

A lei autoriza que a **venda de imóveis** poderá ser *ad mensuram*, que é alienação do imóvel **em razão do seu tamanho real**, cujas dimensões devem constar expressamente no contrato, ou *ad corpus*, em que o imóvel é descrito sem apresentar as medidas exatas, mas **pela sua descrição**, e o comprador adquire aquilo que viu.

4.1.3.2 Outorga ou consentimento expresso do cônjuge

A **alienação de imóvel**, quando casado o proprietário, **exige a vênia conjugal** para a realização da venda, salvo se o regime de casamento for a separação absoluta. Em se negando o cônjuge imotivadamente a conceder a outorga, ou quando se torna impossível concedê-la, poderá o juiz supri-la.

Na hipótese de o cônjuge **não** conceder a outorga e essa exigência legal não for suprida pelo juiz, **tornará anulável** o ato praticado, podendo o outro cônjuge pleitear-lhe a anulação, até dois anos depois de terminada a sociedade conjugal.

4.1.3.3 Documentos do vendedor

Sendo de forma geral um negócio que envolve significativo montante de capital e em razão de peculiaridades que distinguem a compra e venda de imóveis, é **imprescindível que o interessado na compra realize diversas pesquisas sobre a situação jurídica, tanto do imóvel quanto do vendedor.**

A primeira informação a ser verificada é se o pretenso **vendedor tem legitimidade para realizar a venda**, seja porque é proprietário, seja porque tem procuração deste conferindo poderes para concretizar o negócio.

Se for **pessoa jurídica**, será necessário verificar no contrato social quais são os **representantes legais que têm capacidade de realizar o negócio**, devendo constar a qualificação completa destes.

Importante também é a qualificação completa e detalhada daquele que está vendendo o imóvel, a fim de individualizar da maneira mais precisa possível o sujeito da relação jurídica.

Consoante esclarecido anteriormente, o estado civil do vendedor é muito importante para a segurança do negócio. Desta forma, **deve o vendedor apresentar para o comprador**, quando solicitado:

■ Se **casado**, a **certidão de casamento**, a fim de verificar o regime de casamento.

■ Sendo **solteiro**, será necessária a apresentação da **certidão de nascimento**, que aponta o estado civil, evitando desta forma que uma pessoa casada omita essa informação do comprador em razão de não ter a vênia conjugal.

■ **Divorciado ou separado judicialmente** precisará exibir a **averbação da certidão de casamento e certidão de nascimento**, a fim de atestar o novo estado civil.

■ Vivendo em **união estável**, o documento hábil a comprovar essa situação é a **escritura pública** de declaração de união estável.

■ **Viúvo** deve apresentar tanto a **certidão de casamento** quanto a **certidão de óbito**.

Ainda **em relação ao vendedor, é de fundamental importância a verificação de sua situação financeira**. Pode parecer

62   Direito Imobiliário

estranho à primeira vista exigir daquele que está vendendo a comprovação de que não tenha dívidas na praça. Mas essa exigência tem uma explicação. **Eventuais dívidas não honradas pelo vendedor poderão, eventualmente, recair sobre os imóveis que este possui.** O fato de o comprador ter pagado o preço não é suficiente por si só para garantir a higidez do negócio, pois, a depender das dívidas e processos judiciais existentes à época da negociação, a venda poderá ser anulada, ficando o comprador com a árdua tarefa de recuperar os valores pagos daquele que já está em situação financeira difícil.

Para tanto é necessária a **apresentação de certidão negativa** de **protestos**, com o propósito de comprovar se existe inadimplência, ou não, de uma determinada pessoa. Se o vendedor for comerciante, deve apresentar também a **certidão de quitação de tributos** e contribuições federais, certidão quanto à dívida ativa da União e CND/INSS.

Embora muitos negócios se deem sem essa providência, é importante que o vendedor apresente **certidão da junta comercial**, a fim de atestar que não é proprietário ou sócio de alguma empresa. Isso se faz necessário, porque na área trabalhista, principalmente, é possível que dívidas recaiam sobre a pessoa dos sócios e seus bens.

É necessário verificar se o **vendedor** é **demandado judicialmente**; para tanto, será preciso apresentar **certidões negativas** referentes a ações na Justiça Federal (ações cíveis, ações criminais e execuções fiscais), na Justiça Estadual (ações cíveis, ações criminais, interdição, tutela e curatela, execuções fiscais das Fazendas Estadual e Municipal) e na Justiça do Trabalho (ações trabalhistas).

Na hipótese de o vendedor não residir na localidade do imóvel, deverá apresentar todas as **certidões do seu atual domicílio** e da **localidade do imóvel**.

Se o **vendedor** for **pessoa jurídica**, será necessária a apresentação também das certidões negativas do INSS, FGTS e Fazenda Pública federal, estadual e municipal.

4.1.3.4 Documentos do imóvel

Em **relação ao imóvel, o documento mais importante** a ser apresentado é a **matrícula atualizada.** Todas as informações referentes ao imóvel, tais como atual proprietário, dívidas que recaem sobre o imóvel, ações e bloqueios judiciais, indisponibilidade do imóvel em razão de hipoteca, alienação fiduciária, se o imóvel está caucionado como garantia, haver promessa de compra e venda registrada, gravado com usufruto, enfim, é a **matrícula que traz todo o histórico do imóvel**, indicando eventuais riscos à negociação.

A **matrícula individualiza o bem** e descreve as suas características, entre elas o tamanho do terreno e a área construída. Não é incomum se realizem obras no imóvel no decorrer do tempo, o que pode aumentar a área construída. O chamado "puxadinho", que em regra não é regularizado.

Especialmente nos casos de financiamento imobiliário, quando um perito a serviço do banco vai avaliar o imóvel *in loco*, é possível que haja divergência entre a descrição constante na matrícula e a situação fática, o que pode ocasionar a recusa do financiamento.

Além de checar a matrícula, é indispensável a obtenção da **certidão negativa de ônus reais**, que é um documento emitido pelo Cartório de Registro de Imóveis, cujo objetivo é identificar se há algum **ônus** que possa recair sobre a propriedade.

Ainda é possível a obtenção da **certidão vintenária**, que apresenta o histórico do imóvel e dos proprietários nos **últimos**

64 Direito Imobiliário

20 anos, a fim de garantir que não há discussões sobre a propriedade em período anterior e que o imóvel esteja livre para os fins que o proprietário desejar.

Caso o imóvel seja novo, é essencial que se confira se já fora expedido o **habite-se**, documento que assegura que a construção foi realizada dentro das normas estabelecidas pela prefeitura e que pode aprovar ou não a propriedade para que seja ocupada.

Para imóveis sujeitos ao **regime condominial**, é necessária a apresentação de **certidão negativa de débitos condominiais**, que deve ser fornecido pela administradora ou pelo próprio síndico.

O objetivo é comprovar que até aquela data não recaem débitos dessa natureza sobre o imóvel, isso porque dívida condominial é classificada como *propter rem*, recai **sobre o imóvel** e não sobre a pessoa que deixou de realizar o pagamento.

Na ocorrência de dívidas dessa natureza, é sempre o proprietário atual que tem a obrigação de quitá-las, sob pena de o bem ser alienado para realização do pagamento. Importante salientar que, por ser uma dívida própria da coisa, não é possível invocar o direito ao bem de família para evitar a expropriação.

Certidão negativa de débitos de IPTU é o documento hábil a comprovar a inexistência de dívidas relativas ao imóvel. O referido imposto tem como fato gerador a propriedade, a exemplo das dívidas condominiais, e por isso tem natureza *propter rem*, o que também autoriza a expropriação do bem para pagamento do débito.

É possível vender um imóvel que faça parte de um processo de inventário, porém nesse caso os riscos são maiores e, por consequência, é preciso redobrar a atenção.

Quando falece o proprietário, a transmissão de seus bens para os sucessores é automática. Ocorre antes de decidir a parte que cabe a cada herdeiro e se faz necessária a realização do processo de **inventário**. Nessa fase todos os bens do *de cujus* fazem parte do monte mor, ou seja, não pertencem ainda a nenhum sucessor de forma individualizada. Porém, é **possível vender parte dos bens da herança** ainda durante o processo de inventário.

Para tanto é necessário que o inventariante requeira a expedição de um **alvará judicial**. É o juiz quem decide se libera ou não aquela venda em razão de peculiaridades do processo, da anuência dos herdeiros, em virtude de o valor da venda ser compatível com o de mercado, entre outras coisas.

Não é incomum a alienação de bens durante o processo de inventário sem a necessária autorização judicial. A "venda" normalmente é realizada pelo chamado **contrato de gaveta**, o que gera muita insegurança ao negócio.

Em que pese o **alvará judicial** poder demorar para ser expedido, essa é a única **forma segura** de comprar um imóvel objeto de inventário. Expedido o alvará, este fará parte dos documentos a serem apresentados para a lavratura da escritura, prosseguindo a venda normalmente.

4.1.4 Escritura e registro do imóvel

Exige a lei que o **negócio envolvendo imóveis** cujo valor ultrapasse o equivalente a 30 salários mínimos **somente** poderá ser realizado por meio de **escritura pública**. Estabelece ainda que, salvo cláusula em contrário, ficarão as despesas de escritura e registro a cargo do comprador.

A **escritura** é um documento lavrado em um **Cartório de Notas**, antecedendo a apresentação da transferência ao

66   Direito Imobiliário

Cartório de Registro de Imóveis. Ela formaliza com fé pública, confere **autenticidade e dá publicidade** a terceiros sobre o negócio realizado.

O **registro** é a última etapa para que a transferência da propriedade seja efetivada. Nesse ponto a **venda de** imóveis **difere dos demais contratos** de compra e venda, pois o contrato **por si só não transfere a propriedade**, o que só acontece no momento do **registro do título** aquisitivo perante o **Oficial do Registro de Imóveis**.

E, assim, a compra e venda de imóveis deve observar os **princípios do direito registral**. É essencial, em atendimento, o quanto preceitua o **princípio da especialização**, que sejam informados todos os dados do imóvel que permitam a perfeita individualização, assim como deve o proprietário ser rigorosamente qualificado.

4.2 Promessa de compra e venda

É um **contrato preliminar ao de compra e venda**, cuja Lei Civil atribuiu o *status* de **direito real** (art. 1.225, VII). Ainda, de acordo com a lei,

> mediante promessa de compra e venda, em que se não pactuou arrependimento, celebrada por instrumento público ou particular, e registrada no Cartório de Registro de Imóveis, adquire o promitente comprador direito real à aquisição do imóvel (art. 1.417, CC).

Em que pese alguns autores defenderem que existem diferenças técnicas a depender da denominação que se dá ao contrato, jurisprudência e operadores do direito tratam referido contrato como **compromisso de compra e venda** ou **promessa de compra e venda**, dando a ambos o **mesmo significado**.

4.2.1 Requisitos essenciais

Apesar da liberdade em relação à forma, o conteúdo deve ter todos os requisitos essenciais ao futuro contrato de compra e venda a ser celebrado. Embora tenha o nome de preliminar, tem características do contrato final, pois **obriga os contratantes a realizar a negociação nos exatos termos em que foi celebrado.**

É preciso constar da promessa de compra e venda a individualização da coisa a ser negociada, preço, prazo e condições de pagamento, enfim, todas as cláusulas que serão reproduzidas no contrato definitivo. É na verdade o espelho do contrato de compra e venda.

Nas negociações imobiliárias não se trata apenas de preparação para a celebração do futuro contrato de compra e venda, mas **o próprio negócio que necessariamente irá se concretizar**, independentemente da vontade das partes. É, portanto, **um contrato definitivo** pois a declaração de vontade dos contratantes já está expressa.

Sendo assim, **celebrada a promessa de compra e venda, adquire o promitente comprador os direitos de dono** e ao promitente vendedor cabe a nua-propriedade do imóvel. Porém, mesmo que já adquirido o direito real de ter o domínio da coisa, não poderá aquele que se comprometeu a comprar o imóvel dele dispor.

Em que pese garantir o direito real de propriedade, inclusive em relação a bens imóveis, pode ser formalizado tanto por escritura pública quanto por contratos particulares.

Para **assegurar o direito real de propriedade**, com a devida publicidade do ato e a fim de alertar terceiros acerca da negociação preliminar existente, que levará à efetiva alienação

68 Direito Imobiliário

do bem, a lei estabelece que **deverá o contrato ser levado ao registro competente.**

> O **promitente comprador**, titular de direito real, **pode exigir** do promitente vendedor, ou de terceiros, a quem os direitos deste forem cedidos, a **outorga da escritura definitiva** de compra e venda, conforme o disposto no instrumento preliminar; e, se houver recusa, requerer ao juiz a adjudicação do imóvel (art. 1.418, CC, grifos nossos).

Mas e se o **contrato não foi registrado**, conforme determina a lei?

Depois de acalorados debates, o tema foi sumulado pelo STJ. Diz a **Súmula nº 239**: "O direito à adjudicação compulsória não se condiciona ao registro do compromisso de compra e venda no cartório de imóveis".

Também dispõe a **Súmula nº 76**: "A falta de registro do compromisso de compra e venda de imóvel não dispensa a prévia interpelação para constituir em mora o devedor".

Ou seja, mesmo que não se tenha cumprido a determinação legal do registro, o direito do promitente comprador diante do promitente vendedor não deixa de existir, sendo obrigado aquele que se comprometeu a vender a efetivar a transação.

Sobre o tema também versa a **Súmula nº 84**: "É admissível a oposição de embargos de terceiro fundados em alegação de posse advinda do compromisso de compra e venda de imóvel, ainda que desprovido do registro".

4.2.2 Da irretratabilidade na promessa de compra e venda

Sendo um **contrato irretratável**, as partes devem cumpri-lo de forma integral, cabendo ao contratante, cujo direito esteja sendo negado, exigir a celebração do definitivo, assinalando prazo à outra parte para que o efetive sob pena de, não o fazendo, ser o **bem adjudicado compulsoriamente** por meio de ação judicial.

Importante salientar que essa irretratabilidade tem eficácia absoluta somente em relação ao promitente vendedor, pois, uma vez firmado o contrato de promessa ou compromisso de compra e venda, terá o comprador o direito de adquirir o bem, mesmo que o promitente vendedor se arrependa depois de firmar o contrato.

Para o promitente comprador, em que pese estar obrigado em razão do contrato de promessa de compra e venda, é possível em determinados casos desistir da aquisição, normalmente pagando algum valor a título de multa ou indenização.

A lei que trata do parcelamento do solo urbano estabelece de forma expressa que, em se tratando de loteamentos ou desdobramentos, "são irretratáveis os compromissos de compra e venda, cessões e promessas de cessão, os que atribuam direito a adjudicação compulsória e, estando registrados, confiram direito real oponível a terceiros" (art. 25, Lei n° 6.766/1979).

Embora não tenha sido revogado o referido texto legal que trata da irretratabilidade, a **Lei n° 13.786/2018** introduziu o art. 32-A na lei que rege os loteamentos, flexibilizando a irretratabilidade, uma vez que estabeleceu que, em caso de resolução contratual por fato imputado ao adquirente, **deverão ser restituídos os valores pagos por ele**, atualizados com base no índice contratualmente estabelecido para a correção monetária das parcelas do preço do imóvel, podendo ser descontados dos valores pagos o montante devido por cláusula penal e despesas administrativas, inclusive arras ou sinal, **limitado a um desconto de 10% do valor atualizado do contrato.**

Também poderá o promitente vendedor **descontar os encargos moratórios** relativos às prestações pagas em atraso pelo adquirente, os **débitos de impostos** sobre a propriedade predial e territorial urbana, **contribuições condominiais**, associativas ou outras de igual natureza que sejam a estas equiparadas e tarifas vinculadas ao lote, bem como tributos, custas e emolumentos incidentes sobre a restituição e/ou rescisão.

A **comissão de corretagem** também poderá ser descontada do valor a ser devolvido, desde que **integre o preço do imóvel**.

Importante mencionar que a **Lei nº 13.786/2018** supracitada também estabeleceu parâmetros para o chamado **distrato** de negócios referentes à incorporação imobiliária. Em razão da importância e peculiaridades dos contratos referentes a imóveis "comprados na planta", esse tema será abordado em capítulo específico que cuida de todas as regras referentes à **incorporação imobiliária**.

5

Usufruto

5.1 Conceito

O usufruto é um direito real de propriedade no qual o usufrutuário pode, além de usar a coisa, usufruir dos seus frutos. Do latim *usus fructus*. É exercido sobre bem alheio, móvel ou imóvel, e normalmente é vitalício. O usufruto é disciplinado no Código Civil nos **arts. 1.390 a 1.411.**

Ao usufrutuário é transmitida a posse plena do bem, permitindo-lhe exercer os direitos de fruição, gozo e administração. Confere direitos de dono ao usufrutuário, exceto a disposição do bem e com isso "podendo **fruir da coisa, aufere seus frutos naturais e civis.** O usufrutuário pode, portanto, ceder a coisa a terceiros, dá-la em locação de comodato, ou qualquer outro negócio atípico para essa finalidade" (VENOSA, 2007a, p. 438).

5.2 Sujeitos

Os sujeitos da relação jurídica são o *usufrutuário*, que tem a **posse direta dos bens**, e o *proprietário*, que despojado da posse direta passa a ser **possuidor indireto**. **Não perde o domínio do bem**, mas fica privado do uso e gozo, razão pela qual é chamado de **nu-proprietário**.

Quando **favorecer duas ou mais pessoas**, tem-se o **usufruto simultâneo** e todos os usufrutuários terão direito ao uso e fruição do patrimônio, de forma conjunta sobre o mesmo bem ou ainda individualizando a parte que cabe a cada um. A extinção ocorre de forma gradativa, à medida que cada um deles falecer. Com o falecimento de um dos usufrutuários, será extinta a parte em relação a este.

É possível, no entanto, que **os sobreviventes acresçam à parte que lhes pertence aquela deixada pelo falecido**, porém é necessário que conste **cláusula expressa** no contrato de usufruto que estabeleça a transferência do quinhão deixado pelo falecido aos sobreviventes.

É muito utilizado no caso de doação do patrimônio de pais para filhos como **maneira de evitar a abertura de inventário**. Isso porque transmitem em vida a propriedade de seus bens aos filhos, em uma espécie de adiantamento de partilha e permanecem na posse dos bens, deles usando e gozando.

Ocorrendo o falecimento dos donatários, extingue-se o usufruto e, por não haver bens a serem partilhados, uma vez que já **são propriedade dos herdeiros**, a sucessão está resolvida.

Dessa forma, o usufruto é uma forma bastante eficiente para realizar o **planejamento sucessório**. Importante ressaltar que a doação de bens precisa observar as regras de sucessão, garantindo a legítima e, preferencialmente, de forma harmoniosa e consensual entre os herdeiros, evitando-se desta forma discussões judiciais futuras.

5.3 Constituição

Pode ser constituído por **vontade das partes**, por **usucapião** ou por **determinação legal**. **Por ato de vontade é a forma mais comum** de se constituir o usufruto. É resultante de um contrato *inter vivos* ou por **testamento**. Em que pese a possibilidade de o usufruto ser um ato oneroso, tem-se que a gratuidade permeia a maioria dos contratos.

A constituição do usufruto pode se dar por **usucapião**, na hipótese de atendidos os requisitos legais **com aquisição pelo tempo**. Nessa modalidade não necessita do registro no Cartório de Registro de Imóveis.

As hipóteses de constituição do **usufruto legal** independem da vontade das partes. Entre os mais comuns está o exercício do **usufruto pelos pais dos bens dos filhos menores**, enquanto no exercício do poder familiar.

Têm os genitores a administração dos bens dos filhos menores sob sua autoridade. Não se trata propriamente de um direito real dos usufrutuários, isso **porque os frutos constituem uma compensação dos encargos da administração**. Nesse caso, o usufruto **não é vitalício** e se extingue com a maioridade dos filhos.

Tendo em vista que os pais têm apenas a administração temporária dos bens dos filhos, enquanto menores, **não podem alienar**, ou gravar de ônus real os imóveis dos filhos, nem contrair, em nome deles, obrigações que ultrapassem os limites da simples administração, salvo por necessidade ou evidente interesse da prole, mediante prévia **autorização do juiz**.

A administração deve ser em conjunto e em **benefício dos filhos**, cabendo a ambos os pais a decisão e, na falta de

74 Direito Imobiliário

um deles, ao outro, com exclusividade, representar os filhos menores de 16 anos, bem como assisti-los até completarem a maioridade ou serem emancipados.

Se houver divergência entre ambos, poderá qualquer um deles recorrer ao juiz para a solução necessária. Se o interesse dos pais for contrário ao dos filhos, a requerimento do menor ou do Ministério Público o juiz lhe dará **curador especial**.

Não farão parte do usufruto nem serão administrados pelos pais os bens adquiridos pelo filho havido fora do casamento, antes do reconhecimento, os valores auferidos pelo filho maior de 16 anos, resultantes do desenvolvimento de atividade profissional, assim como as coisas compradas com esses recursos.

Os bens deixados ou doados ao filho, sob a condição de não serem usufruídos, ou administrados pelos pais, assim como aqueles que aos filhos couberem na herança, quando os pais forem excluídos da sucessão, também não farão parte do usufruto.

Outra hipótese de **usufruto legal diz respeito aos cônjuges**. Quando um deles estiver na posse dos bens particulares do outro, será para com este e seus herdeiros responsável como usufrutuário, se o rendimento for comum.

5.4 Duração

Quanto à duração, o usufruto se trata de um negócio jurídico de caráter temporário. **Em que pese em regra seja vitalício, extingue-se com a morte**. Mesmo que o proprietário do bem faleça antes do usufrutuário, os bens jamais serão transferidos a este, **salvo se na linha de sucessão forem aqueles que têm o direito à herança**.

Em se tratando de usufruto constituído em favor de pessoa jurídica, ele se extinguirá no caso de extinção da pessoa jurídica beneficiária do usufruto ou ainda no prazo de **30 anos contados da sua constituição.**

É possível também que se constitua o **usufruto por prazo certo ou determinado.** Na primeira hipótese há uma data futura para sua extinção, independentemente de qualquer ação ou acontecimento. Sendo por **prazo determinado,** extingue-se quando ocorrer uma **condição prevista no instrumento do usufruto.**

5.5 Bens e frutos

Poderá **o usufruto recair em um ou mais bens,** móveis ou imóveis, em um patrimônio inteiro, ou parte deste, abrangendo-lhe, no todo ou em parte, os frutos e utilidades. Por se tratar de um direito real, oponível *erga omnes,* no caso de imóveis será **constituído com o registro no Cartório de Registro de Imóveis.**

Por se tratar de direito real, recai diretamente sobre a coisa, o que **permite ao usufrutuário utilizá-la de forma plena,** inclusive firmando contratos e compromissos em nome próprio.

Os frutos pertencentes ao usufrutuário são em sentido amplo e podem ser qualquer coisa que tenha valor comercial extraída da propriedade. Desta forma, o usufrutuário de uma fazenda, ao vender uma safra, terá direito ao lucro obtido. **A terra e as árvores frutíferas são do proprietário, mas a produção obtida é do usufrutuário.** O mesmo ocorre com a produção de uma indústria, ou com o lucro de uma empresa de prestação de serviços.

76　Direito Imobiliário

No Direito Imobiliário, o **usufrutuário poderá usar do imóvel para morar ou manter um comércio**, mas também lhe é lícito locar o imóvel e receber os aluguéis, cuja renda será integralmente sua.

5.6 Obrigações do usufrutuário

Obrigação fundamental do usufrutuário é a **manutenção da coisa em perfeito estado, zelando e cuidando como se fosse sua.** O direito transferido ao usufrutuário é temporário para uso e gozo do bem, **devendo este preservar a substância. Somente os frutos lhe pertencem,** não podendo dispor da coisa nem a utilizar de forma que lhe mude a substância ou diminua o valor.

As **custas de manutenção dos bens** são de exclusiva **responsabilidade do usufrutuário,** obrigando-se a reparar ou indenizar o proprietário em razão da perda da substância da coisa. Entretanto, os desgastes naturais dos bens **não serão de responsabilidade do usufrutuário que zelou pela manutenção de forma adequada.**

Cabe ao usufrutuário o pagamento das **despesas ordinárias de conservação dos bens no estado em que os recebeu,** bem como as **prestações e os tributos devidos pela posse ou rendimento da coisa usufruída.** Também é de responsabilidade do usufrutuário o **custeio dos insumos necessários à produção dos frutos.**

Na hipótese de haver dívidas que recaiam sobre o patrimônio do usufruto, será de **responsabilidade do usufrutuário o pagamento dos juros e encargos da dívida.**

A lei estabelece (art. 1.400, CC) que é **obrigação do usufrutuário,** antes de assumir o usufruto, **inventariar os bens que receber,** documentando a situação em que se encontram no momento do recebimento, e, se exigido pelo proprietário, deverá prestar caução, fidejussória ou real. A caução, no entanto, não poderá ser exigida do doador a que se reserve o usufruto da coisa doada.

Na hipótese de não ser possível para o usufrutuário dar caução, não poderá administrar pessoalmente o usufruto. Neste caso, a administração dos bens será feita pelo proprietário, que ficará obrigado, mediante caução, a entregar ao usufrutuário o rendimento deles, deduzidas as despesas de administração, entre as quais se incluirá a quantia fixada pelo juiz como remuneração do administrador.

As **reparações extraordinárias** dos bens e as que não forem de custo módico são de **responsabilidade do proprietário**. Contudo, o usufrutuário lhe pagará os juros do capital despendido com as que forem necessárias à conservação, ou aumentarem o rendimento da coisa usufruída. **A Lei define que as despesas que ultrapassarem dois terços do rendimento líquido anual não são módicas.**

Caso o dono não realize as reparações que são de sua obrigação e indispensáveis à conservação da coisa, **poderá o usufrutuário realizá-las, cobrando do nu-proprietário os valores gastos.** Importante ressaltar que consiste em obrigação do usufrutuário informar ao dono da coisa qualquer lesão produzida contra a posse ou seus direitos.

É possível **contratar seguro** para garantir o bem usufruído, sendo de responsabilidade do usufrutuário o pagamento do prêmio. Nessa hipótese, em caso de sinistro, será o nu-proprietário o beneficiário do recebimento.

No caso de qualquer sinistro que destrua a coisa, sem culpa do proprietário, **não poderá o usufrutuário exigir a reconstrução,** tampouco se restabelece o usufruto se, reconstruído o bem, as despesas forem pagas pelo proprietário. Contudo, se o bem estiver segurado e a indenização for aplicada à reconstrução do prédio ou o dano for ressarcido pelo terceiro responsável da sua ocorrência, o usufruto será restabelecido.

O usufrutuário poderá se utilizar da coisa e de seus acessórios e seus acrescidos, salvo disposição em contrário. Na hipótese de haver coisas consumíveis entre os acessórios e os acrescidos, será obrigação do usufrutuário restituir, findo o usufruto, as que ainda houver e, das outras, o equivalente em gênero, qualidade e quantidade, ou, não sendo possível, o seu valor, estimado ao tempo da restituição.

Em que pese ser um direito real, **não se pode transferir o usufruto por alienação**, mas é possível a cessão do seu exercício por título gratuito ou oneroso. Em outras palavras, o usufrutuário pode usufruir em pessoa, ou mediante arrendamento da coisa, **sendo-lhe vedado mudar a destinação econômica do bem** sem expressa autorização do proprietário.

Como exemplo, o usufrutuário de uma papelaria. Não precisará exercer a atividade de comerciante, poderá arrendar o ponto comercial para ser explorado por terceiros, ficando com a renda desse negócio. Não poderá, contudo, transformar a papelaria em uma lanchonete.

Tendo em vista que **o usufrutuário tem os direitos do proprietário**, exceto o de dispor da coisa, o patrimônio reservado a título de usufruto é impenhorável. Por razões óbvias não poderão servir os bens para garantir dívidas do usufrutuário, pois a propriedade não lhe pertence.

No entanto, **é possível a penhora dos frutos** e rendimentos obtidos pelo usufrutuário até o limite da dívida. Quitada a obrigação, permanece o usufrutuário se utilizando da coisa e dela retirando os frutos.

Os bens do usufruto são inalienáveis. É possível a penhora e arrematação do imóvel, porém o arrematante somente assume a posição de nu-proprietário, não alterando em nada os direitos do usufrutuário. Somente com a extinção do usufruto poderá o arrematante ter a posse direta do bem.

5.7 Extinção do usufruto

As hipóteses de extinção do usufruto estão previstas em rol taxativo do Código Civil, arts. 1.410 e 1.411. **A formalização da extinção se dá com o cancelamento no Registro de Imóveis.**

A primeira hipótese de extinção é a **renúncia ou morte do usufrutuário.** Da mesma forma que dar um bem em usufruto, em regra, é ato de vontade, poderá o usufrutuário renunciar livremente a qualquer tempo, sem ônus. Além disso, em razão de ser um **direito intransmissível,** a morte do titular do direito, no caso de pessoa física ou extinção da pessoa jurídica, em favor de quem o usufruto foi constituído, representa causa de extinção.

Não sendo o usufruto vitalício, extingue-se depois de transcorrido o termo que foi fixado para durar. Também se extingue em razão do decurso de tempo se for constituído em favor de pessoa jurídica e essa não se extinguir antes de **30 anos,** tempo máximo permitido por lei.

Além disso, **o usufruto se extingue pela cessação do motivo de que se originou** ou pela **destruição da coisa** nas hipóteses anteriormente comentadas, pela consolidação ou por culpa do usufrutuário, quando aliena, deteriora ou deixa arruinar os bens, não lhes acudindo com os reparos de conservação. **A falta de uso ou fruição do bem** por parte do usufrutuário também é razão para extinção, segundo a lei.

6

Registro público de imóveis

O **registro de imóveis** é uma maneira de **individualizar as propriedades** e proporcionar **segurança jurídica** nas mais diversas modalidades de negócios imobiliários. É **público** no sentido de as **informações serem acessíveis por qualquer pessoa.**

Além de **garantir ao proprietário a prova do domínio,** também **assegura a terceiros a publicidade de atos que afetam a disponibilidade do bem,** resguardando os direitos reais sobre determinado imóvel.

A **matéria é regulada pela Lei n° 6.015/1973,** que trata dos registros públicos (Lei dos Registros Públicos – LRP), cujo objetivo principal é dar segurança e eficácia aos atos jurídicos.

A **aquisição imobiliária** por atos *inter vivos* **somente surte efeitos** e tem eficácia com o **registro do título no Cartório de Registro de Imóveis,** consoante estabelecido na Lei Civil.

Levando-se em conta que os direitos reais gozam de efeito *erga omnes,* **oponível a qualquer pessoa,** fica claro que não interessa somente ao detentor do direito real as informações referentes ao imóvel, mas a toda a sociedade.

A **função principal do registro é dar publicidade aos atos praticados,** garantindo a segurança, **autenticidade e eficácia**

dos atos jurídicos, não somente entre as partes, mas também para terceiros. "Qualquer pessoa pode requerer certidão do registro sem informar ao oficial ou ao funcionário o motivo ou interesse do pedido" (art. 17, LRP).

É obrigação dos cartórios receber os títulos para registro, conferir as formalidades do ato e autenticidade do documento, transpor para seus livros e guardar declarações sobre os registros imobiliários.

Os **serviços notariais visam formalizar juridicamente a vontade das partes**. Compete-lhes ainda intervir nos atos e negócios jurídicos a que as partes devam ou queiram dar forma legal ou autenticidade, autorizando a redação ou redigindo os instrumentos adequados, conservando os originais e expedindo cópias fidedignas de seu conteúdo, autenticar fatos, lavrar escrituras e procurações públicas, lavrar testamentos públicos e aprovar os cerrados, lavrar atas notariais, reconhecer firmas e autenticar cópias.

A **transferência *inter vivos* de imóveis, cujo valor seja superior a 30 vezes o salário mínimo vigente, somente se dará por escritura pública**, a ser firmada perante o tabelião.

A **prestação dos serviços notariais e de registro é prevista na Constituição Federal**, que estabelece que será **exercida por particulares em colaboração com o Poder Público**, através de **delegação de função pública**, gozando de credibilidade os atos por estes praticados, responsabilizando-se os tabeliões civil e criminalmente, tanto por atos próprios quanto de seus prepostos, cabendo ao Poder Judiciário a fiscalização de seus atos.

Disciplina a Constituição da República que a Lei Federal estabelecerá normas gerais para **fixação de emolumentos** relativos aos atos praticados pelos serviços notariais e de registro, estes atualmente regulados pela **Lei nº 10.169/2000**, que atribui aos estados a responsabilidade da precificação dos serviços dos cartórios.

Determina a legislação que "é livre a escolha do tabelião de notas, qualquer que seja o domicílio das partes ou o lugar de situação dos bens objeto do ato ou negócio", cabendo às partes a escolha. Tendo em vista que os valores dos serviços notariais são regulados pelos estados, é comum que, em áreas próximas a divisa estadual, os interessados procurem o tabelião do estado vizinho ao seu, em razão da diferença de valores para realização dos atos.

Contudo, o **registro dos imóveis somente poderá ser realizado no Cartório de Registro de Imóveis da situação do imóvel**, o qual terá a matrícula do imóvel arquivada, com todas as alterações realizadas.

Para **ingressar na atividade notarial e de registro** é necessário ser **profissional do Direito** e realizar concurso público de provas e títulos, sendo proibido que qualquer serventia fique vaga, sem abertura de concurso de provimento ou de remoção, por mais de seis meses.

Os candidatos se sujeitam a **concursos,** que são realizados pelo Poder Judiciário, com a participação, em todas as suas fases, da Ordem dos Advogados do Brasil, do Ministério Público, de um notário e de um registrador. É possível que alguém que **não** seja bacharel participe do concurso, desde que tenha completado, até a data da primeira publicação do edital do concurso de provas e títulos, **dez anos de exercício em serviço notarial ou de registro**.

6.1 Registro e averbação

---

a) *Registro.* Todos os atos que resultem na **transferência da propriedade** são chamados de registro. Sendo assim, havendo um ato translativo, modificativo ou constitutivos de direito, este será registrado, em ordem numérica sequencial, na matrícula do imóvel.

b) *Averbação*. Tem a função de **informar todas as alterações havidas no imóvel**, com exceção daquelas que transferem a propriedade. Desta forma, uma nova construção em um terreno, a modificação do estado civil do proprietário, são fatos que alteram a situação do imóvel e devem ser averbados.

6.1.1 Legitimidade

De acordo com a lei, "o **registro e a averbação poderão ser provocados por qualquer pessoa**, incumbindo-lhe as despesas respectivas" (art. 217, LRP, grifos nossos).

A pessoa, ao apresentar o título, **não precisa** demonstrar as razões do seu interesse. No entanto, parece razoável que a legitimidade para exercício dos atos registrais decorra da relação da pessoa com o evento, daí o consequente interesse jurídico.

A depender de cada ato, em regra, há o interesse real de determinados sujeitos da relação. De maneira apenas exemplificativa, sem prejuízo do direito assegurado por lei, a qualquer pessoa, podem ser considerados interessados:

Ato	Interessados
Compra e venda	Comprador e vendedor
Promessa de compra e venda	Promitente comprador e promitente vendedor
Locação	Locador e locatário
Penhoras, hipotecas, ações judiciais	Credor e devedor, ou autor e réu
Usufruto	Proprietário do imóvel e usufrutuário
Doação	Doador e donatário
Usucapião	Proprietário e usucapiente

6.2 Princípios dos atos registrais

A atividade registral é regida por princípios que devem ser observados a fim de garantir a eficácia dos atos.

6.2.1 Publicidade

Talvez o princípio mais fundamental do registro e uma das razões do registro. **Todos os eventos** que ocorrem referentes a um imóvel **devem ser registrados ou averbados na matrícula**, uma espécie de "CPF" do imóvel. **Única e individualizada**, é por meio dela que se dá publicidade à situação dos imóveis, fazendo com que esses atos sejam de conhecimento de todos.

A **divulgação** dos dados negócios e situação jurídica dos imóveis é, em regra, passiva e está **disponível a qualquer interessado**. Em alguns casos, a publicidade precisa ser ativa, que em razão da magnitude do negócio envolve mais pessoas e interesses, facilitando que terceiros prejudicados possam impugnar o registro. Como exemplo temos os loteamentos, incorporação imobiliária e parcelamento do solo urbano.

6.2.2 Legalidade

O **Oficial do Registro de Imóveis somente poderá registrar um título depois de conferir a validade e eficácia do título**, evitando, desta forma, o registro de títulos inválidos, imperfeitos ou ineficazes. Somente podem ser levados a registro títulos que atendam aos preceitos legais, sob pena de anular eventual registro de transação irregular.

Tendo em vista que os atos notariais e registrais são próprios do Direito Administrativo, **a atuação deve ser neutra** e somente com o fito de atender às **finalidades legais**.

86 Direito Imobiliário

6.2.3 Fé pública

Estabelece a lei que disciplina a atividade registral e notarial que os **notários, tabeliães e oficiais de registro gozam de fé pública** para realizarem os atos próprios das suas funções.

A fé pública é característica de **funcionários públicos**, e sendo os notários, tabeliães e oficiais de registro pessoas que exercem função pública de **forma delegada**, asseguram às certidões lavradas as qualidades de certeza e veracidade de seus conteúdos.

6.2.4 Continuidade

O princípio da continuidade, também denominado por alguns autores **princípio do trato sucessivo**, estabelece que os **registros mantêm uma conexão entre si**, razão pela qual um **registro depende da existência de um anterior para modificar alguma coisa.**

Garante segurança jurídica, ao passo que deve o serviço registral manter a continuidade dos registros em sequência, fazendo com que os fatos atinentes a determinado imóvel estejam todos registrados em um só documento.

O objetivo dessa regra é **permitir que, ao consultar as anotações referentes a um determinado imóvel**, se tenha a certeza de que **todos os atos e todo o histórico do imóvel constarão de um único documento**, facilitando a consulta e oferecendo o fiel histórico dos atos jurídicos praticados.

6.2.5 Prioridade e preferência

Todos os **títulos** serão protocolados na **exata sequência em que foram apresentados**. É de fundamental importância o respeito à ordem de apresentação, tendo em vista que a preferência para execução de hipoteca, por exemplo, obedecerá à ordem de apresentação, o que pode ser decisivo para um credor ter ou não a satisfação do seu crédito.

Apresentado o título no Cartório de Registro de Imóveis, esse será **prenotado, ou seja, assegura precedência do direito real** ao qual o título se refere. Importante mencionar que **cada título corresponderá a um número de ordem**, ainda que diversos deles sejam apresentados simultaneamente pela mesma pessoa.

6.2.6 Especialidade

A **discriminação dos imóveis deve ser perfeita** e com maior número de informações possíveis, que **permitam a sua identificação** e os tornem únicos. Da mesma maneira, os **sujeitos** constantes no registro **devem ser identificados** de forma clara.

A lei que trata dos registros públicos estabelece que **cada imóvel terá matrícula própria**, que será aberta por ocasião do primeiro registro a ser feito e seguirá com o imóvel de forma permanente, devendo os atos serem numerados e datados.

Com **relação ao imóvel, da identificação devem constar** suas características e confrontações, localização, área, logradouro, número, designação cadastral, quando se tratar de imóvel urbano, e descrever o código do imóvel, dos dados constantes do CCIR, da denominação e de suas características, confrontações, localização e área, quando se tratar de imóvel rural.

Em relação ao titular do direito real, é necessário informar o **nome, profissão, endereço, nacionalidade, estado civil, número de inscrição no Cadastro de Pessoas Físicas e número do documento de identidade para as pessoas físicas**. Em se tratando de pessoa jurídica, o **endereço da sede e o número de inscrição no Cadastro Nacional de Pessoa Jurídica.**

Ademais, como exemplo da importância do cumprimento do princípio da especialidade, há a exigência de que em todas as escrituras e em todos os atos relativos a imóveis, bem como nas cartas de sentença e formais de partilha, o tabelião ou escrivão **faça referência à matrícula** ou ao registro anterior, seu número e cartório.

6.2.7 Territorialidade

O registro dos direitos reais sobre bens imóveis se subordina ao **princípio da territorialidade** e deve necessariamente ser realizado no **Ofício de Registro de Imóveis da situação do imóvel.**

6.2.8 Concentração

Estabelece que **todas as informações referentes ao imóvel devem se concentrar em um único documento,** garantindo maior segurança jurídica, uma vez que não existirão informações esparsas sobre o imóvel, das quais eventualmente o adquirente possa não tomar conhecimento.

Todos os fatos e atos que alterarem de alguma forma a situação jurídica do imóvel, como hipotecas, alienação fiduciária, ações judiciais e toda gama de situação que pode de alguma maneira comprometer o direito ao bem, **devem constar da matrícula.**

6.3 Atos praticados pelo Registro de Imóveis

No Registro de Imóveis serão feitos o **registro e a averbação** dos títulos ou **atos constitutivos, declaratórios, translativos e extintivos de direitos reais sobre imóveis,** *inter vivos* ou *mortis causa*, quer para sua constituição, transferência e extinção, quer para sua validade em relação a terceiros, quer para a sua disponibilidade.

Atos constitutivos	São os atos dos quais surgem os direitos reais em relação a determinado bem.
Atos declaratórios	Aqueles que dão publicidade.
Atos translativos	Transferência dos direitos reais de uma pessoa para outra.
Atos extintivos	Extingue o direito em relação a uma pessoa, que deixa de existir no mundo jurídico.

Todos os atos praticados pelo Cartório de Registro de Imóveis devem ser **registrados em livros próprios**. Existem livros obrigatórios para o registro de imóveis (art. 173, LRP).

a) *Livro 1 – Protocolo*. Todos os **títulos apresentados** para **registro** e **prenotação** serão incialmente relacionados no **livro do protocolo**. É nesse livro que serão numerados os títulos, e referida numeração definirá a ordem de registro dos atos referentes a determinado imóvel. A importância dessa numeração se justifica, pois em razão dela será definida a ordem de preferência dos direitos reais.

Para tanto, é preciso constar do protocolo o **nome do apresentante, a natureza formal do título, a data de apresentação, os atos formalizados** resumidamente, eventual devolução anterior, mencionando a exigência e data, assim como se eventual prenotação ainda está vigente.

b) *Livro 2 – Registro Geral*. É o **principal** livro do Registro de Imóvel e será destinado **à matrícula dos imóveis e ao registro ou averbação dos atos imobiliários** relacionados no art. 167 da LRP, e não atribuídos ao Livro de Registro Auxiliar.

c) *Livro 3 – Registro Auxiliar*. É destinado aos **registros** que, embora atribuídos ao Registro de Imóveis, **não digam respeito diretamente a imóvel** matriculado, porém a lei

90 Direito Imobiliário

estabelece a competência do Registro de Imóveis para registrar tais atos, entre eles a **emissão de debêntures**, sem prejuízo do registro eventual e definitivo, **da hipoteca, anticrese ou penhor** que abonarem especialmente tais emissões, firmando-se pela ordem do registro a prioridade entre as séries de obrigações emitidas pela sociedade.

Também serão registrados no Livro Auxiliar as cédulas de crédito industrial, sem prejuízo do registro da hipoteca cedular, as convenções de condomínio edilício, condomínio geral voluntário e condomínio em multipropriedade, o penhor de máquinas e de aparelhos utilizados na indústria, instalados e em funcionamento, com os respectivos pertences ou sem eles, as convenções antenupciais, os contratos de penhor rural, assim como os títulos que, a requerimento do interessado, forem registrados no seu inteiro teor, sem prejuízo do ato praticado no Livro 2.

d) *Livro 4 – Indicador Real.* É o livro onde é **anotado o repositório das indicações** de todos os imóveis que figurarem no Livro 2, devendo conter sua identificação e o número da matrícula. Serve como índice dos demais livros existentes no cartório.

e) *Livro 5 – Indicador Pessoal.* É dividido alfabeticamente e **servirá de índice** onde devem constar os nomes de todas as pessoas que direta ou indiretamente, de forma individual ou coletiva, atuando de maneira passiva ou ativa, inclusive os cônjuges, já tiverem figurado nos demais livros.

6.4 Suscitação de dúvida

Sempre que **de maneira fundamentada surgir dúvida ao Oficial de Registro**, sobre a validade ou aspecto legal do título, e discordando o apresentante da negativa do Oficial em proceder o registro, esta **deverá ser levada ao conhecimento da autoridade judiciária.**

Havendo exigência a ser satisfeita, o oficial indicá-la-á por escrito. Não se conformando o apresentante com a exigência do oficial, ou não a podendo satisfazer, será o título, a seu requerimento e com a declaração de dúvida, remetido ao juízo competente para dirimi-la (art. 198, LRP).

Espera-se do Oficial que, quando apresentada uma questão que suscite dúvida, esta esteja amparada na lei, restringindo-se ao Oficial a análise dos aspectos formais do documento, não lhe competindo **análise da substância** do negócio jurídico.

6.5 Retificação de registro de imóvel

Deve ser solicitada caso o **teor do registro apresente alguma inexatidão ou não exprima a verdade**, situação na qual poderá o interessado reclamar que se retifique ou anule. A retificação poderá ser realizada pelo Oficial do Registro de Imóveis ou por meio de procedimento judicial.

Em caso de omissão ou inexatidão no registro, compete ao interessado fazer o requerimento para que o Oficial o **retifique por meio de procedimento administrativo**, o que **não** exclui a apreciação pelo Poder Judiciário, se provocado.

A **retificação** poderá ser realizada pelo Oficial, inclusive de ofício, ou mediante requerimento do interessado quando forem constatadas uma das seguintes situações:

■ **Omissão ou erro** cometido na transposição de qualquer elemento do título. Indicação ou atualização de confrontação.

92   Direito Imobiliário

■ Alteração de **denominação** de logradouro público, comprovada por documento oficial.

■ **Retificação** que vise a indicação de rumos, ângulos de deflexão ou inserção de coordenadas georreferenciadas, em que não haja alteração das medidas perimetrais.

■ **Alteração ou inserção** que resulte de mero cálculo matemático feito a partir das medidas perimetrais constantes do registro.

■ **Reprodução de descrição** de linha divisória de **imóvel confrontante** que já tenha sido objeto de retificação.

■ **Inserção ou modificação** dos dados de qualificação pessoal das **partes**, comprovada por documentos oficiais, ou mediante despacho judicial quando houver necessidade de produção de outras provas.

Também a requerimento do interessado, **poderá haver a retificação do registro no caso de inserção ou alteração de medida perimetral** de que resulte, ou não, alteração de área, que deve ser comprovada por meio de planta e memorial descritivo assinado por profissional legalmente habilitado, assim como pelos confrontantes. Atendidos tais requisitos, o Oficial averbará a retificação.

Caso a planta apresentada não contenha a assinatura de **algum confrontante**, este será **notificado** pelo Oficial de Registro de Imóveis para se **manifestar em 15 dias**. A notificação será dirigida ao endereço do confrontante constante do Registro de Imóveis, podendo ser dirigida ao próprio imóvel contíguo ou àquele fornecido pelo requerente e, na hipótese de não ser encontrado o confrontante, a notificação se dará por edital. Deixado o **confrontante de apresentar impugnação**, será presumida sua anuência.

Findo o prazo sem impugnação, **o oficial averbará a retificação requerida**. Se houver impugnação, o requerente será intimado para se manifestar sobre a impugnação apresentada.

Se as partes **não** chegarem a uma solução amigável o processo será remetido para o **juiz competente**, que decidirá sobre o pedido, salvo se a discussão for fundada no direito de propriedade, hipótese na qual será o caso direcionado para as **vias ordinárias**.

6.6 Nulidade do título

O **registro perderá sua validade no caso de existirem nulidades**. "As nulidades de pleno direito do registro, uma vez provadas, invalidam-no, independentemente de ação direta" (art. 214, LRP). Para tanto, deverá ser instaurado o procedimento pelo **juiz corregedor**, se provocado pelo registrador imobiliário ou por requerimento da parte interessada.

Antes de decidir, o **juiz abrirá prazo** para que os **envolvidos se manifestem** e, depois de ouvidos os atingidos e concluindo-se pela **existência dos vícios, a nulidade será decretada**. Referida decretação poderá ser questionada por meio de apelação ou agravo, a depender do caso. No entanto, a **nulidade não será decretada se atingir terceiro de boa-fé** que já tiver preenchido **as condições de usucapião** do imóvel.

É **dado ao juiz**, caso entenda que a superveniência de novos registros poderá causar danos de difícil reparação, o poder para determinar, de ofício e a qualquer tempo, ainda que sem oitiva das partes, o **bloqueio da matrícula** do imóvel.

Nessa hipótese, **se a matrícula do imóvel for bloqueada, o Oficial não poderá mais nela praticar qualquer ato**, salvo com autorização judicial, permitindo-se, todavia, aos interessados a prenotação de seus títulos, que ficarão com o prazo prorrogado até a solução

Também poderá ocorrer a **anulação**, por **sentença** proferida em **processo contencioso**, ou por efeito do julgado em ação de anulação ou de declaração de nulidade de ato jurídico, ou de julgado sobre fraude à execução.

7

Usucapião

7.1 Conceito e características

Usucapião, também chamada de prescrição aquisitiva, é a forma de aquisição originária da propriedade de um bem móvel ou imóvel pelo exercício da posse e decurso de tempo. Em outras palavras, aquele que tem a posse de um bem, sem oposição de seu proprietário por determinado período e com *animus domini*, com ânimo e vontade de ser dono, adquire a propriedade. A essa posse mansa e pacífica, com intenção de ser dono, dá-se o nome de **posse** *ad usucapionem*.

É uma **aquisição originária**, porque não há transmissão da propriedade por ninguém. O usucapiente, aquele que adquire o bem, o faz **pelo exercício da posse e a coisa torna-se sua sem ato de terceiro que a transfira**. Assim, **a propriedade é adquirida sem nenhum vínculo anterior e não permanecem os ônus que gravavam o imóvel antes da sua declaração.**

A usucapião faz bastante sentido no direito moderno, especialmente em razão do princípio constitucional que estabelece a **função social da propriedade**. Desta forma, se alguém se utiliza de um bem durante longo período, **sem que seu dono**

96   Direito Imobiliário

dele sinta falta, é de se pressupor que se permanecer na mão do proprietário talvez não lhe seja dada a melhor destinação. Portanto, a

> usucapião dá prêmio a quem ocupa a terra, pondo-a a produzir. É certo que o verdadeiro proprietário perdeu seu domínio, contra sua vontade. Mas, **não é injusta a solução legal**, porque o prejudicado concorre com sua desídia para a consumação de seu prejuízo. Em rigor, já vimos, o direito de propriedade é conferido ao homem para ser usado de acordo com o interesse social, e, evidentemente, não o usa dessa maneira quem deixa sua terra ao abandono por longos anos (RODRIGUES, 2007a, p. 109, grifos nossos).

A ação de usucapião tem natureza **declaratória**, isso porque a sentença que reconhece a usucapião **não cria um direito, mas apenas declara a aquisição do direito à propriedade** do imóvel desde a ocorrência dos requisitos legais, quais sejam, o transcurso do tempo com a **posse mansa e pacífica**, além dos demais elementos necessários à aquisição a depender da modalidade de usucapião pretendida.

O efeito da sentença, portanto, é *ex nunc*, ou seja, **retroage à data em que o possuidor cumpriu todos os requisitos legais** para tornar-se proprietário do bem.

7.2 Do exercício da posse na usucapião

A lei exige que o **usucapiente deva ter exercido a posse sobre o bem de forma mansa e pacífica** durante determinado período que varia em decorrência da situação fática, cujas hipóteses serão analisadas neste capítulo.

Por **posse mansa e pacífica** entende-se aquela exercida sem oposição do proprietário e que durante todo o período de posse não houve nenhum questionamento. Importante consignar que a eventual oposição do proprietário com o intuito de cessar a posse, que entende irregular, deve ser efetiva.

Diz-se que a posse é injusta quando é obtida por violência ou clandestinidade. Nessa hipótese, enquanto perdurar a situação que a originou de forma ilícita, falta elemento objetivo para a usucapião.

Em que pese respeitáveis opiniões em sentido contrário, a posse pode se tornar justa quando cessada a violência ou clandestinidade. Esse entendimento decorre diretamente do art. 1.208 do Código Civil, que estabelece a ressalva de que não autorizam a aquisição da posse os atos violentos, ou clandestinos, senão depois de cessar a violência ou a clandestinidade.

Exceção se faz à **posse precária.** Nesse caso, **a posse nunca perderá a característica de precariedade (ilegal), impossibilitando** a usucapião. Mesmo que o proprietário tenha ciência da intenção do possuidor de se tornar dono, sem tomar nenhuma providência para evitar que isso aconteça, o caráter com o qual foi adquirida não se modifica com o tempo e jamais permitirá a aquisição por usucapião.

"Caso fosse admitida a posse *ad usucapionem* em razão da posse precária, premiar-se-ia a **quebra de confiança**, o que, inclusive, afronta a segurança dos negócios jurídicos e a paz social buscada pelo Direito" (SCAVONE JR., 2021, p. 1194, grifos nossos).

Dessa maneira, é de se concluir que, a depender de com qual das formas injustas foi adquirida a posse, é possível torná-la justa ou não, isso porque se a situação de fato foi adquirida através de atos violentos ou clandestinos, ela não induzirá posse enquanto não cessar a violência ou clandestinidade; e, se foi adquirida a título precário, tal situação não convalesce jamais (RODRIGUES, 2007a, p. 112).

Para contestar a posse *ad usucapionem* **as objeções do proprietário devem ser fundamentadas e claras** quanto à oposição que fazem à posse exercida pelo possuidor. Não basta também a simples notificação do possuidor para caracterizar oposição.

Ainda em relação à posse, é necessário que haja uma **atividade ativa do possuidor**, exteriorizando sua vontade de ser dono e agindo como tal. O *animus domini* é essencial para a procedência da ação de usucapião, tendo em vista que aquele que sempre agiu de forma passiva, comportando-se como **simples posseiro** sem demonstrar o desejo de ser dono, não está legitimado para pleitear a usucapião.

Importante consignar que **a posse precisa ser contínua durante o período aquisitivo** e até que se requeira usucapião. Nota-se que por posse contínua não se entende necessariamente o contato direto com a coisa, bastando para isso comportar-se como dono.

Na hipótese de ser **esbulhada a coisa do possuidor**, este deverá intentar os meios necessários para recuperá-la, sob pena de ter a sua posse interrompida. Entende-se que pode o **possuidor esbulhado valer-se da força ou ação de reintegração de posse,** devendo essa ser proposta **no prazo de ano e dia.**

Na hipótese de ser proposta a ação em tempo hábil, a doutrina considera que o tempo de transcurso do processo, mesmo que o possuidor não tenha a posse, conta para o período aquisitivo de usucapião, isso porque em momento algum abandonou o bem.

Caso haja alguma **medida judicial** em face do possuidor questionando a sua posse, a citação válida automaticamente **interrompe a contagem de prazo para a usucapião**. Contudo, se a demanda for julgada improcedente sagrando-se o possuidor vencedor da causa, cessa a interrupção somando-se o tempo da ação à contagem do tempo de posse.

É possível a **soma dos tempos de posse** do usucapiente e seus antecessores para o fim de contar o tempo exigido por lei para a aquisição por usucapião, desde que a posse do requerente e as dos seus antecessores sejam todas contínuas, pacíficas e com o mesmo ânimo de ser dono.

Quanto ao **objeto** a ser usucapido, é necessário que seja hábil para tanto, ou seja, aqueles **passíveis de comercialização**. Em regra, todo **imóvel particular**, urbano ou rural, pode ser objeto de usucapião.

Não há usucapião de bem público, por expressa vedação constitucional, seja ele móvel ou imóvel, entendimento esse sumulado pelo Supremo Tribunal Federal. A **Súmula n° 340** diz que "desde a vigência do Código Civil, os bens dominicais, como os demais bens públicos, não podem ser adquiridos por usucapião".

Nas situações em que bens públicos são ocupados por particulares, mesmo que com *animus domini*, o entendimento é que se trata de **mera permissão ou tolerância do Estado**. A Lei Civil no art. 1.208 diz textualmente que não induzem posse os atos de mera permissão ou tolerância, assim como não autorizam a sua aquisição os atos violentos, ou clandestinos, senão depois de cessar a violência ou a clandestinidade.

7.3 Partes legitimadas

A **parte ativa** da ação de usucapião é o **usucapiente**, ou seja, aquele que tem **interesse em usucapir** e está **na posse do imóvel** e, na falta deste, o seu espólio. Tem legitimidade também o condômino, desde que esteja na posse do imóvel de forma exclusiva.

A lei permite que o proprietário de um imóvel registrado, cuja documentação não esteja em ordem e sua regularização se mostre extremamente complicada, desde que por motivo justificável e comprovado, **se utilize da ação de usucapião exclusivamente para solucionar a situação documental.**

As **partes passivas** da ação de usucapião são o **proprietário** constante da matrícula, ou seja, aquele que oficialmente é o dono do imóvel, **os confinantes do imóvel pretendido**, as **Fazendas Públicas Federal, Estadual e Municipal e eventuais terceiros interessados que comprovarem essa situação.** O cônjuge do usucapiente também deve integrar a lide.

Além disso, tem-se que o **Ministério Público intervirá obrigatoriamente** em todos os atos do processo, sob pena de nulidade, intervindo como fiscal da ordem jurídica em razão do interesse público ou social.

7.4 Modalidades de usucapião

As diversas modalidades de usucapião estão previstas na Constituição Federal (arts. 183 e 191), na Lei Civil (arts. 1.238 a 1.244), no Estatuto da Cidade (arts. 9º a 14) e na Lei nº 6.969/1981.

A simples leitura dos artigos legais deixa ainda mais clara a intenção do legislador em privilegiar a **função social da**

propriedade, isso porque os prazos para a aquisição variam em decorrência do uso que se dá ao imóvel e a finalidade da sua utilização.

As modalidades de usucapião que serão analisadas mais detidamente de forma individualizada são as seguintes:

- usucapião ordinária (art. 1.242, CC);
- usucapião ordinária com prazo reduzido (art. 1.242, parágrafo único, CC);
- usucapião extraordinária (art. 1.238, CC);
- usucapião extraordinária com prazo reduzido (art. 1.238, parágrafo único, CC);
- usucapião constitucional urbana (art. 183, CF; art. 1.240, CC; e arts. 9° e 11 a 14 do Estatuto da Cidade);
- usucapião constitucional rural (art. 191, CF; art. 1.239 CC; e Lei n° 6.969/1981);
- usucapião especial coletiva (art. 10 do Estatuto da Cidade);
- usucapião familiar (art. 1.240-A, CC);
- usucapião extrajudicial (art. 1.071, CPC).

7.4.1 Usucapião ordinária

Primeiramente, cumpre distinguir as duas principais modalidades, sendo que a **diferença básica** entre usucapião ordinária ou extraordinária **é ter ou não o justo título**.

A **usucapião ordinária deriva de um justo título e da boa-fé**. O usucapiente tem algum documento que **comprove a compra da propriedade** e que seja hábil para a transferência do domínio. O prazo para aquisição do direito poderá variar de **10 a 5 anos** a depender da forma como ocorreu a transação.

A **usucapião extraordinária precisa apenas do transcurso de período aquisitivo** previsto em lei, qual seja, **15 ou 10 anos** a

102   Direito Imobiliário

depender da destinação que se dará para a propriedade, **independentemente de boa-fé e justo título.**

Assim, são **requisitos para a usucapião ordinária:** existência de **justo título e boa-fé,** a **posse por 10 anos,** em regra geral, **mansa e pacífica,** exercida com *animus domini,* e de **forma ininterrupta.**

Exige-se para a usucapião ordinária, como bem salientado, o **justo título e a boa-fé.**

O justo título é aquele que **tem o condão de transferir a propriedade em situação regular.**

Existe divergência se o justo título apto a transferir a propriedade precisa estar registrado em cartório para assegurar o direito à usucapião. Parece incoerente tal exigência, pois, se todos os requisitos formais tivessem sido atendidos por completo, não haveria de se falar em usucapião, uma vez que a propriedade seria transferida regularmente pela alienação.

Tem-se como exemplo de justo título **o formal de partilha ou a escritura pública.** Desta forma, se o título em tese é hábil para transferir a propriedade, pode-se imaginar que **haja boa-fé do adquirente.** Na hipótese de a venda ter sido realizada por menor incapaz, por exemplo, em que pese haver o justo título, esse é nulo, dada a incapacidade absoluta de quem o assinou.

A boa-fé do adquirente é presumida até que se prove o contrário. Isso porque, se existe um justo título, é de se concluir, em primeira análise, que **o adquirente imaginava ter um documento hábil para transferência da propriedade.** Presume-se que o possuidor ignora os vícios do seu título e não tinha como saber dessa irregularidade de maneira óbvia, **tendo em vista que as circunstâncias do negócio não permitiriam saber que havia vício na negociação.**

A presunção, contudo, **é relativa.** É possível a produção de provas que demonstrem que o adquirente tinha ciência dos vícios na formação do título, mas que preferiu ignorar esse fato. **O ônus da prova da má-fé cabe a quem a alega.** Não é exigido do adquirente comprovar que agiu de boa-fé, pois, até que se prove o contrário, não conhecia vício.

Em que pese parecer natural que justo título e boa-fé caminhem sempre juntos, **é possível que haja boa-fé sem justo título.** O adquirente desconhece que o título não é hábil para a transferência da propriedade, mas acredita que o tenha de forma regular. Do mesmo modo é **possível que exista justo título sem boa-fé.** Neste caso, o adquirente, mesmo sabendo dos vícios que tornam o título nulo ou anulável, os ignora.

Importante distinguir a **diferença entre título nulo e anulável**, tendo em vista que produzem consequências práticas distintas. Enquanto o **título nulo não permite** a **usucapião ordinária,** o **anulável não** a **impede,** isso porque, enquanto a nulidade não for alegada, permanece válido.

O Código Civil, que dá ao adquirente a presunção da boa-fé, também estabelece quando esta desaparece. **A posse perde o caráter da boa-fé desde o momento em que as circunstâncias façam presumir que o possuidor não ignora que o possui indevidamente.**

Mesmo nos casos em que houve a boa-fé na formação do título, mas no decorrer do tempo poderia o adquirente pressupor que existe algum tipo de vício que o macule, perde-se o caráter de boa-fé, requisito essencial para a usucapião ordinária.

O compromisso de compra e venda, que confere direito real de propriedade ao promitente comprador, **é tido como justo título** para fundamentar o pedido de usucapião ordinária, **mesmo que não registrado em cartório.**

104   Direito Imobiliário

7.4.2 Usucapião ordinária reduzida

Na **usucapião ordinária o prazo será reduzido para cinco anos**, se o imóvel houver sido adquirido, **onerosamente**, com base no registro constante do respectivo cartório, cancelada posteriormente, desde que os possuidores nele tiverem estabelecido a sua moradia, ou **realizado investimentos de interesse social e econômico.**

Note-se que essa **redução de prazo** somente será possível se atendida a **função social do contrato**, princípio constitucional importantíssimo para estabelecer prazos diferenciados para aquisição da propriedade por usucapião.

7.4.3 Usucapião extraordinária

A Lei Civil estabelece no art. 1.238 que **aquele que, por quinze anos, sem interrupção, nem oposição, possuir como seu um imóvel, adquire-lhe a propriedade, independentemente de título e boa-fé**, situação essa que autoriza a propositura de ação judicial de **natureza declaratória**, com o objetivo de ter declarado por sentença o seu direito, a qual servirá de título para o registro no Cartório de Registro de Imóveis.

Como dissemos, a usucapião extraordinária difere da ordinária em razão de **dispensar** nessa modalidade a exigência do **justo título e da boa-fé**. É justamente a ausência de documento que comprove uma tentativa de transação anterior frustrada o diferenciador entre as duas modalidades.

O que autoriza a **usucapião extraordinária** é o fator objetivo **decurso de prazo**. Para a usucapião extraordinária os requisitos básicos são a **posse mansa e pacífica durante determinado período de tempo**. Da mesma forma que nas demais modalidades de usucapião, o **exercício da posse** precisa ser de **modo ininterrupto.**

A posse mansa se caracteriza pela inércia do dono, que, mesmo ciente da existência do possuidor, não adota nenhuma medida a fim de evitar a continuidade da posse. **Não há no proprietário o ânimo de cessar o exercício da posse pelo terceiro.**

Pode ter sido a posse obtida de forma injusta, mas, uma vez cessada a violência ou clandestinidade da origem, passa a contar o prazo para a propositura da ação de usucapião, cujos prazos diferem da usucapião ordinária.

7.4.4 Usucapião extraordinária reduzida

Em razão do **princípio da função social dos contratos**, também no caso de usucapião extraordinária há diferenciação de prazo quando atendidas as premissas que comprovem a adequação ao referido princípio.

A lei informa que o prazo estabelecido nesse artigo reduzir-se-á a **dez anos** se o possuidor houver estabelecido no imóvel a sua **moradia habitual**, ou nele realizado obras ou serviços de caráter produtivo.

Há discussão se nessa modalidade é possível a usucapião por herdeiro que tem a posse exclusiva da propriedade por determinado período de tempo sem oposição. Inicialmente importante salientar que, em se tratando de **herdeiros**, que em boa parte das vezes são irmãos, **em razão da indivisibilidade da herança, haverá o condomínio legal entre eles.**

Para o STJ a resposta é afirmativa. Decidiu a Corte que

> o condômino tem legitimidade para usucapir em nome próprio, **desde que exerça a posse por si mesmo**, ou seja,

desde que comprovados os requisitos legais atinentes à usucapião, bem como tenha sido exercida posse exclusiva com efetivo *animus domini* pelo prazo determinado em lei, sem qualquer oposição dos demais proprietários (STJ, REsp. 668.131, Min. Luis Felipe Salomão, grifos nossos).

Ao analisar a questão, concluiu o Relator que

o acórdão entendeu os recorrentes carecedores da ação por não poderem, em nome próprio, usucapir a parte do imóvel que cabe aos demais herdeiros que são tão possuidores quanto eles, e porque não ventilada a posse exclusiva do bem por mais de vinte anos. Com efeito, embora haja dissenso na doutrina, a jurisprudência já se pacificou no sentido de que **o condômino tem legitimidade para usucapir em nome próprio, desde que exerça a posse por si mesmo**, ou seja, desde que comprovados os requisitos legais atinentes à usucapião, e tenha sido exercida a posse exclusiva, com efetivo *animus domini*, pelo prazo determinado em lei, e sem qualquer oposição dos demais proprietários (STJ, REsp. 668.131, Min. Luis Felipe Salomão, grifos nossos).

7.4.5 Usucapião constitucional urbana

A usucapião constitucional urbana ou usucapião especial urbana está prevista no **art. 183 da Constituição Federal**, cujas regras são repetidas no Código Civil, no art. 1.240, e no Estatuto da Cidade, no seu art. 9°.

Determina a Carta Magna que

aquele que possuir como sua área urbana de até **250 m²** (duzentos e cinquenta metros quadrados), **por cinco anos**, ininterruptamente e sem oposição, **utilizando-a**

para sua moradia ou de sua família, adquirir-lhe-á o domínio, **desde que não seja proprietário de outro imóvel urbano ou rural** (grifos nossos).

Importante salientar que a própria legislação já deixa expresso que o título de domínio e a concessão de uso serão conferidos ao homem ou à mulher, ou a ambos, independentemente do estado civil.

Por ter como objetivo principal a função social da propriedade e privilegiar a moradia, por questões óbvias **esse direito não será reconhecido ao mesmo possuidor mais de uma vez.**

Extrai-se do texto legal que somente as pessoas físicas poderão usucapir nessa modalidade, tendo em vista a **exigência expressa da destinação para moradia da família.**

Nesse aspecto, a existência de um pequeno comércio para subsistência da família, como um bar ou uma pequena oficina de aparelhos celulares juntamente com a casa da família, não é suficiente para descaracterizar o objetivo principal que é a moradia.

A lei estabelece o limite máximo de área permitida para ser usucapida. Dúvida surge se, na hipótese de a família se utilizar de **uma fração de área de até 250 m² dentro de uma área total mais extensa, estaria autorizada a pleitear a usucapião.**

Ao se debruçar sobre o tema, o Plenário do Supremo Tribunal Federal admitiu essa possibilidade. No caso analisado, uma lei municipal estabeleceu metragem mínima para lote urbano de 360 m². Pleiteava o autor usucapir somente 225 m² desse terreno, do qual tinha composse.

A resolução do problema deve obedecer ao mandamento constitucional que estabelece o tamanho máximo para o lote

108   Direito Imobiliário

de 250 m² e, por se tratar de norma Constitucional, entende-se que "**a função social da propriedade pode levar a contornar requisitos urbanísticos** e mesmo do plano diretor da cidade, sem o rigor inerente ao parcelamento do solo" (RIBEIRO, 2008, p. 492, grifos nossos).

Tem-se, ainda, que o texto constitucional estabelece que se tenha posse cuja área máxima seja de

> 250 metros, a qual deverá ser afirmada e provada dentro desse parâmetro. **Não importa o tamanho da área no registro**, mas a área em que o usucapiente exerce posse (tem poder fático). Depois, inexiste proibição legal de que ocorra prescrição aquisitiva de área dentro de um todo maior, além de que **eventual composse não impede o exercício do direito por parte de um dos compossuidores**, o que deflui do disposto no art. 488 do Código Civil revogado (STF, Parecer RE 422.349, PGR Rodrigo Janot, grifos nossos).

No mesmo sentido foi o acórdão do STF, que atribuiu repercussão geral ao recurso, definindo que

> preenchidos os requisitos do art. 183 da Constituição Federal, **o reconhecimento do direito à usucapião especial urbana não pode ser obstado por legislação infraconstitucional** que estabeleça módulos urbanos na respectiva área em que situado o imóvel (dimensão do lote) (STF, RE 422.349, Min. Dias Toffoli, grifos nossos).

Por fim, em relação à área do imóvel, convém esclarecer que no caso de **condomínios *pro diviso***, com unidades autônomas pertencentes de forma exclusiva a cada condômino, a área a ser considerada para a usucapião **é a área total**, ou seja, a somatória da área privativa e da área de uso comum.

7.4.6 Usucapião constitucional rural

A usucapião constitucional rural ou especial rural está prevista no art. 191 da Constituição Federal e copiada no art. 1.239 do Código Civil, que estabeleceu que:

> aquele que, **não sendo proprietário** de imóvel rural ou urbano, possua como sua, por cinco anos ininterruptos, sem oposição, área de terra em zona rural não superior a cinquenta hectares, **tornando-a produtiva por seu trabalho ou de sua família**, tendo nela sua moradia, adquirir-lhe-á a propriedade (grifos nossos).

Da simples leitura do texto legal, conclui-se que a **função social da propriedade é marcante nessa modalidade de usucapião.** Isso porque não basta a posse do imóvel durante certo período de tempo e a vontade de ser dono para se ter direito a usucapir no formato previsto na Carta Magna.

Há outro elemento essencial que é a **exploração da terra de forma produtiva, além de nela estabelecer sua moradia.** A intenção do legislador fica bastante clara, pois objetiva a manutenção do homem no campo, extraindo o seu sustento da terra usucapida.

Também é requisito próprio da usucapião especial rural o tamanho do imóvel que se pretende usucapir. **A área não pode ultrapassar 50 hectares.** Tem-se ainda que **o usucapiente não pode ser dono de nenhum outro imóvel**, urbano ou rural.

Além dos requisitos especiais para essa espécie de usucapião, devem ser observados os requisitos comuns a outras modalidades, que são **a posse mansa e pacífica, o decurso de prazo ininterrupto de pelo menos cinco anos e demonstração da vontade de ser dono.**

110   Direito Imobiliário

7.4.7 Usucapião especial coletiva

A usucapião especial coletiva foi instituída pelo Estatuto da Cidade, no seu art. 10, que dispõe que:

> **núcleos urbanos informais** existentes sem oposição há mais de **cinco anos** e cuja área total dividida pelo número de possuidores seja inferior a **duzentos e cinquenta metros quadrados por possuidor** são suscetíveis de serem **usucapidos coletivamente**, desde que os possuidores não sejam proprietários de outro imóvel urbano ou rural (grifos nossos).

Trata-se de uma inovação legislativa que visa disciplinar o uso desordenado nas comunidades existentes em todo país, o que permite entregar frações ideais do terreno às **famílias de baixa renda** que nele residem.

Em se tratando de propriedade que abriga diversas famílias, não há limite máximo para área ocupada total, porém **a lei estabelece o limite máximo de 250 m² por lote individual**. Desta forma, o terreno usucapido poderá ser de qualquer tamanho, pois o que é **limitado legalmente é a área utilizada por cada família**.

Ao estabelecer a lei que o objetivo é **regularizar os núcleos urbanos informais existentes**, conclui-se que o objeto não é a terra nua. Sobre o terreno deve haver algum tipo de construção, mesmo que precária ou improvisada, nas quais moram as famílias.

Constitui um condomínio indivisível, que deve ser administrado por uma comissão representativa da comunidade. Estabelece a lei que, independentemente de como era a divisão original, na usucapião coletiva **a área a ser destinada a cada família deverá ter o mesmo tamanho**.

Contudo, há críticos a esse tipo de usucapião, especialmente porque "permite a ocupação desordenada e sem qualquer critério urbanístico, vez que assenta uma situação fática contrária à lei" (SCAVONE JR., 2021, p. 1.205). Outra crítica do citado autor diz respeito ao contrassenso existente em relação à Lei n° 6.766/1979, tendo em vista que esta proíbe a venda de frações ideais em condomínio, enquanto nessa modalidade de usucapião não existe essa limitação, permitindo que os usucapientes alienem suas frações ideais.

Por se tratar de um tipo especial de usucapião, com a finalidade de proporcionar habitação às pessoas de baixa renda, **só pode existir para fins residenciais**, contudo é possível a existência de pequenos comércios anexos às residências destinados ao sustento das famílias que residem nesses núcleos habitacionais.

7.4.8 Usucapião familiar

Espécie nova de usucapião introduzida na legislação civil, tem previsão no art. 1.240-A e estabelece que

> aquele que exercer, **por 2 (dois) anos ininterruptamente e sem oposição, posse direta, com exclusividade, sobre imóvel urbano de até 250 m²** (duzentos e cinquenta metros quadrados) cuja propriedade divida com ex-cônjuge ou ex-companheiro que abandonou o lar, utilizando-o para sua moradia ou de sua família, adquirir-lhe-á o domínio integral, desde que não seja proprietário de outro imóvel urbano ou rural (grifos nossos).

Mais do que evidente que o citado artigo visa **proteger a unidade familiar**. A dúvida que surge, apontada por renomados juristas, é se o prazo para aquisição da propriedade começa a

112   Direito Imobiliário

contar da separação de fato ou do divórcio ou separação judicial definitivos.

Em recente decisão, a Ministra Nancy Andrighi do STJ pôs fim à discussão, asseverando que

a constância da sociedade conjugal, exigida para a incidência da causa impeditiva da prescrição extintiva ou aquisitiva (art. 197, I, do CC/2002), cessará não apenas nas hipóteses de divórcio ou de separação judicial, mas também na hipótese de separação de fato por longo período, tendo em vista que igualmente não subsistem, nessa hipótese, as razões de ordem moral que justificam a existência da referida norma (STJ, REsp. 1.693.732, Min. Nancy Andrighi).

Seja como for, a conclusão é que, ao se permitir a usucapião de imóvel comum, a depender do regime de casamento, por óbvio deve se excluir esse imóvel do montante a ser partilhado, **uma vez que já foi adquirido pelo cônjuge que nele permaneceu nas condições em que a lei autorizou a usucapião.**

7.4.9 Usucapião extrajudicial

A usucapião extrajudicial foi regulada pelo art. 1.071 do Código de Processo Civil, que estabelece um **procedimento administrativo extrajudicial para a usucapião de bens imóveis.** O objetivo do legislador foi dar maior celeridade das demandas nas quais **não há litígio**, o que poderia representar uma economia de tempo de até 90% em relação às ações convencionais, discutidas na esfera do Judiciário.

Estabelece a lei se tratar de **procedimento optativo**, pois pode o interessado valer-se diretamente da via judicial, se assim preferir. Optando pelo procedimento extrajudicial, deverá requer ao registrador de imóveis da situação do bem em que se inicie o processo. É o **Oficial de Registro** que conduzirá o procedimento administrativo.

Em que pese se tratar de procedimento extrajudicial, **a presença do advogado é indispensável**, tendo em vista a complexidade do processo. Há diversas questões legais a serem observadas, que sem o acompanhamento de profissional habilitado podem resultar em improcedência do pedido. Desta forma, para assegurar a segurança daquele que pleiteia usucapir o bem, a lei exige a presença do causídico.

O ato inaugural é a apresentação da **petição inicial**, instruída com **a prova documental pré-constituída**, que deverá comprovar, entre outras coisas, a **posse prolongada pelo tempo exigido por lei** e demais documentos que comprovam o *animus domini*, como, por exemplo, **a quitação de tributos ou realização de obras no imóvel**.

Outro documento essencial exigido por lei como meio de prova é a **ata notarial**. A ata notarial é o **instrumento público por meio do qual se provam a existência e o modo de existir do tempo de posse do requerente e seus antecessores**, conforme o caso e suas circunstâncias. Dados representados por imagem ou som gravados em arquivos eletrônicos poderão constar da ata notarial.

O **Oficial do Registro visitará o imóvel** e lá poderá verificar a exteriorização da posse, diante das circunstâncias do caso, suficientes para fazer crer que o requerente efetivamente exerce a posse do imóvel. Poderá também esclarecer eventuais dúvidas sobre a documentação apresentada. A situação particular de cada caso deve ser analisada, uma vez que não existe elementos objetivos a serem analisados.

114 Direito Imobiliário

O registrador dará ciência à União, estado, Distrito Federal e município, assim como deverá **publicar edital para ciência de terceiros**, para manifestação em 15 dias, com apresentação de eventual impugnação. A manifestação dos entes públicos visa principalmente saber se o imóvel, cuja usucapião se pretende, **é público**.

Se houver impugnação de qualquer das partes envolvidas, o registrador remeterá os autos ao juízo competente, para apreciação. Nessa hipótese se faz necessária a emenda da inicial para adequá-la às exigências do processo judicial.

Se não houver impugnação e os documentos apresentados forem suficientes e hábeis, deverá o Oficial analisar o pedido e decidir se o pedido é procedente ou não. Em sendo favorável a decisão, registrará o imóvel em nome do usucapiente. Em caso de rejeição, **poderá o requerente ingressar com ação judicial para reavaliação do pedido**, sendo que neste caso se trata de uma nova ação.

7.5 Quadro esquemático

Tipo de usucapião	Requisitos	Tempo de posse	Previsão legal
Extraordinária	Posse mansa e pacífica com *animus domini* (vontade de ser dono) e transcurso de prazo.	15 anos	Art. 1.238, CC
Extraordinária com prazo reduzido	Posse mansa e pacífica com *animus domini* (vontade de ser dono), transcurso de prazo e fixação de moradia ou realização de obras ou serviços de caráter produtivo.	10 anos	Art. 1.238, parágrafo único, CC
Ordinária	Posse mansa e pacífica com *animus domini* (vontade de ser dono) e transcurso de prazo, justo título e boa-fé.	10 anos	Art. 1.242, CC

Usucapião 115

Tipo de usucapião	Requisitos	Tempo de posse	Previsão legal
Ordinária com prazo reduzido	Posse mansa e pacífica com *animus domini* (vontade de ser dono), transcurso de prazo, justo título, boa-fé e fixação de residência ou investimentos de interesse social ou econômico.	5 anos	Art. 1.242, parágrafo único, CC
Constitucional urbana ou especial urbana	Posse mansa e pacífica com *animus domini* (vontade de ser dono), transcurso de prazo, área máxima de 250 m², pessoa física que utiliza o imóvel para moradia e não ter outro imóvel urbano ou rural residência ou investimentos de interesse social ou econômico.	5 anos	Art. 183, CF Art. 1.240, CC Arts. 9º e 11 a 14, Estatuto da Cidade
Constitucional rural ou especial rural	Posse mansa e pacífica com *animus domini* (vontade de ser dono), transcurso de prazo, área máxima de 50 hectares, produtiva em razão do trabalho do possuidor, utilização para moradia e não ser proprietário de imóvel urbano ou rural.	5 anos	Art. 191, CF Art. 1.239, CC
Especial coletiva	Posse mansa e pacífica com *animus domini* (vontade de ser dono), transcurso de prazo, localizado em núcleo urbano informal, com área máxima de 250 m² por família, uso para moradia de famílias de baixa renda em imóvel, que não sejam proprietários de imóvel urbano ou rural.	5 anos	Art. 10, Estatuto da Cidade
Familiar	Exercer a posse de forma ininterrupta, sem oposição, com exclusividade, sobre imóvel urbano de até 250 m² cuja propriedade divida com ex-cônjuge ou ex-companheiro que abandonou o lar, com o fim de moradia ou de sua família, desde que não seja proprietário de outro imóvel urbano ou rural.	2 anos	Art. 1.240-A, CC

8

Incorporação imobiliária

8.1 Conceito

Incorporação imobiliária nada mais é do que **construir sobre um terreno, incorporando a construção ao lote**, o que torna tanto a construção como o terreno uma só coisa jurídica, **um só imóvel**.

Somente existe a incorporação quando o imóvel estiver a construir ou sendo construído, em qualquer etapa da obra, mesmo na fase pré-construção propriamente dita, quando providências administrativas estão sendo tomadas. Existe a partir do momento do **registro da incorporação** e termina com a conclusão da obra.

A construção de prédios, seja lá qual for o tamanho, por uma ou mais pessoas, sem alienar as unidades durante a construção, mesmo que com intenção de vendê-las futuramente, não configura incorporação.

Quando se fala em **incorporação**, fala-se em **repartição do terreno em frações ideais** e fala-se de **condomínio**, sobre o qual será erguido o edifício, ou conjunto de casas, que terá o **número de unidades autônomas igual ao número de frações**

118 Direito Imobiliário

ideais e a elas indissoluvelmente vinculadas. Portanto, além de erguer uma edificação em determinado terreno, a incorporação cria um negócio jurídico mais amplo.

A **Lei nº 4.591/1964**, que regula a atividade, estabelece que

> para efeito desta lei, considera-se **incorporação imobiliária a atividade exercida com o intuito de promover e realizar a construção, para alienação total ou parcial, de edificações ou conjunto de edificações compostas de unidades autônomas** (art. 28, parágrafo único, grifos nossos).

8.2 Do incorporador

O **responsável** para o exercício dessa atividade é o **incorporador**, que pode ser

> **pessoa física ou jurídica**, comerciante ou não, que embora não efetuando a construção, **compromisse ou efetive a venda de frações ideais de terreno objetivando a vinculação de tais frações a unidades autônomas**, em edificações a serem construídas ou em construção sob regime condominial, ou que meramente aceite propostas para efetivação de tais transações, coordenando e levando a termo a incorporação e responsabilizando-se, conforme o caso, pela entrega, a certo prazo, preço e determinadas condições, das obras concluídas (art. 29, Lei nº 4.591/1964, grifos nossos).

Para ser o **incorporador** não é necessário ser o dono do terreno, tampouco o construtor, mas será **aquele que meramente aceite propostas** para efetivação de tais transações, **coordenando e levando a termo a incorporação** e responsabilizando-se, conforme o caso, pela entrega, a certo prazo, preço e determinadas condições, das obras concluídas.

O Decreto n° 9.580/2018, que regulamenta e fiscaliza a incidência do imposto de renda, considera **equiparadas** às pessoas jurídicas, em relação às incorporações imobiliárias ou aos loteamentos com ou sem construção, cuja documentação seja arquivada no Registro Imobiliário, **as pessoas físicas que assumirem a iniciativa e a responsabilidade de incorporação ou loteamento em terrenos urbanos ou rurais** e os titulares de terrenos ou glebas de terra que outorgarem mandato a construtor ou corretor de imóveis com poderes para alienação de frações ideais ou lotes de terreno, quando se beneficiarem do produto dessas alienações.

Pode ser **incorporador o proprietário do terreno, o promitente comprador, o cessionário deste ou promitente cessionário, o construtor e o corretor de imóveis.** Também é possível que o ente da Federação imitido na posse a partir de decisão proferida em processo judicial de desapropriação em curso ou o cessionário deste, conforme comprovado mediante registro no Registro de Imóveis competente, seja incorporador.

Ocorre, porém, que devido à redação da lei **é possível se concluir que**

> **toda pessoa física ou jurídica**, independentemente da sua anterior profissão, **torna-se incorporador** pelo fato de exercer, em caráter permanente ou eventual, uma certa atividade que consiste em promover a construção de edificação dividida em unidades autônomas (PEREIRA, 2021, p. 250, grifos nossos).

O mesmo entendimento é externado por Arnaldo Rizzardo (2011, p. 213), afirmando que de modo geral, a **qualquer indivíduo**, desde que capaz, no exercício dos direitos, e que tenha disponibilidade de seus bens, é reconhecida a **legitimidade para incorporar**. A tanto induz o art. 30 da Lei nº 4.591/1964: "Estende-se a condição de incorporador aos proprietários e titulares de direitos aquisitivos que contratem a construção de edifícios que se destinem a constituição em condomínio, sempre que iniciarem as alienações antes da conclusão da obra" (grifos nossos).

Importante mencionar que **incorporador e construtor são figuras diferentes**. Embora o construtor possa também ser o incorporador, isso não é regra. Em boa parte dos casos as **incorporadoras terceirizam a execução da obra para uma construtora.**

A **incorporação diz respeito a todos os atos necessários, construtivos, negociais e administrativos do empreendimento**, englobando aí a realização da construção ou contratação de empresa para realizar esse trabalho, razão pela qual a incorporação **é algo bem mais complexo do que construir.**

É o **incorporador** que será investido, pelo proprietário de terreno ou pelo promitente comprador deste, de **mandato** outorgado por instrumento público, para **concluir todos os negócios** tendentes à alienação das frações ideais de terreno, bem como **construir e entregar o empreendimento** aos adquirentes, obrigando-se pelos atos que praticar na qualidade de incorporador.

São várias as obrigações assumidas pelo incorporador, entre as mais importantes: a **aquisição do imóvel para construção**, ou **contrato de permuta**, se for o caso, **contratação e gerenciamento de todos os serviços** necessários à construção do empreendimento, firmar **contratos de promessa de compra e**

venda de imóveis com os adquirentes, responsabilizar-se pelos contratos bancários e financiamentos, se houver, oferecendo o imóvel em garantia, resolução de questões administrativas tanto para o registro da incorporação quanto para individualização e entrega das unidades.

Também será considerado **incorporador o proprietário ou o titular de direitos aquisitivos, que contratem a construção de edifícios que se destinem a constituição em condomínio**, sempre que iniciarem as alienações antes da conclusão das obras.

Importante esclarecer que para caracterização da figura do incorporador **não é necessário o início das obras**. A vinculação entre a alienação das frações do terreno e o negócio de construção é presumida, se, ao ser contratada a venda, ou promessa de venda ou de cessão das frações de terreno, já houver sido aprovado e estiver em vigor, ou pender de aprovação de autoridade administrativa, o respectivo projeto de construção, respondendo o alienante como incorporador.

8.2.1 Falhas no sistema legal

Aproveitamos este item para debater um dos grandes problemas da incorporação imobiliária, e que gera insegurança ao negócio e coloca em risco o investimento de milhares de adquirentes, que é a **facilidade hoje de se tornar um incorporador no Brasil**.

É sabido que estão proliferadas no mercado milhares de incorporadoras que não têm a **mínima condição de levar o negócio adiante com a segurança necessária**, tendo em vista que as **exigências para incorporar são pequenas**.

E, mesmo que **haja requisitos legais para o incorporador cumprir, nem sempre são observados, o que pode propiciar**

a existência de aventureiros no mercado, que não raramente abandonam o empreendimento inacabado, deixando os adquirentes à própria sorte.

Até o final do ano de 2021, uma das exigências da Lei nº 4.591/1964 para uma incorporação imobiliária era que o incorporador, para lançar um empreendimento, precisava apresentar um atestado de idoneidade financeira, fornecido por estabelecimento de crédito que opere no País há mais de cinco anos.

Em que pese essa obrigação não ser uma garantia absoluta de que a obra seria levada à termo, de certo modo exigia-se um mínimo de qualificação daquele que pretendia se lançar como incorporador, exigência essa que foi suprimida do texto legal, sem nenhuma explicação, por meio da MP nº 1.085/2021.

Apesar de ser um mercado de captação de investimentos de milhões de pessoas, **a legislação não exige qualquer qualificação** para o desenvolvimento da atividade. **Não é necessária a comprovação de qualificação técnica para realizar a tarefa**, tampouco a exigência de demonstrar qualquer experiência no ramo. Qualquer um pode prometer vender algo que ainda não tem, recebendo adiantado por isso.

Desta forma, fica claro que **não conseguirá o adquirente se desvencilhar dos riscos** mesmo que realize meticulosas pesquisas acerca do histórico da empresa. Nem isso é suficiente, pois não são somente as pequenas e novas empresas que apresentam problemas. O histórico de falências, recuperações judiciais e insolvência civil das grandes, senão das maiores, incorporadoras do país mostram que um bom desempenho no passado não necessariamente indica uma garantia de negócio seguro.

Mesmo que a lei enumere uma série de condições para ser registrada a incorporação, o fato é que, na prática, essas não se mostram suficientes para evitar de forma objetiva o afastamento, ou ao menos minimizem os riscos. Exigir uma longa lista de documentos, projetos, autorizações, alvarás, compromissos, entre outros, por si só não garante que o empreendimento será entregue, nem ao menos construído. Apenas indicam que o incorporador está interessado em construir um empreendimento.

Para o adquirente sempre haverá o risco, mesmo no caso dos **empreendimentos sujeitos ao patrimônio de afetação** (trataremos adiante de forma mais detalhada), e que na prática **não oferecem a garantia** que a lei lhes pretendeu dar.

Por fim, o fato é que **perante o promitente comprador o incorporador será sempre o responsável pela obra**, mesmo em caso de problemas construtivos por falha do construtor. Havendo vícios na construção que obriguem o incorporador a indenizar o comprador, poderá o incorporador, se for o caso, se valer da **ação de regresso** para ser ressarcido de eventuais prejuízos.

8.3 Da incorporação

8.3.1 Do registro da incorporação

A primeira e a mais **importante obrigação do incorporador** é que este somente poderá negociar sobre unidades autônomas após ter arquivado, **no Cartório de Registro de Imóveis, a documentação exigida pela Lei n° 4.591/1964.**

A regra do registro da incorporação impõe, portanto, ao incorporador a proibição de negociar unidades antecipadamente, e inclusive esta regra deve ser observada de **forma ampla,** sendo **vedada** ao incorporador **qualquer ação** que possa de alguma maneira **representar atos destinados à negociação das unidades**, mesmo que **em fase embrionária**. Não se trata de serem proibidas apenas as vendas antes do registro, mas toda e qualquer atividade comercial.

Em decorrência, não poderá o incorporador montar *stands* de vendas, realizar reservas de unidades, com recebimento de valores ou compromissos futuros, divulgar o preço ou a estimativa de preço dos imóveis, promover anúncios publicitários em qualquer tipo de mídia, inclusive por folhetos próprios ou no tapume do terreno, entre outras.

Frise-se: todo e **qualquer ato de comercialização** somente poderá ser realizado depois do registro da incorporação e **deve conter expressamente o número do RI** (registro de incorporação) e a identificação do incorporador.

Devem ser **arquivados no Cartório de Registro de Imóveis** os seguintes documentos (art. 32, Lei nº 4.591/1964):

- **título de propriedade de terreno, ou de promessa, irrevogável e irretratável, de compra e venda ou de cessão de direitos ou de permuta** do qual conste cláusula de **imissão na posse do imóvel**, não haja estipulações impeditivas de sua alienação em frações ideais e inclua consentimento para demolição e construção, devidamente registrado;
- **certidões negativas** de impostos federais, estaduais e municipais, de protesto de títulos de ações cíveis e criminais e de ônus reais relativamente ao imóvel, aos alienantes do terreno e ao incorporador;
- **histórico dos títulos de propriedade do imóvel,** abrangendo os últimos 20 anos, acompanhado de certidão dos respectivos registros;

Incorporação imobiliária   125

- **projeto de construção** devidamente aprovado pelas autoridades competentes;
- **cálculo das áreas das edificações**, discriminando, além da global, a das partes comuns, e indicando, para cada tipo de unidade, a respectiva metragem de área construída;
- **certidão negativa** de débitos para com a **Previdência Social**, quando o titular de direitos sobre o terreno for responsável pela arrecadação das respectivas contribuições;
- **memorial descritivo** das especificações da obra projetada, segundo modelo a que se refere o inciso IV do art. 53 desta lei;
- **avaliação do custo global da obra**, atualizada à data do arquivamento, calculada de acordo com a norma do inciso III do art. 53 com base nos custos unitários referidos no art. 54, discriminando-se, também, o custo de construção de cada unidade, devidamente autenticada pelo profissional responsável pela obra;
- **instrumento de divisão do terreno em frações ideais autônomas** que contenham a sua discriminação e a descrição, a caracterização e a destinação das futuras unidades e partes comuns que a elas acederão;
- **minuta de convenção de condomínio** que disciplinará o uso das futuras unidades e partes comuns do conjunto imobiliário;
- **declaração** em que se defina a **parcela do preço** de que trata o inciso II do art. 39;
- certidão do **instrumento público de mandato**, referido no § 1º do art. 31;
- declaração expressa em que se fixe, se houver, o **prazo de carência** (art. 34);
- **declaração**, acompanhada de plantas elucidativas, sobre o **número de veículos que a garagem comporta** e os locais destinados à guarda desses.

126   Direito Imobiliário

8.3.2 Da carência inicial ou desistência inicial da incorporação

Um importante direito do incorporador é a desistência da incorporação, pois em que pese o contrato de promessa de compra e venda ser irretratável e garantir direito real de propriedade ao adquirente, **autoriza a lei que se fixe um prazo inicial de carência, no qual será lícito ao incorporador desistir do empreendimento.**

Esse prazo é de 180 dias, no máximo, cujos motivos autorizadores devem constar da cláusula que prevê a desistência. Pode o incorporador fixar como motivos o número insuficiente de vendas, problemas jurídicos, financeiros, administrativos ou qualquer outro óbice à realização do empreendimento.

A **desistência da incorporação será denunciada e averbada no Registro de Imóveis**, bem como deverá ser comunicada, por escrito, a cada um dos adquirentes ou candidatos à aquisição. Todos os **valores eventualmente recebidos devem ser integralmente restituídos**.

8.3.3 Do terreno

Consoante já dito, para pleitear o registro da incorporação será necessário depositar diversos documento nos registros do Cartório de Imóveis. Entre eles, e talvez um dos principais, o **título de propriedade de terreno, ou de promessa, irrevogável e irretratável**, de compra e venda ou de cessão de direitos ou de permuta do qual conste **cláusula de imissão na posse do imóvel**, não haja **estipulações impeditivas de sua alienação em frações ideais** e inclua **consentimento para demolição e construção**, devidamente registrado.

Portanto, para se **caracterizar a incorporação precisará o incorporador ter o domínio sobre o terreno ou direito real**, ou ainda poderes expressos conferidos pelo proprietário do imóvel.

Os **contratos** sobre a alienação do terreno ou cessão de direitos deste **são irretratáveis. Mesmo que o incorporador não honre com o pagamento ou fique em mora** com o vendedor por qualquer outro motivo, **não poderá o vendedor executar o seu crédito com a recuperação do imóvel negociado.** Referido imóvel se torna **inalienável.**

Disso decorre também que é necessário que o incorporador deposite no CRI o **histórico dos títulos de propriedade do imóvel,** abrangendo os últimos 20 anos, acompanhado de certidão dos respectivos registros. Também são exigidos os comprovantes de pagamentos de tributos relativamente ao imóvel, aos alienantes do terreno e ao incorporador, bem como as obrigações previdenciárias do alienante, quando este for responsável pela arrecadação das respectivas contribuições.

Com relação ao **terreno, ainda cumpre destacar** que é de **praxe que as incorporadoras permutem com o proprietário do terreno unidades autônomas a serem construídas.** Dessa forma, o vendedor do lote se tornará credor de unidades autônomas.

Nas incorporações em que **a aquisição do terreno ocorrer por permuta** com as unidades a serem construídas, deverão ser discriminadas no **custo geral da obra** (ver item adiante) a eventual parcela a ser paga em dinheiro ao proprietário do terreno, bem como a **quota-parte da área das unidades a serem entregues em pagamento,** que deverá ser expressa em metros quadrados.

8.3.4 Do empreendimento

Quanto ao empreendimento a ser construído, o incorporador deverá apresentar ao Oficial do Registro de Imóveis o **projeto de construção devidamente aprovado** pelas autoridades competentes, **discriminação das frações ideais** de terreno com o cálculo das áreas das edificações, tanto a das partes privativas quanto comuns, juntamente com o **memorial descritivo** das especificações da obra projetada.

O **memorial descritivo deve ser detalhado** e é de suma importância, isso porque o imóvel não existe no momento que é vendido e somente **por meio desse documento o comprador saberá quais os materiais serão empregados.** Desde a marca de fios e encanamento até o padrão do acabamento, tudo deve ser especificado com o máximo de detalhes, evitando assim discussões futuras.

É comum que os memoriais tragam especificações de mais de uma marca e modelo para cada item, porém, em regra, existe uma ressalva que diz que os materiais podem ser equivalentes aos descritos, normalmente mais baratos, e, não raras vezes, são esses os usados na construção.

Mesmo que muitos empreendimentos disponibilizem o **modelo decorado do imóvel**, ainda assim não é possível identificar a **qualidade dos materiais** que serão empregados, especialmente aqueles que não são visíveis no imóvel, como tubulação, instalação elétrica, conduítes, entre outras.

É **proibido que o incorporador realize qualquer alteração no projeto depois do registro**, especialmente no que se refere à unidade do adquirente e às partes comuns, modificar as especificações ou desviar-se do plano da construção, salvo autorização unânime dos interessados ou exigência legal.

Contudo, algumas empresas inserem no **corpo do contrato de promessa de compra e venda uma "autorização expressa" para alterações no projeto**, legitimando, desta forma, as mudanças que pretendem fazer.

Outro fator de suma importância para o adquirente é cientificar-se do **método construtivo do imóvel**. Nos dias atuais muitos imóveis têm a divisão interna em *dry wall*, ou são construídos com paredes estruturais. Em que pese parecer irrelevante em um primeiro momento, tais informações podem ser decisivas no momento da escolha do imóvel, tendo em vista que interferem diretamente na qualidade da construção.

Será necessária também a **declaração**, acompanhada de plantas elucidativas, sobre o **número de veículos que a garagem comporta** e os locais destinados à guarda deles. Essa informação é muito importante, especialmente nos grandes centros, tendo em vista que condomínios são polos geradores de tráfego e em diversos municípios o incorporador precisará realizar obras que minimizem o impacto para a população.

Junto com o requerimento do registro é preciso apresentar a **avaliação do custo global da obra, discriminando-se, também, o custo de construção de cada unidade**, devidamente autenticada pelo profissional responsável pela obra.

8.3.5 Convenção de condomínio

Também deverá ser **apresentada a minuta da futura convenção de condomínio que regerá o empreendimento**. Importante esclarecer que referida minuta precisará ser **subscrita pelos titulares de**, no mínimo, **dois terços das frações ideais**, tornando-se **obrigatória para todos os proprietários das unidades**, independentemente da aceitação ou não do texto aprovado pela maioria.

Consoante já trataremos no capítulo sobre os condomínios, a minuta da convenção nem sempre é conhecida dos adquirentes. Embora a **lei exija que ela faça parte dos documentos essenciais para o registro da incorporação**, que em tese seria um documento de consulta pública, na prática nem sempre é de conhecimento dos adquirentes na sua plenitude.

E a aprovação da convenção é feita de maneira simples. **No ato da compra, nos contratos de promessa de compra e venda, ou documento apartado, são apresentadas para o promitente comprador assinar** as cláusulas da convenção que será aprovada de forma definitiva em data futura.

No momento da instalação de condomínio, na primeira assembleia geral, constará da ordem do dia a ratificação da convenção de condomínio, que de forma geral é aprovada pelos presentes, sem que tenham a exata dimensão do significado prático do ato.

Esse **documento**, em que pese ser o **mais importante para o condomínio e os condôminos, estabelecendo todas as regras entre as partes**, não raras as vezes traz embutidos no corpo da minuta direitos que só interessam ao incorporador, que coincidentemente foi quem o elaborou e o apresentou para registro.

E o pior é que não há muita opção. Ou o promitente comprador aceita os termos impostos, ou não adquire o imóvel. A praxe mercadológica, ao que tudo indica, não deve mudar.

8.3.6 Idoneidade financeira do incorporador

Consoante citado anteriormente, **não há mais exigência na Lei de Incorporações** de qualquer comprovação de **idoneidade financeira** daquele que pretende se lançar no ramo de vender, de forma antecipada, imóveis a serem construídos, o que pode gerar certa insegurança em relação à saúde financeira daquele que pretende iniciar na atividade.

Seja como for, independentemente de qualquer declaração ou atestado de suposta idoneidade, é certo que uma empresa pode, por anos a fio, trabalhar de forma correta, sem nenhum indício de que poderá ter problemas financeiros, mas essa situação mudar de repente, pois não é absoluta e está sujeito a variações de mercado que podem modificar completamente o cenário econômico, como em qualquer outro ramo empresarial.

O que muito se observa na prática é que as empresas, em boa parte dos casos, trabalham extremamente alavancadas, ou seja, **não possuem fluxo de caixa próprio** para levarem as obras até o fim, sem se valerem de recursos externos. Dependem, ainda, do fluxo do pagamento das vendas para manter o orçamento em dia, sem um "plano B".

Dessa forma, **se as linhas de créditos forem menores do que as esperadas, ou as vendas das unidades não atinjam os parâmetros projetados, ou, ainda, se algum adquirente desistir da compra, provavelmente isso impactará no andamento das obras.**

Muito se fala dos **distratos**, uma prática que cresceu muito em razão do boom **imobiliário** que consiste na desistência do promitente comprador em permanecer contratado, o que pode ocorrer por várias razões. As incorporadoras tentam imputar a esse procedimento às mazelas pelas quais a construção civil está passando.

Referida discussão é muito ampla e será tratada de forma específica nesta obra, mas, em linhas gerais, o que se tem é que a culpa pela desorganização do mercado é exclusiva das próprias incorporadoras, que **lançaram mais empreendimentos do que podiam dar conta de produzir e vender**, no anseio de aproveitar a "onda" do mercado imobiliário, e se arriscaram em verdadeiras aventuras que, depois, se mostraram desastrosas para a própria sobrevivência de muitas incorporadoras.

Isso porque, com a oferta descontrolada de imóveis, o critério de análise das condições financeiras dos pretensos

132   Direito Imobiliário

compradores se tornou mais maleável e, em inúmeros casos, as incorporadoras venderam imóveis a quem sabidamente não teria condições de assumir um negócio dessa monta.

Sendo assim, muitos dos promitentes compradores, induzidos a acreditar na possibilidade da compra diante das inúmeras "facilidades" proporcionadas pelas empresas, se viram impedidos de levar o negócio adiante, quando a realidade mostrou que as condições reais eram bem diferentes daquelas apresentadas durante a negociação e que as contas não fechavam.

Diante desse cenário, sem recursos para dar andamento em tantas obras simultâneas e, muitas vezes, já no limite da capacidade de endividamento, algumas empresas se viram em apuros quando a roda da economia diminuiu o ritmo, pois não conseguiam vender com tanta facilidade os imóveis que acabavam ficando no estoque e, com isso, os recursos para investimento nas novas construções ficaram mais escassos.

Mostrou-se, dessa forma, que uma suposta **idoneidade financeira inicial não era tão absoluta assim** e que, em muitos casos, empresas se aventuram no ramo das incorporações sem ter condições de levar adiante os negócios ao sinal do menor imprevisto.

Viu-se, nessa época, o surgimento de centenas de incorporadoras de um funcionário só, que terceirizavam todas as atividades, desde as vendas, passando pelos projetos e pela construção, até a regularização do empreendimento.

E nem as consideradas grandes escaparam desse modelo de negócio. Incorporadoras com lastro econômico para levarem adiante os empreendimentos que lançaram com recursos próprios ou com margem para endividamento **passaram a ser a exceção no mercado.**

Incorporação imobiliária   133

O resultado de toda essa aventura no passado recente reflete em números recordes de incorporadoras em processo de recuperação judicial ou falência no ano de 2021, deixando milhares de promitentes compradores na mão, sem receberem o tão sonhado imóvel ou verem restituído o dinheiro investido no negócio.

8.3.7 Do patrimônio de afetação

O incorporador poderá, a seu exclusivo critério, e conveniência, submeter o empreendimento ao regime de afetação, cujo objetivo é **segregar o patrimônio de um empreendimento específico do patrimônio comum do incorporador,** assim como de outras incorporações pertencentes ao mesmo grupo econômico.

Submetida a **incorporação ao regime de afetação,** o terreno, as acessões nele realizadas e os créditos provenientes da alienação das unidades, bem como os demais bens e direitos a ela vinculados, destinam-se apenas ao empreendimento vinculado, que se **caracterizará como uma pessoa jurídica independente.**

Em regra, será criada uma **SPE (Sociedade de Propósitos Específicos), que possuirá contabilidade e administração independentes,** cujo propósito é exclusivamente administrar um único empreendimento, como se fosse uma empresa autônoma. **É a SPE que administrará a construção e figurará como sujeito ativo ou passivo em todos os contratos envolvendo o empreendimento.** A existência da SPE é limitada e se encerra com a conclusão do empreendimento e alienação das unidades.

Tem como **finalidade principal dar garantias ao promitente comprador de que o imóvel será entregue** e, caso haja

134 Direito Imobiliário

problemas com o incorporador, **o próprio imóvel estará a salvo de eventuais medidas executivas movidas contra o responsável pela incorporação.**

O objetivo do legislador ao criar esse mecanismo **foi evitar que promitentes compradores experimentassem prejuízos ou perdessem seu investimento em razão da quebra do incorporador,** porém, em que pese a boa intenção daqueles que elaboraram o projeto legislativo, a realidade demonstra que o mecanismo legal em muito pouco, ou quase nada, trouxe segurança ao promitente comprador de imóvel na planta.

A questão do patrimônio de afetação tem diversas *nuances* que merecem ser analisadas de forma mais detida, razão pela qual todas as etapas da afetação, desde a instituição até a extinção, serão tratadas em capítulo próprio.

8.4 Do contrato de promessa de compra e venda

Os contratos de compra e venda, promessa de venda, cessão ou promessa de cessão de unidades autônomas são irretratáveis e, uma vez registrados, **conferem direito real oponível a terceiros,** atribuindo direito a **adjudicação compulsória** perante o incorporador ou a quem o suceder, inclusive na hipótese de insolvência posterior ao término da obra.

Para tanto, a fim de **dar publicidade a terceiros** e evitar discussões acerca do direito do adquirente, mesmo que não seja uma exigência legal, **é de grande valia que se registre na matrícula do empreendimento (matrícula-mãe) a negociação realizada.**

Essa irretratabilidade se aplica ao promitente vendedor, ou seja, depois de negociado o imóvel, não pode mais a empresa, em hipótese nenhuma, desistir da venda, salvo em situação especial prevista em lei, como já vimos, que autoriza às empresas desistirem de levar negócio adiante nos primeiros 180 dias contados do lançamento.

Ao promitente comprador é dado o direito de desfazer o negócio a qualquer tempo e receber parte dos valores pagos de volta, o que usualmente ficou conhecido no mercado imobiliário como **distrato.**

Dessa forma, em que pese muitos contratos de promessa de compra e venda trazerem entre suas cláusulas que o contrato é irrevogável e irretratável, tais condições são aplicadas somente em relação à vendedora, **sendo certo que o direito ao distrato por parte do promitente comprador é indiscutível.**

8.4.1 Informações essenciais dos contratos de promessa de compra e venda

Os contratos de promessa de compra e venda precisarão ser iniciados, necessariamente, por **quadro-resumo,** no qual deverá constar expressamente, entre outras informações, **o preço total a ser pago pelo imóvel, o valor da entrada, a sua forma de pagamento, com destaque para o valor pago à vista, e os seus percentuais sobre o valor total do contrato, a forma de pagamento, com especificação dos valores das parcelas e seus respectivos vencimentos, assim como os índices de correção monetária aplicáveis ao contrato.** Ainda, em relação aos pagamentos a serem realizados pelo adquirente, é preciso constar o prazo para quitação das obrigações depois da obtenção do auto de conclusão da obra (habite-se) pelo incorporador.

É **vedado** ao incorporador modificar as **condições de pagamento ou reajustar o preço das unidades,** ainda no caso de elevação dos preços dos materiais e da mão de obra, salvo se tiver sido expressamente prevista essa possibilidade em contrato.

Também deve ser **explicitado o valor referente ao serviço de corretagem**, suas condições de pagamento e a identificação precisa de seu beneficiário, não podendo esses valores serem cobrados apartados do preço total informado ao adquirente.

Com relação ao **distrato**, as consequências desse desfazimento precisam **constar em destaque no quadro-resumo**, de forma negritada, atentando para as **penalidades aplicáveis** e para os prazos para **devolução de valores** ao adquirente.

Sobre o empreendimento, é preciso constar o **número do registro do memorial de incorporação, a matrícula do imóvel e a identificação do cartório de registro de imóveis competente**.

Também são obrigatórias as informações acerca dos ônus que recaiam sobre o imóvel, em especial quando o vinculem como garantia real do financiamento destinado à construção do investimento e o prazo final para o incorporador obter o auto de conclusão da obra, assim como as penalidades em caso de atraso.

A lei impõe ao incorporador, quando contratada a entrega a preço certo, **informar a cada seis meses, por escrito, o andamento da obra**, o que raramente acontece e, em geral, não há punições às empresas pelo descumprimento da obrigação.

O que muitas alegam fazer, para substituir essa imposição legal, é montar *sites*, nem sempre atualizados, com o andamento da obra.

Parece bastante óbvio, mas para evitar qualquer dúvida, está expressamente previsto na Lei das Incorporações que o incorporador responde civilmente pela execução do empreendimento, devendo indenizar os adquirentes ou compromissários, dos prejuízos que a estes advierem do fato de não se concluir a edificação ou de se retardar injustificadamente a conclusão das obras.

8.4.2 Da entrega e atraso nas obras

a) *Atrasos nas obras.* Na questão de atrasos na entrega da obra, que é um dos problemas mais recorrentes encontrados quando se fala de incorporação imobiliária, a Lei n° 13.786/2018 oferece **duas possibilidades** ao adquirente que não recebe a unidade tempestivamente.

Antes de tratar dessas hipóteses, importante esclarecer que é facultado às incorporadoras incluírem nos contratos, **de maneira unilateral, cláusula que lhe permita atrasar a entrega do empreendimento em até 180 dias, independentemente de justificativa, sem direito a qualquer tipo de indenização e mais, durante esse período de atraso**, as obrigações do consumidor continuam vencendo-se normalmente, e, ainda, as incorporadoras podem continuar cobrando juros e correções sobre os valores em aberto.

É de observar assim que o prazo permitido para atraso, sem contrapartida das empresas, parece muito elástico e benéfico. Se levado em conta que o prazo de construção de um empreendimento normalmente é de 24 a 36 meses, tem-se que a empresa pode, de forma unilateral, acrescer mais 25% do tempo ao total do contrato originalmente firmado. Essa cláusula é chamada pelos doutrinadores **de cláusula de tolerância**.

Assim, se a entrega do imóvel ultrapassar o **prazo de tolerância de 180 dias**, poderá o adquirente, primeiramente,

decidir pela resolução do contrato, recebendo apenas a restituição dos valores que pagou, de forma corrigida, **sem**, contudo, haver acréscimo de **nenhuma indenização**.

Mesmo que haja a devolução do dinheiro investido em caso de resolução contratual, **o prejuízo do adquirente é patente**. Pois investiu suas economias em um imóvel que não terá mais e para migrar para outro empreendimento precisará de tempo e, muitas vezes, um aporte extra de capital em razão da valorização do mercado imobiliário. Além disso, o tempo gasto acarreta prejuízo à medida que o adquirente fica privado do uso do imóvel, o que sem dúvida lhe gera um lucro cessante.

O adquirente também tem a opção, no caso de o atraso superar o prazo de tolerância de 180 dias, de **exigir a indenização**, que nessa hipótese a lei estabeleceu em **1% do valor efetivamente pago à incorporadora**, para cada mês de atraso, o que caracteriza outra desvantagem para o consumidor. Referida indenização, não raras as vezes, é insuficiente para locar outro imóvel de características semelhantes, isso em razão da artimanha legal que estipula a multa sobre os valores pagos.

Explicando melhor, o adquirente de imóvel na planta paga, em regra, cerca de 30% do valor do imóvel durante a construção e 70% do valor no momento que recebe o imóvel. **A indenização é de 1% sobre o valor pago**, consoante prevê a lei.

Na prática, o adquirente receberá somente algo em torno de **0,33% de indenização sobre o valor do imóvel por mês de atraso**. Considerando que o atraso não é sobre parte da unidade, mas sobre o todo e que para alugar um imóvel o adquirente precisará pagar o aluguel do imóvel inteiro, e não parte dele, **fica claro que a indenização é irrisória**.

Além disso, não representa uma punição efetiva para as empresas. Se levado em conta que a incorporadora pagaria muito mais no mercado financeiro pelo capital que precisaria para investir na obra, evidente que sai muito mais barato atrasar as entregas do que buscar recursos no mercado.

A Lei das Incorporações traz um mecanismo que deveria garantir aos adquirentes a continuidade normal das obras, sob pena de, não o fazendo o incorporador, ser ele destituído de suas funções.

Além da falência do incorporador ou insolvência civil, prevê a Lei das Incorporações que, quando a entrega das unidades for contratada a prazo e preços certos, determinados ou determináveis, mesmo quando pessoa física, **na hipótese de paralisação das obras, sem justa causa devidamente comprovada**, por mais de 30 dias ou caso o andamento seja excessivamente retardado, poderá o juiz notificar o incorporador para que, no prazo de 30 dias, as reinicie ou torne a dar-lhes o andamento normal.

Desatendida a notificação, poderá o incorporador ser destituído pela maioria absoluta dos votos dos adquirentes, sem prejuízo da responsabilidade civil ou penal que couber, sujeito à cobrança executiva das importâncias comprovadamente devidas, facultando-se aos interessados prosseguir na obra.

Evidente que a letra da lei parece ficção, pois na prática até que os adquirentes se mobilizem para tomada de alguma providência, isso poderá demorar meses e ainda assim será necessária a concordância da maioria absoluta dos adquirentes para a destituição. Admitindo que essa assembleia ocorra e que seja alcançado o número de votos necessários para prosseguir com uma ação judicial para destituir o incorporador, isso provavelmente levará um tempo bastante considerável.

Prosseguindo no campo das hipóteses, realizada a assembleia e aprovada a proposição da medida judicial, será

140   Direito Imobiliário

necessário que as alegações dos adquirentes passem pelo crivo do juiz, que poderá **notificar o incorporador para que dê prosseguimento na obra.**

Admitindo ainda que se opte por requerer a destituição do incorporador e que o juiz se convença das alegações, **que devem ser fundadas em provas, a empresa será notificada para continuar as obras.** Contudo, essa determinação judicial não significa a retomada imediata dos trabalhos, isso porque é facultado ao incorporador que, ao invés de dar andamento às obras, justifique por que não o fez. Mesmo que a justificativa não seja aceita, **terá ele o prazo de mais 30 dias para retomar os serviços** e somente se descumprir essa obrigação poderá ser destituído, momento no qual começará todo o trâmite burocrático para substituí-lo. Conclui-se de maneira bastante fácil que mais uma vez a letra da lei destoa da realidade prática.

Consumada a destituição do incorporador, **a Comissão de Representantes ficará investida de mandato irrevogável para firmar com os adquirentes das unidades autônomas o contrato definitivo,** ou a escritura, a que estiverem obrigados o incorporador, o titular do domínio e o titular dos direitos aquisitivos do imóvel objeto da incorporação em decorrência de contratos preliminares, mandato esse que será válido mesmo depois de concluída a obra.

b) *Da entrega.* A simples **conclusão física** do imóvel **não representa o final das obrigações do incorporador,** mesmo porque a conclusão da construção, por si só, não torna o imóvel habitável.

Para tanto, **providências administrativas são exigidas,** tais como certidões e laudos de aprovação, sendo o mais importante deles o **habite-se,** que nada mais é do que o certificado de conclusão da obra, emitido pelo município e que declara o imóvel habitável.

Após a concessão do habite-se pela autoridade administrativa, **o incorporador deverá requerer a averbação da construção das edificações**, para efeito de individualização e discriminação das unidades, respondendo perante os adquirentes pelas perdas e danos que resultem da demora no cumprimento dessa obrigação.

Na hipótese de o incorporador **não cumprir com a sua obrigação** e não requerer a averbação, **o construtor deverá fazer a requisição**, sob pena de ficar solidariamente responsável com o incorporador perante os adquirentes.

Em último caso, na omissão do incorporador e do construtor, **a averbação poderá ser requerida por qualquer dos adquirentes de unidade.**

Exceção à regra é prevista na lei que trata dos Registros Públicos e estabelece no art. 247-A que

> é dispensado o habite-se expedido pela prefeitura municipal para a averbação de construção residencial urbana unifamiliar de um só pavimento finalizada há mais de 5 (cinco) anos em área ocupada predominantemente por população de baixa renda, inclusive para o fim de registro ou averbação decorrente de financiamento à moradia.

8.5 Das construções por empreitada e por administração

Além da incorporação mais comum, denominada por **conta e risco** daquele que promove a incorporação, na qual é vendida a fração ideal do terreno ao comprador da unidade, adquirido diretamente pelo incorporador, que também se obriga a construir, entregando o imóvel em determinado prazo e a preço certo e irreajustável, existem **as construções por empreitada e por administração.**

Diferentemente do que ocorre na incorporação por conta e risco do incorporador, **na empreitada ou na administração os adquirentes compram a fração ideal do terreno e contratam em apartado a construção.**

8.5.1 Da construção por empreitada

O contrato de empreitada pode ser elaborado por **preço fixo ou preço reajustável** e ainda poderá ser contratada somente a **mão de obra** ou contratado o **serviço de construção** que inclui o fornecimento de mão de obra e material, que serão de responsabilidade do construtor.

O construtor, por sua vez, poderá realizar a construção **por conta própria ou contratar serviços terceirizados**, assumindo os riscos globais da obra, inclusive responsabilizando-se diretamente pelos serviços prestados por terceiros ou vícios nos materiais, na hipótese de a contratação envolver o fornecimento destes.

O construtor se obriga a **realizar a obra nos exatos termos do projeto e memorial descritivo** apresentado pelos contratantes, documentos estes que farão parte integrante e complementar do contrato. É necessário que o **contrato também estabeleça o prazo da entrega das obras e as condições e formas de sua eventual prorrogação.**

Na construção por empreitada, fica a cargo da **Comissão de Representantes a fiscalização do andamento da obra**, que deverá seguir à risca o projeto e as especificações, além do exercício das demais obrigações inerentes à sua função representativa dos contratantes e fiscalizadora da construção. **Entre as tarefas da Comissão de Representantes está a conferência da contabilidade do empreendimento e dos contratos de construção fixados sob regime de empreitada.**

Na empreitada por **preço reajustável** deve o contrato estipular o montante do orçamento atualizado da obra, assim como expressamente a **forma e condição dos reajustes, cujos índices devem ser predeterminados.**

Nas construções por empreitada reajustável, toda publicidade ou propaganda escrita, destinada a promover a venda de incorporação em que conste preço, além de todos os papéis utilizados para a realização da incorporação, tais como cartas, propostas, escrituras, contratos e documentos semelhantes, deverão discriminar de forma explícita o preço da fração ideal do terreno e o preço da construção, sendo obrigatória a informação da forma, periodicidade e índices de reajuste.

Por sua vez, **na empreitada a preço fixo**, o preço da construção será **irreajustável**, independentemente das variações que sofrer o custo efetivo das obras e quaisquer que sejam suas causas.

Nesse aspecto, a Lei Civil prevê que nos contratos de empreitada, se ocorrer diminuição no preço do material ou da mão de obra superior a **10% do preço total contratado**, poderá este ser **revisto** a pedido da Comissão de Representantes, que também deverá **fiscalizar os cálculos** da redução a ser aplicada.

Com relação ao **objeto da contratação da empreitada**, este poderá abranger **somente a contratação da mão de obra**, na qual incube ao proprietário o fornecimento de material. Segundo o Código Civil, se ao empreiteiro cabe só o fornecimento de mão de obra, todos os riscos em que não tiver culpa correrão por conta do contratante. Importante mencionar que a

144 Direito Imobiliário

obrigação de fornecer os materiais não se presume, deve constar expressamente do contrato, inclusive com o detalhamento da quantidade e qualidade.

Tem-se ainda que, **se a coisa perecer antes de entregue**, sem mora do dono no fornecimento dos meios para construção, mesmo que sem culpa do empreiteiro, este perderá a **retribuição**, se não provar que a perda resultou de **defeito dos materiais** e que reclamou sobre sua qualidade tempestivamente.

Na hipótese de a contratação abranger a mão de obra e materiais, **correm por conta do construtor todos os riscos até o momento da entrega da obra**, salvo se de alguma forma o contratante incorrer em mora que exclua a responsabilidade do empreiteiro.

8.5.2 Da construção por administração

Também chamada de **construção a preço de custo**, atribui aos contratantes diretamente a responsabilidade pelo pagamento do custo integral de obra. Desta forma, todas as faturas, duplicatas, recibos e quaisquer documentos referentes às transações ou aquisições para construção **serão emitidos em nome do condomínio**, dos contratantes da construção.

Além disso, haverá uma **conta aberta em nome do condomínio de adquirentes na qual serão depositados todos os valores arrecadados e realizados os pagamentos**, cabendo à **Comissão de Representantes** a prestação de contas.

No **regime de construção por administração**, será obrigatório constar do respectivo contrato o montante do **orçamento do custo da obra**, a data em que se iniciará efetivamente a obra e o prazo para conclusão. Note-se que se trata de

Incorporação imobiliária 145

orçamento prévio, que poderá sofrer alterações no decorrer da construção.

Tendo em vista que o **valor da construção será o preço de custo**, os adquirentes contratantes ficam responsáveis pelo pagamento das eventuais correções do preço, sendo obrigatório que as revisões da estimativa de custo sejam efetuadas, pelo menos semestralmente, em comum entre a Comissão de Representantes e o construtor.

Em caso de majoração de prestações, o novo esquema deverá ser comunicado aos contratantes, **com antecedência mínima de 45 dias da data em que deverão ser efetuados os depósitos das primeiras prestações alteradas.**

Nessa modalidade de construção **ganha maior importância a Comissão de Representantes,** que não apenas acompanha e **fiscaliza a obra,** mas na verdade tem a função de **cuidar de todos os detalhes da construção.**

É de responsabilidade da Comissão de Representantes **examinar os balancetes** organizados pelos construtores, dos recebimentos e despesas do condomínio dos contratantes, aprová-los ou impugná-los, examinando a documentação respectiva, além de **fiscalizar a arrecadação das contribuições** destinadas à construção.

Também é tarefa da Comissão **fiscalizar concorrências relativas às compras dos materiais** necessários à obra ou aos serviços a ela pertinentes, contratar, em nome do condomínio, com qualquer condômino, modificações por ele solicitadas em sua respectiva unidade, a serem administradas pelo construtor, desde que não prejudiquem a unidade de outro condômino e não estejam em desacordo com o parecer técnico do construtor.

146   Direito Imobiliário

Enfim, compete aos representantes dos condôminos **exercer todas as obrigações do empreendimento**, inerentes a sua função representativa dos contratantes e fiscalizadora da construção e praticar todos os atos necessários ao funcionamento regular do condomínio.

A exemplo da construção por empreitada, na construção por administração, em **toda publicidade ou propaganda escrita destinada a promover a venda em que conste preço, serão discriminados explicitamente o preço da fração ideal de terreno e o montante do orçamento** atualizado do custo da construção, com a indicação do mês a que se refere o dito orçamento e do tipo padronizado a que ele se vincule.

8.6 Das infrações

Desde que haja previsão contratual, **a falta de pagamento por parte do adquirente de três prestações**, sucessivas ou alternadas, ensejará o envio de notificação prévia para o pagamento do débito em 10 dias, que se não realizado poderá resultar em rescisão do contrato. Não obstante, poderá a **Comissão de Representantes efetuar o leilão da fração ideal do terreno e da parte construída para quitação do débito.**

Do valor apurado no leilão, serão deduzidas as quantias em débito, todas as despesas decorrentes da mora, **inclusive honorário de advogado e anúncios, e mais 5% a título de comissão e 10% de multa compensatória, que reverterão em benefício do condomínio.** Depois de realizados os descontos pertinentes, havendo saldo, este será restituído ao devedor.

Como penalidades preliminares, **poderá o contrato de construção estabelecer a incidência de multas e juros de**

Incorporação imobiliária **147**

mora em caso de atraso, além de que pode prever que o valor das prestações pagas com atraso seja corrigido em função da variação do índice geral de preços mensalmente publicado pelo Conselho Nacional de Economia. Se algum membro da Comissão de Representantes incorrer nessa infração, estará sujeito à perda automática do mandato e deverá ser substituído segundo dispuser o contrato.

A Lei de Incorporação Imobiliária tipifica como **crime contra a economia popular, punível com pena de reclusão de um a quatro anos e multa**, promover incorporação, fazendo, em proposta, contratos, prospectos ou comunicação ao público ou aos interessados, **afirmação falsa sobre a construção ou alienação das frações ideais.**

Também **constituiu crime** sujeito a mesma pena o incorporador, o corretor e o construtor individual, bem como os diretores ou gerentes de empresa coletiva, incorporadora, corretora ou construtora **que se apropriar mesmo que por empréstimo de bens ou haveres destinados a incorporação contratada por administração**, sem prévia autorização dos interessados.

Ainda, negociar o incorporador frações ideais de terreno, sem previamente satisfazer às exigências legais, omitir o incorporador, em qualquer documento de ajuste, sobre eventuais gravames que incidirem sobre o imóvel ou ação contra o incorporador que possa comprometer a sua saúde financeira, ou não haja informação acerca do imóvel estar ocupado, caracterizam contravenções relativas à economia popular.

O mesmo se aplica se **deixar o incorporador**, sem justa causa, **de promover a celebração do contrato relativo à fração ideal de terreno**, do contrato de construção ou da convenção do condomínio, omitir o incorporador, no contrato de empreitada, o montante do orçamento atualizado da obra, paralisar a obra, por mais de 30 dias, ou retardar excessivamente o andamento sem justa causa.

9

Patrimônio de afetação

9.1 Origem e finalidade

Com o **objetivo** de proporcionar **maior segurança** aos promitentes compradores de **imóvel na planta**, a serem construídos nos moldes da **incorporação imobiliária**, foi introduzida na legislação pátria, por meio da **MP n° 2.221/2001, o regime da afetação patrimonial** na incorporação imobiliária, também tratado simplesmente por **patrimônio de afetação**.

Em 2004, a **Lei n° 10.931/2004** passou a **regulamentar** o patrimônio de afetação em substituição à MP que criou o instituto. Em seu **art. 53 alterou a Lei n° 4.591/1964** para inserir os **arts. 31-A a 31-F**, que tratam sobre o **patrimônio de afetação**.

A criação de tal disposto surgiu da **necessidade de dar garantias** a quem compra imóvel na planta, especialmente em **razão da tragédia financeira ocasionada pela Construtora Encol em 1999**, até então a maior incorporadora do país.

Dezenas de milhares de pessoas que acreditaram na empresa e investiram suas economias na promessa que teriam um imóvel novo, com preço acessível e facilidade de pagamento, de uma hora para a outra viram seu **dinheiro desaparecer.**

Apesar de a falência da empresa ter arruinado o planejamento financeiro dos compradores, curiosamente a criação do regime de afetação **não** teve como preocupação principal resgatar a confiança dos consumidores no mercado imobiliário, que estava abalado pela grave crise de credibilidade que atravessava o setor.

O objetivo do instituto **deveria ter sido essencialmente a proteção ao consumidor,** porque o lado mais fraco na relação comercial envolvendo incorporação imobiliária é o **adquirente,** por um motivo simples, **a empresa não tem nada a perder** e o **promitente comprador pode perder tudo.**

Isso porque os imóveis são negociados na planta ou em construção, o adquirente paga antecipadamente as chamadas "parcelas da obra" até a conclusão da edificação **e a unidade somente lhe será entregue com o pagamento total do valor remanescente.**

Dessa forma, **não há nenhum risco para a incorporadora** na hipótese de o promitente comprador não pagar as parcelas da construção, pois a empresa não perdeu e não perderá nenhum bem, visto que o imóvel lhe pertence e poderá revendê-lo a terceiro a preço de mercado, além de reter quantia significativa dos valores já pagos pelo promitente comprador, em caso de desfazimento do negócio.

Pode-se afirmar inclusive que o comprador inadimplente **gera um lucro para a empresa,** pois financiou parte da obra sem nenhuma contraprestação, nunca usufruiu do imóvel e sai do negócio com prejuízo revertido em favor da incorporadora, que revende o imóvel a outro interessado **com lucro.**

Por outro lado, se a incorporadora falir, e isso **só ocorre quando as dívidas são maiores que o patrimônio, o adquirente não receberá nem a unidade e nem o dinheiro já investido no empreendimento.** Simples assim.

Também com muita ressalva deve ser analisado o disposto no **art. 31-A da Lei n° 4.591/1964:**

> **A critério do incorporador,** a incorporação poderá ser submetida ao regime da afetação, pelo qual o terreno e as acessões objeto de incorporação imobiliária, bem como os demais bens e direitos a ela vinculados, **manter-se-ão apartados do patrimônio do incorporador e constituirão patrimônio de afetação,** destinado à consecução da incorporação correspondente **e à entrega das unidades imobiliárias aos respectivos adquirentes** (grifos nossos).

Fica claro da leitura da lei, que essa **"garantia"** que se pretende dar ao promitente comprador é **uma opção da incorporadora,** que **pode afetar ou não o imóvel a depender dos seus interesses.** Não é preciso justificar por que afeta ou por que não afeta.

Além disso, existe clara atecnia na redação do referido artigo, isso porque diferentemente do que está redigido, **a simples submissão do empreendimento ao regime da afetação não é capaz, por si só, de garantir a entrega das unidades.**

Não se trata de um seguro contratado que garanta a conclusão das obras, mas somente uma forma de tentar minimizar o prejuízo dos adquirentes em caso de quebra da empresa. **Frise-se que o objetivo é somente atenuar,** pois o **prejuízo** sempre existirá na hipótese da quebra da empresa, o que será abordado mais adiante.

9.2 Conceito e características

O regime de afetação tem por objetivo destacar os bens e direitos do empreendimento afetado, ou seja, o terreno, as acessões objeto de incorporação imobiliária, bem como os demais bens e direitos a ela vinculados, **fazendo nascer uma pessoa jurídica distinta da incorporadora.**

Dessa forma, os bens pertencentes ao patrimônio afetado não se comunicam com os demais bens, direitos e obrigações do patrimônio geral do incorporador ou de outros patrimônios de afetação por ele constituídos.

Separado do patrimônio geral do incorporador, o empreendimento **é uma pessoa jurídica autônoma,** normalmente constituída por meio de uma **SPE (sociedade de propósitos específicos)** e **terá contabilidade própria e segregada dos demais bens do grupo econômico que administra aquele empreendimento.** Todos os recursos pertencentes àquela SPE somente respondem por dívidas e obrigações vinculadas à incorporação respectiva.

Sendo assim, **os recursos financeiros integrantes do patrimônio de afetação serão utilizados somente para pagamento ou reembolso das despesas da incorporação afetada,** sendo **proibido** seu emprego para qualquer outra atividade estranha à sociedade específica.

Dessa forma, somente será permitido dispor dos bens e direitos integrantes do patrimônio de afetação para constituição de garantia real se o crédito for integralmente destinado à construção da edificação correspondente, com a consequente entrega das unidades imobiliárias aos respectivos adquirentes.

Os recursos financeiros que excederem o valor necessário para a conclusão da obra, considerando-se a soma dos valores a receber até a conclusão da construção e os recursos necessários à quitação de financiamento, **não fazem parte do patrimônio de afetação.** Também deverá ser **excluído** o valor referente ao **valor da venda da fração ideal de terreno de cada unidade negociada,** nos casos de construção por empreitada ou por administração.

Em que pese a separação de patrimônios, **o incorporador responde pelos prejuízos que causar ao patrimônio de afetação.**

O valor investido para compra do terreno somente poderá ser reembolsado depois de alienadas as unidades autônomas, respeitando o limite de suas frações ideais, limitado aos valores efetivamente recebidos pela alienação.

Faculta a lei que para **conjuntos de edificações,** sejam edifícios ou subconjuntos de casas, poderão ser constituídos patrimônios de afetação separados, desde que tenham previsão de conclusão na mesma data. Estabelece ainda que a opção por instituir **patrimônios de afetação separados** deve ser declarada no memorial de incorporação.

Não ficou muito clara a verdadeira intenção do legislador, **uma vez que um conjunto de edificações pressupõe um mesmo condomínio,** razão pela qual parece insensato que se permita que para um edifício seja instituída a afetação com as garantias a ela inerentes e a outro edifício, no mesmo conjunto, as regras sejam diferentes.

Nesse caso, trabalhando com a hipótese de falência do incorporador, como ficaria a continuação das obras do conjunto de edifícios? Uma obra poderá ser retomada pela associação de compradores e outra não? Absolutamente impensável!

Sobre o **momento da constituição** do patrimônio de afetação, a lei permite que ele pode ser constituído a qualquer momento, desde a instituição do condomínio até o momento imediatamente anterior à conclusão das obras. Em que pese ser **um ato discricionário do incorporador**, uma vez constituído o patrimônio de afetação, este permanece **até a entrega de todas as unidades.**

A **constituição** poderá se dar no **memorial da incorporação**, que será **arquivado no Cartório de Registro de Imóveis** por ocasião do registro da incorporação ou ainda pela averbação de termo firmado pelo incorporador e, quando for o caso, também pelos titulares de direitos reais de aquisição sobre o terreno perante o Oficial do Registro de Imóveis.

Não haverá óbice para a averbação na hipótese de existir ônus reais que tenham sido constituídos sobre o imóvel objeto da incorporação para garantia do pagamento do preço de sua aquisição ou do cumprimento de obrigação de construir o empreendimento, até porque isso seria ilógico, uma vez que **a afetação é justamente para garantir o empreendimento.**

No entanto, surge uma dúvida intrigante em relação ao direito real de garantia, oferecida a terceiros antes da afetação. Subsiste essa garantia no caso de instituído o patrimônio de afetação? Nas palavras de **Luiz Antonio Scavone** (2021, p. 163), "a garantia anterior subsiste, o que afirmamos na medida que a hipoteca é uma garantia real e, portanto, oponível *erga omnes*, desde que previamente levada a registro junto à matrícula do imóvel".

9.3 Regime de tributação especial e outras vantagens legais

É de consignar também que submeter um empreendimento ao regime de afetação não significa somente dar garantias aos promitentes compradores, mas também, e

Patrimônio de afetação   155

principalmente, **garantir significativas vantagens fiscais para a incorporadora.**

Isso porque a Lei n° 10.931/2004 introduziu no ordenamento jurídico o **regime especial de tributação (RET)**, que garante às incorporadoras um **pacote de bondades fiscais** na hipótese dos empreendimentos afetados.

Dessa forma, a incorporadora **fica dispensada** dos pagamentos do imposto de renda de pessoas jurídicas – **IRPJ**, contribuição para os programas de integração social e de formação do patrimônio do servidor público – **PIS/Pasep**, contribuição social sobre o lucro líquido – **CSLL** e contribuição para financiamento da seguridade social – **Cofins, que serão substituídos pelo pagamento de uma alíquota única de 4% calculados sobre a receita mensal recebida.**

Havia muita polêmica se esse benefício se aplicaria somente enquanto a construção estivesse em andamento, e se as unidades vendidas depois de entregue a obra gozariam de tal benefício, dúvida essa que foi esclarecida ao apagar das luzes do ano de 2019, no dia 27 de dezembro, com a promulgação da **Lei n° 13.970**, que dispõe de forma clara que **o benefício**

> será aplicado até o recebimento integral do valor das vendas de todas as unidades que compõem o memorial de incorporação registrado no cartório de imóveis competente, independentemente da data de sua comercialização, e, no caso de contratos de construção, até o recebimento integral do valor do respectivo contrato (grifos nossos).

E as vantagens para as incorporadoras não param por aí. Na hipótese de o promitente comprador não ter condições de prosseguir com os pagamentos referentes à fase de obras, obrigando-se ao chamado **distrato**, também há uma vantagem significativa para as incorporadoras.

Isso porque a Lei n° 13.786, também curiosamente promulgada no dia 27 de dezembro, dessa vez em 2018, autoriza que em caso de distrato, de todos os valores pagos pelo adquirente, a incorporadora poderá reter, a título gratuito, 50% do total pago se o empreendimento estiver submetido ao regime de afetação, além de reter todos os valores desembolsados a título de comissão de corretagem.

Como se não bastasse todo esse confisco legalmente autorizado no distrato, somente passados 30 dias, contados da conclusão do imóvel, com a devida regularização da construção perante o órgão municipal que expede o documento hábil para que os imóveis possam ser habitados, **é que o valor já com os descontos deverá ser repassado àquele que desistiu da compra**.

Percebe-se, portanto, que submissão ao regime de afetação traz muito mais vantagens para o incorporador do que para o promitente comprador do imóvel.

9.4 Fiscalização

Cabe à **Comissão de Representantes** dos promitentes compradores e à instituição financiadora do empreendimento o acompanhamento e fiscalização, tanto das obras quanto dos demonstrativos financeiros dos empreendimentos submetidos à afetação. Essa Comissão deve ser eleita entre os adquirentes e será composta por três membros.

Evidente que tem o incorporador a **obrigação de praticar com o máximo zelo e transparência a administração do empreendimento**, empregando todos os esforços necessários para o bom andamento das obras, inclusive mediante adoção de medidas judiciais, se necessárias, administração essa que será fiscalizada.

É o incorporador que tem a obrigação **de diligenciar a captação dos recursos necessários à incorporação** e aplicá-los na forma prevista na lei, cuidando de preservar os recursos necessários à conclusão da obra e prestando contas à Comissão de Representantes.

Para tanto, especialmente em razão da afetação, deve o incorporador segregar o empreendimento do seu patrimônio comum, cuidando para manter separados todos os bens e direitos objeto da incorporação, por meio de contas bancárias, balancetes e anotações contábeis de forma exclusiva para o empreendimento, **não podendo em qualquer hipótese haver a confusão patrimonial entre os bens e direitos da propriedade afetada**, tanto com outros empreendimentos também afetados de forma autônoma quanto com o patrimônio da incorporadora.

Também consiste em obrigação legal do incorporador entregar à Comissão de Representantes, com periodicidade mínima trimestral, **demonstrativo do estado da obra e de sua correspondência com o prazo pactuado ou com os recursos financeiros que integrem o patrimônio de afetação recebidos no período**, firmados por profissionais habilitados, ressalvadas eventuais modificações sugeridas pelo incorporador e aprovadas pela Comissão de Representantes.

Deve ainda assegurar à pessoa nomeada pela Comissão de Representantes **o livre acesso à obra, bem como aos livros, contratos, movimentação da conta de depósito exclusiva e quaisquer outros documentos relativos ao patrimônio de afetação, além de manter escrituração contábil completa**, ainda que esteja desobrigado pela legislação tributária.

158 Direito Imobiliário

Nesse ponto está a maior ficção jurídica e prática. **Referida fiscalização é mera formalidade**, que, se não impossível de ser cumprida, muito improvável resultar em resultados efetivos.

Isso porque, "a uma porque a Comissão de Representantes poderá ser facilmente manipulada pelo incorporador e, ainda porque os garantidos, em primeiro lugar, são o Fisco, a instituição financeira da obra e os fornecedores" (SCAVONE JR., 2021, p. 169).

9.5 A falência do incorporador e a continuidade da obra

Havendo a falência do incorporador ou a insolvência comprovada, **seus efeitos não atingem os patrimônios de afetação constituídos, não integrando a massa concursal o terreno, as acessões e demais bens, direitos creditórios, obrigações e encargos objeto da incorporação.**

Sendo assim, **o empreendimento continua existindo normalmente com a falência** do incorporador e os adquirentes precisarão dar continuidade às obras e administração do empreendimento em construção, momento no qual deverá ser convocada uma **assembleia.**

Essa convocação deve ser realizada por meio da **Comissão de Representantes** ou, na sua falta, **de um sexto dos titulares de frações ideais,** ou, ainda, por determinação do juiz prolator da decisão que decretou a falência, nos **60 dias que se seguirem à publicação da sentença judicial.**

Para ter validade, **é imprescindível** que a convocação tenha sido realizada de **maneira inequívoca**, com protocolo do recebimento e com antecedência mínima de **cinco dias** para a

Patrimônio de afetação   159

primeira convocação, e mais **três dias** para a segunda, podendo ambas as convocações serem feitas no mesmo aviso.

Nessa assembleia, **por maioria simples**, os adquirentes poderão **ratificar o mandato** da Comissão de Representantes ou elegerão novos membros. Quanto ao quórum, em primeira convocação, **por dois terços dos votos dos adquirentes** ou, em segunda convocação, **pela maioria absoluta desses votos**, momento no qual será instituído o **condomínio da construção**, por instrumento público ou particular, e será deliberado sobre os termos da **continuação da obra ou da liquidação do patrimônio de afetação**. Havendo financiamento para construção, a convocação poderá ser feita pela instituição financiadora.

Tendo em vista a necessidade de a Comissão de Representantes se sub-rogar nos direitos e deveres do incorporador, **o mandato outorgado pelos adquirentes deverá conferir poderes para transmitir domínio, direito, posse e ação, manifestar a responsabilidade do alienante pela evicção e imitir os adquirentes na posse das unidades respectivas.**

Eventuais pendências dos adquirentes perante o incorporador ou a instituição financiadora não significarão óbice para celebração dos contratos definitivos, desde que estejam comprovadamente adimplentes. **Para assegurar o pagamento dos débitos remanescentes sobre a unidade imobiliária será constituída garantia real.**

Decidindo-se em assembleia que **as obras não serão continuadas**, a Comissão de Representantes ficará investida de **mandato irrevogável** para, em nome dos adquirentes, e em cumprimento da decisão tomada por estes, **que deliberaram pela liquidação do patrimônio de afetação**, efetivar a alienação do terreno e das acessões, transmitindo posse, direito, domínio

160 Direito Imobiliário

e ação, manifestar a responsabilidade pela evicção, imitir os futuros adquirentes na posse do terreno e das acessões.

A alienação do empreendimento poderá se dar por contrato de venda, promessa de venda ou outra modalidade de contrato compatível com os direitos objeto da transmissão. Em qualquer das hipóteses, **cumpre à Comissão de Representantes prestar contas aos adquirentes**, entregando a cada um a **parte proporcional do produto líquido da alienação**, no prazo de cinco dias da data em que tiver recebido o preço ou cada parcela do preço.

Caso a decisão tomada em assembleia seja pela **continuidade das obras**, os adquirentes estarão automaticamente **sub-rogados nos direitos, nas obrigações e nos encargos relativos à incorporação, inclusive aqueles relativos ao contrato de financiamento da obra**, se houver.

No caso da falência da incorporadora, as despesas dos adquirentes não se militam ao que foi inicialmente contratado. Isso porque, não raras as vezes, senão na maioria dos casos, **os custos extras para construção em decorrência do saldo negativo, resultante entre despesas e direitos, obrigarão os compradores a realizarem aportes extras de caixa**. Não há limites para esses aportes, serão feitos na medida da necessidade para conclusão do empreendimento, o que pode elevar o custo final do imóvel, tornando inviável a finalização.

Tendo em vista que a **decisão da assembleia é soberana**, mesmo aqueles que optaram pelo não prosseguimento da obra, caso esta continue, serão obrigados a participar do rateio dos custos na proporção de sua fração ideal.

Para tanto, caberá a cada adquirente, na proporção dos coeficientes de construção atribuíveis às respectivas unidades, responder de forma individual por todas as obrigações do incorporador, nelas incluídas responder pelo saldo porventura existente entre as receitas do empreendimento e o custo da conclusão da incorporação.

Tendo em vista que **a Comissão de Representantes substitui o incorporador em todos os direitos e obrigações**, os débitos dos adquirentes referentes à fração ideal, bem como às acessões integrantes da incorporação, que não tenham sido pagos ao incorporador até a data da decretação da falência ou da insolvência civil, deverão ser pagos diretamente à Comissão. Por óbvio, em razão de fazer parte dos direitos e obrigações do incorporador, tais valores também deverão permanecer submetidos à afetação, **até o limite necessário à conclusão da incorporação.**

O mandato legal conferido pelos adquirentes à Comissão de Representantes, para administrar a incorporação e prestar conta dos trabalhos, **será irrevogável**. Para cumprimento do seu encargo de administradora da incorporação, a Comissão de Representantes fica investida de mandato legal, em caráter irrevogável, para, em nome do condomínio de construção, **realizar todos os atos necessários ao cumprimento das obrigações para levar a cabo a obra**. Para tanto, estará autorizada a receber as parcelas do saldo do preço e dar quitação, bem como promover as medidas extrajudiciais ou judiciais necessárias a esse recebimento.

Para complementar as receitas, deverá a Comissão de Representantes, **no prazo de 60 dias**, a contar da data de realização da assembleia geral que instituiu o condomínio para a construção, promover, em leilão público, a venda das frações ideais e respectivas acessões que, até a data da decretação da falência ou insolvência, não tiverem sido alienadas pelo incorporador.

162 Direito Imobiliário

Sendo o proprietário do terreno pessoa distinta da pessoa do incorporador, terá **direito de preferência**, em igualdade de condições de terceiros, para a aquisição das acessões vinculadas à fração objeto da venda.

Dessa forma, o **arrematante**, mesmo que não tenha participado das assembleias, ficará **sub-rogado**, na proporção atribuível à fração e acessões adquiridas, **nos direitos e nas obrigações relativas ao empreendimento**, inclusive nas obrigações de eventual financiamento, e nas obrigações perante o proprietário do terreno.

Na hipótese de **inadimplência** do adquirente, **por mais de três meses**, depois de prévia notificação com **o prazo de 10 dias para purgação da mora**, poderá implicar a rescisão do contrato, levando a unidade a leilão. É possível que o condomínio, por decisão unânime de assembleia geral, em condições de igualdade com terceiros, adjudique a unidade pelo valor que seria arrecadado com o **leilão**.

Deverá a **Comissão de Representantes equacionar as receitas do empreendimento, que resumidamente são as parcelas a receber, com o custo para construção e despesas administrativas**. Feito esse balanço, havendo saldo positivo, o valor correspondente a esse saldo deverá ser entregue à massa falida da incorporadora.

9.6 Considerações críticas

De forma prática o que se vê, tendo em vista que depois da Encol muitas empresas vieram a falir, **é que a instituição da afetação conseguiu apenas minimizar**, e ainda de forma tímida, os prejuízos dos adquirentes, especialmente a depender da fase da obra e do tempo que demorou, depois de iniciadas as dificuldades financeiras, para que fossem tomadas as **medidas de destituição do incorporador** do controle dos recursos e da construção.

É muito evidente e óbvio que a **falência não é um procedimento que se adota quando surgem as primeiras dificuldades**, tampouco as primeiras dívidas e atrasos na construção. Embora sejam sinais, os balanços nem sempre apontam para uma situação mais dramática, ao contrário, podem manipular alguns dados para de maneira contábil apontar uma situação que na prática se mostra diferente.

Além disso, a **morosidade de todo esse processo é enorme e burocrática.** Nada é tão simples como apontado no texto legal, todas as providências são longas e demoradas, reunir o grupo de adquirentes em assembleia, com perspectivas e visões diferentes, e conseguir um consenso não é tarefa fácil.

Depende-se, ainda, do **Poder Judiciário**, cuja (falta de) agilidade para decidir as questões é de conhecimento notório, **isso sem contar os inúmeros recursos e questionamentos que surgem ao longo do processo de transferência do empreendimento para a Comissão de Representantes.**

Trabalhando com a melhor e mais otimista das hipóteses, admitindo de forma ingênua que o saldo financeiro seja suficiente para pagar todas as dívidas, e ainda sobre dinheiro para finalizar a obra, sem nenhum aporte extra, ainda assim o **prejuízo é patente**, porque certamente o **atraso para conclusão da construção existirá.**

Daí é possível afirmar, sem sombra de dúvidas, que na prática a lei não atinge de forma plena o propósito a que se destina. Muito embora traga essa ferramenta para evitar as "pedaladas", **isso não é suficiente para dar tranquilidade aos adquirentes**, tampouco **para garantir** àqueles que decidem por comprar um imóvel na planta que terão o imóvel que adquiriram, no prazo certo e no mesmo valor que foi negociado no ato da compra.

Assim, parece evidente que o **patrimônio de afetação**, em que pese a boa vontade do legislador, **ficou muito aquém do necessário para garantir a segurança do adquirente de imóvel na planta.**

10

Distrato

10.1 Breve contexto histórico

Uma questão que há muito se debatia sobre os contratos de promessa de compra e venda de imóveis na planta era sobre a **possibilidade de o promitente comprador desistir do negócio antes de receber o imóvel**, popularmente chamado de **distrato**.

Inicialmente importante consignar que há discussão acerca de qual a nomenclatura correta para o ato jurídico em questão, tendo em vista que é o promitente comprador, de forma unilateral, quem decide pôr fim ao contrato. Por essa razão seria **resilição contratual**.

Não se trata de **resolução**, pois para que um contrato seja resolvido deve existir o **inadimplemento de uma das partes**, o que autoriza o rompimento do laço contratual, o que também não parece ser o caso, especialmente porque muitos compradores desistem do negócio sem, contudo, estarem inadimplentes.

Seja como for, o fato é que, tanto na jurisprudência quanto na doutrina, nas discussões sobre o assunto o termo distrato é o mais usado.

Um fenômeno do fim do **boom** imobiliário, os distratos se tornaram a principal preocupação das incorporadoras. Isso porque muitos daqueles que firmaram contrato de promessa de compra e venda de imóveis na planta, com programação de entrega futura para dois ou três anos, foram surpreendidos pela **crise econômica** que se iniciou no final de 2013.

Com o desemprego em alta, reflexo direto da crise, e com o **enxugamento de crédito pelos bancos**, que impossibilitou o consumidor de efetivar a compra do imóvel, o promitente comprador não tinha condições de continuar o negócio, pela absoluta impossibilidade de realizar o pagamento.

Alegavam as empresas que essa desistência do consumidor, da promessa de comprar os imóveis quando concluídos, lhe causava sérios prejuízos, além de aumentar o desemprego no setor da construção civil, e impedia novos lançamentos, portanto novos investimentos do setor. Mas a coisa não é bem assim.

Para entender melhor a questão, é fundamental repassarmos a dinâmica da incorporação imobiliária. De forma bastante singela, pode-se dizer que é **prometer à venda algo que ainda não existe**, que será construído, e o pretendente à compra começa o pagamento antes mesmo do início da construção. É o **promitente comprador quem financia a obra**, sem receber nenhum dividendo pelo capital investido.

Nesse ponto é interessante fazer um parêntese. As incorporadoras brasileiras alegavam que a legislação no Brasil era muito protecionista para o consumidor, o que tornava a empreitada muito arriscada, enquanto, em outros países, aqueles que desistem do negócio chegam a perder tudo o que pagaram.

"Esqueciam-se", porém, de dizer que os modelos são diferentes. A incorporação imobiliária em países como Estados

Unidos, Colômbia e Espanha é realizada por *crowdfunding*, que nada mais é do que um **financiamento coletivo**. São pequenos investidores que apostam no negócio em busca de lucro.

Podem ser comparados a sócios, que respondem pelo capital social da empresa e estão **obrigados a continuar o negócio**, especialmente porque assumiram os **riscos** comerciais ao fazer o investimento.

Diferem, em muito, do promitente comprador no Brasil, que busca a compra da casa própria e adianta valores para a incorporadora para a construção. O modelo também difere em razão das obrigações, pois no Brasil, segundo a lei, **a incorporadora é a única responsável pelo empreendimento**, responsabilizando-se, inclusive, pelo financiamento e conclusão da obra.

No sistema brasileiro, o ritmo dos investimentos para a construção independe do número de interessados que contribuem para o caixa da empresa. Mesmo que haja apenas um promitente comprador, a incorporadora precisa concluir o empreendimento no prazo estabelecido.

A Lei nº 4.591/1964, que trata das incorporações, é muito clara nesse sentido, ao estabelecer no art. 31 que "a iniciativa e a responsabilidade das incorporações imobiliárias caberão ao **incorporador**".

E, ainda, o mesmo diploma legal estabelece de forma indiscutível a obrigação do incorporador, ao trazer no art. 43:

> Quando o incorporador contratar a entrega da unidade a prazo e preços certos, determinados ou determináveis, mesmo quando pessoa física, **deverá responder civilmente pela execução da incorporação,** devendo indenizar os adquirentes ou compromissários, dos prejuízos que a estes advierem do fato de não se concluir a edificação ou

168   Direito Imobiliário

de se retardar injustificadamente a conclusão das obras (grifos nossos).

Apenas para não restar dúvidas, tem-se que a **responsabilidade** das incorporadoras é **absoluta**, inclusive em relação à documentação e liberação do imóvel para a moradia, estabelecendo a legislação supracitada, em seu art. 44, que

> após a concessão do "habite-se" pela autoridade administrativa, o incorporador deverá requerer, a averbação da construção das edificações, para **efeito de individualização e discriminação das unidades**, respondendo perante os adquirentes pelas perdas e danos que resultem da demora no cumprimento dessa obrigação (grifos nossos).

Dessa forma, incontestável que a **responsabilidade pela construção e regularização do imóvel é exclusiva do incorporador**, inclusive para obter e gerir recursos para construção, independentemente do fluxo de pagamentos que recebe dos interessados na compra futura.

O fato é que, pelo **modelo de incorporação imobiliária**, a venda de imóveis na planta por si só já era um negócio que trazia muito mais vantagens às empresas do que aos adquirentes, pois parte da construção é financiada pelo próprio interessado, que não recebe nenhuma remuneração pelo dinheiro investido e não tem nenhum bem para usufruir. De outro giro, a incorporadora usa esse dinheiro recebido antecipadamente do promitente comprador para **financiar a obra de forma gratuita**, sem ter que pagar pelo custo do capital.

O **risco da incorporação imobiliária é transferido todo para o comprador**, pois se este não pagar as parcelas da obra, não realiza a compra efetiva do imóvel e ainda perde parte do dinheiro "emprestado" para a **empresa, que venderá o imóvel**

a outro interessado. Por outro lado, se a incorporadora falir, o prejuízo será do promitente comprador, que terá dificuldade para reaver o valor pago.

Apenas com a conclusão da obra é que se celebra o contrato de compra e venda, e é somente nesse momento que se transfere a posse e propriedade ao comprador, se este quitar integralmente o preço do imóvel junto ao incorporador. **Risco zero para quem promoveu a construção.**

Sendo assim, **diferentemente do que afirmavam as incorporadoras, não havia um prejuízo efetivo,** uma vez que aquele que se interessou pela compra no passado, por motivos diversos, apenas deixava de realizá-la e o imóvel, que sempre foi da empresa, continuava sendo seu, podendo ser comercializado com qualquer interessado.

Importante frisar também que **as unidades são feitas na forma e modelo determinados pelo construtor**, e não é uma obra por encomenda que pode criar dificuldades para a comercialização, mas sim o produto que a incorporadora habitualmente comercializa.

Com base nesse entendimento, o **STJ editou a Súmula nº 543**, *in verbis*:

> Na hipótese de resolução de contrato de promessa de compra e venda de imóvel submetido ao Código de Defesa do Consumidor, deve ocorrer a **imediata restituição das parcelas pagas pelo promitente comprador – integralmente**, em caso de **culpa exclusiva do promitente vendedor/construtor**, ou **parcialmente**, caso tenha sido o **comprador quem deu causa** ao desfazimento (grifos nossos).

E o quanto deveria ser retido também já estava pacificado no próprio Tribunal Superior, cujo **percentual deveria ser** de **10% a 25% dos valores pagos**, tidos como mais do que suficientes para recompor eventuais e hipotéticas perdas que as empresas pudessem ter, mesmo porque esses prejuízos nunca foram contabilmente demonstrados.

Além da retenção do percentual pago pelo promitente comprador, **este também precisaria assumir o prejuízo da comercialização da unidade que não poderia mais comprar, arcando com todas as despesas de publicidade e comercialização do imóvel**, que já foram previamente pagas no momento da negociação inicial e cujos valores não seriam restituídos.

Essas despesas fazem parte dos valores pagos pela **corretagem da venda**, que diferente do modelo tradicional, no qual o vendedor que colocou o imóvel à venda **e contratou o corretor é quem deve pagar pelos serviços por este prestados**, na incorporação imobiliária há uma inversão e o promitente comprador é quem deve pagar essa conta, consoante expressa previsão legal.

Dessa forma, **não existia prejuízo algum com os custos de publicidade e venda**, tendo em vista que aquele que propõe o distrato já pagou pela corretagem e, na revenda do imóvel, é o novo adquirente quem pagará essa conta. **Para as incorporadoras custo zero.**

O fato é que nesse modelo de resilição não existe a devolução de um bem, que foi entregue ao comprador e depois de certo tempo é devolvido. **O adquirente apenas deixa de comprar um bem do qual jamais teve a posse**, tampouco usufruiu e que está e sempre esteve com a incorporadora.

Solicitado o distrato, a empresa pode comercializar esse bem da maneira que quiser e pelo valor que entender correto, sem perder nada, pois o imóvel é e sempre foi seu. Então, **a restituição dos valores pagos na hipótese de distrato é medida** que se impõe, pois com a resilição do contrato o imóvel, ou promessa de imóvel, que ainda não existe, tem valor comercial e a empresa receberá pela nova comercialização.

Sendo assim, reter o dinheiro do consumidor que propôs o distrato, seja por qualquer razão, inegavelmente propicia um **enriquecimento ilícito** em favor da incorporadora, o que é vedado pela Lei Civil.

Ocorre que, diante do forte *lobby* das incorporadoras no Congresso Nacional, e depois de anos de discussão, no dia 27 de dezembro de 2018 foi publicada a **Lei nº 13.786**, que veio atender aos **anseios das incorporadoras**, em detrimento dos direitos dos adquirentes, e em total retrocesso e em sentido totalmente adverso à jurisprudência majoritária dos nossos Tribunais.

10.2 Regulamentação dos distratos - Lei nº 13.786/2018

A Lei nº 13.786/2018 promoveu **diversas alterações na Lei de Incorporações**, porém as mais impactantes foram os pontos que trataram dos **distratos**. Modificou drasticamente direitos já adquiridos há décadas pelos consumidores, cujos entendimentos sedimentados e Súmulas, tanto dos Tribunais Estaduais quanto do STJ, já haviam garantido. Como se não bastasse, dispositivos da Lei Civil, do Código de Defesa do Consumidor e até princípios constitucionais foram violados pela legislação em comento.

Cita-se como violado, por exemplo, o **art. 884 do Código Civil, que veda o enriquecimento ilícito**. Estabelece que "aquele que, sem justa causa, se enriquecer à custa de outrem, será obrigado a restituir o indevidamente auferido, feita a atualização dos valores monetários". E mais, **o art. 885** estabelece que

172   Direito Imobiliário

"a restituição é devida, não só quando não tenha havido causa que justifique o enriquecimento, mas também se esta deixou de existir".

Note-se que as empresas não se desincumbem do ônus de provar que houve algum prejuízo que justifique a retenção de elevados percentuais daquilo que foi pago pelo consumidor, mas limitam-se a alardear que estão com enormes prejuízos.

Entre as normas consumeristas violadas, destacam-se a do **art. 39, V, CDC**, que estabelece que é vedado ao fornecedor de produtos ou serviços, dentre outras **práticas abusivas, exigir do consumidor vantagem manifestamente excessiva**, e a do art. 51, § 1º, III, que estabelece que são nulas de pleno direito, entre outras, as cláusulas contratuais relativas ao fornecimento de produtos e serviços que se **mostrem excessivamente onerosas para o consumidor**, considerando-se a natureza e conteúdo do contrato, o interesse das partes e outras circunstâncias peculiares ao caso.

A violação à Constituição Federal é patente, isso porque a Carta Magna elenca como Direito Fundamental, **art. 5º, XXXII**, que o Estado promoverá, na forma da lei, a defesa do consumidor, assim como preconiza no art. 170, V, que a ordem econômica, fundada na valorização do trabalho humano e na livre-iniciativa, tem por fim assegurar a todos uma existência digna, conforme os **ditames da justiça social**, observado **o princípio da defesa do consumidor**.

Apesar de todos esses aspectos, o Legislativo decidiu pela aprovação da lei, que foi sancionada pelo Presidente da República, e enquanto vigente precisa ser cumprida, servindo para determinar as regras para o distrato.

Estabelece a **Lei nº 4.591/1964**, no seu novo **art. 67-A**, que em caso de desfazimento do contrato celebra-

Distrato 173

do exclusivamente com o incorporador, mediante distrato ou resolução por inadimplemento absoluto de obrigação do adquirente, **este fará jus à restituição das quantias que houver pago diretamente ao incorporador**, atualizadas com base no índice contratualmente estabelecido para a correção monetária das parcelas do preço do imóvel, delas deduzidas, cumulativamente, **a integralidade da comissão de corretagem, a pena convencional**, que não poderá exceder a **25%** da quantia paga.

Nessa hipótese, **após as deduções suprarreferidas**, se houver remanescente a ser ressarcido ao adquirente, o pagamento será realizado em parcela única, após **o prazo de 180 dias**, contado da data do desfazimento do contrato. Ou seja, poderá o incorporador **usufruir, graciosamente**, do dinheiro do adquirente por pelo menos mais seis meses antes de restituí-lo.

Observa-se, portanto, que a **penalidade** para quem precisar desfazer o contrato, **além da retenção** dos valores pagos ao incorporador, é a **perda das despesas pagas a título de corretagem**.

Pior ainda fica a situação se o imóvel estiver submetido ao **patrimônio de afetação** (art. 67-A, § 5°). Isso porque, nessa hipótese o incorporador poderá **reter do adquirente 50%** dos valores pagos, além da taxa de corretagem, em média equivalente a **5% do valor total do imóvel**, o que pode significar a perda de um percentual superior a **60% do que foi pago**. Um verdadeiro confisco legalizado.

Não bastasse a desproporcionalidade da medida, o incorporador ainda restituirá os valores pagos pelo adquirente, no prazo máximo de **30 dias após o habite-se** ou documento equivalente expedido pelo órgão público municipal competente, ou, em outras palavras, quando o imóvel estiver pronto.

O que a lei autoriza de forma expressa é que a **incorporadora se aproprie de valores que lhe foram "emprestados" pelo promitente comprador**, utilize de forma graciosa esses recursos e somente os restitua quando terminar a obra.

Em relação às **verbas de corretagem**, essas são, em regra, de **5% do valor total do imóvel**, o que aumenta significativamente o prejuízo experimentado pelo adquirente, totalizando uma perda muito além do percentual nominal de retenção.

Com relação à **corretagem**, a Lei n° 13.786/2018 também inovou, legalizando uma conduta das empresas que há anos vinha sendo questionada. Isso porque, ao comprar um imóvel na planta, o adquirente se vê obrigado a custear uma despesa que em regra seria exclusiva do vendedor. Porém, os **contratos de adesão** não oferecem opção a quem deseja adquirir um imóvel nessa modalidade, **impondo a obrigação de pagamento pelo adquirente** como condição *sine qua non* para realização do negócio.

Em que pese ocorrer a **venda direta dos imóveis**, em estandes de venda da própria incorporadora e o vendedor ou corretor ali presente ter sido contratado pela incorporadora, **representando unicamente seus interesses, quem deve arcar com o pagamento dessa despesa é o adquirente**.

De acordo com o texto legal, para fazer jus ao recebimento dos valores descontados do comprador, assim como para se valer dos extensos prazos para restituição dos valores aos adquirentes, **não é necessário que o incorporador alegue prejuízo**. Ou seja, a legislação que disciplinou o distrato afronta outros dispositivos legais, quando autoriza de forma explícita o enriquecimento **sem causa** do incorporador.

Na hipótese de o adquirente estar na posse do imóvel, as consequências são ainda mais funestas. Isso porque, em função do período em que teve disponibilizada a unidade imobiliária, responde o adquirente, em caso de resolução ou de distrato, além dos valores perdidos por conta do distrato já elencados, pelo **pagamento das quantias correspondentes aos impostos reais incidentes sobre o imóvel, cotas de condomínio e contribuições devidas a associações de moradores**, além do valor correspondente à fruição do imóvel, equivalente **a 0,5%** sobre o valor atualizado do contrato e demais encargos incidentes sobre o imóvel e despesas previstas no contrato.

Não bastasse a possibilidade de perder tudo o que pagou, o adquirente ainda corre o **risco de ficar devendo para a empresa**, isso porque a lei estabelece que os descontos e as retenções, após o desfazimento do contrato, estão limitados aos valores efetivamente pagos pelo adquirente, salvo em **relação às quantias relativas à fruição do imóvel**.

Caso ocorra a revenda da unidade antes de transcorrido o prazo para restituição previsto em lei, esse será pago em até **30 dias da revenda**, mas mesmo nesse caso **as multas e descontos elencados serão devidos.**

Nessa hipótese torna-se mais escancarada a desproporção da penalidade, pois se o imóvel, que ainda não foi construído e nem entregue, tiver os direitos de aquisição transferidos a outra pessoa, não há nenhuma razão para retenção de valores, senão para enriquecer ilicitamente o incorporador.

Somente na hipótese de o adquirente que pleitear o distrato **encontrar um comprador, que se sub-rogue nos direitos e obrigações originalmente assumidos, e desde que haja a devida anuência do incorporador** e a aprovação dos cadastros e da capacidade financeira e econômica do comprador substituto, estará o promitente comprador, que desfez o contrato, **eximido do pagamento da cláusula penal.**

Os imóveis na planta geralmente são comercializados em estande de vendas existentes no local da construção. Desta forma, os contratos firmados nesses locais e fora da sede do incorporador permitem ao adquirente o exercício do direito de arrependimento, durante o **prazo improrrogável de sete dias**, contados da assinatura do contrato ou qualquer outro documento referente à intenção de compra. Nesta hipótese o promitente comprador poderá desistir do negócio e a incorporadora deverá lhe restituir todos os valores eventualmente antecipados, inclusive a comissão de corretagem.

Para tanto, deve o adquirente demonstrar o exercício tempestivo do direito de arrependimento por meio de carta registrada, com aviso de recebimento, considerada a data da postagem como data inicial da contagem do prazo, ou documento comprobatório da **manifestação de desistência do negócio junto à empresa**.

Por fim, nas hipóteses de **leilão de imóvel** objeto de contrato de compra e venda com pagamento parcelado, com ou sem garantia real, de promessa de compra e venda ou de cessão e de compra e venda com pacto adjeto de **alienação fiduciária em garantia**, realizado o leilão no contexto de execução judicial ou de procedimento extrajudicial de execução ou de resolução, a restituição far-se-á de acordo com os critérios estabelecidos na respectiva lei especial ou com as normas aplicáveis à execução em geral.

Conclui-se, portanto, que incorporação imobiliária é um excelente negócio para o incorporador, ao qual a lei atual do distrato oferece **uma série interminável de garantias e vantagens**, sendo certo que para o adquirente os riscos são bem mais consideráveis. Há uma clara desigualdade no tratamento das partes, colocando a nova lei o adquirente em condição de extrema fragilidade.

Distrato **177**

Principais alterações promovidas pela Lei n° 13.786/2018		
	Como era – Jurisprudência	Atual – Lei n° 13.786/2018
Distrato: valores a serem devolvidos	Devolução de percentual variável entre 90% a 75% dos valores pagos (entendimento pacificado pelo STJ)	Retenção de 50% dos valores pagos, quando o empreendimento estiver submetido ao patrimônio de afetação
		Retenção de 25% dos valores pagos, quando o empreendimento não estiver submetido ao patrimônio de afetação
Distrato: prazo para restituição	À vista e de forma imediata no ato do distrato (Súmula n° 543, STJ)	30 dias depois de obtido o habite-se, quando instituído o patrimônio de afetação
		180 dias da data do desfazimento, se não houver patrimônio de afetação

11

Alienação fiduciária

11.1 Breve relato histórico

Introduzida no Direito brasileiro pela **Lei n° 9.514/1997**, o **instituto da alienação fiduciária** foi criado para atender a uma demanda dos bancos e agentes financeiros, para que lhes desse uma garantia efetiva nos financiamentos imobiliários, sob a alegação de que a hipoteca carece de celeridade.

Havia **demanda por crédito imobiliário**, porém os bancos relutavam em emprestar o dinheiro. Isso porque o **Sistema Financeiro de Habitação (SFH)**, regido **pela Lei n° 4.380/1964**, estabelece um limite para o valor dos imóveis que podem ser financiados. Essa limitação busca, entre outras coisas, direcionar os recursos dessa modalidade a quem busca comprar imóveis mais simples e com isso atingir a finalidade social do instituto.

A fonte dos recursos para essa modalidade de financiamento são **os recursos do Sistema Brasileiro de Poupança e Empréstimo (SBPE) e os recursos do Fundo de Garantia do Tempo de Serviço (FGTS)**, dos quais os bancos necessariamente precisam destinar uma parte para o financiamento imobiliário.

Dessa forma, por imposição legal, mesmo com os riscos inerentes aos financiamentos, precisam as instituições financeiras disponibilizar esses valores aos interessados em comprar um imóvel. Além disso, o financiamento com esses recursos deve obedecer às regras do SFH, entre elas o **limite na taxa de juros anuais.**

Ocorre que, para imóveis de valores maiores, os agentes financeiros precisam captar recursos de outras fontes, o que **tornava o financiamento imobiliário desinteressante em razão da falta de garantias efetivas.**

Para facilitar a captação de recursos destinados ao financiamento de imóveis que não se enquadravam nas regras do SFH, em 1987 foi criado o **Sistema Financeiro Imobiliário (SFI)**, que entre outras novidades instituiu os **CRIs**, que são os **Certificados de Recebíveis Imobiliários, cuja finalidade é gerar um direito de crédito ao investido**r, o que contribuiu de forma decisiva para a captação de recursos destinados aos financiamentos fora do âmbito do SFH.

Isso porque, em vez de fazer empréstimos em bancos e instituições financeiras, as incorporadoras, por meio das securitizadoras que emitem os papéis denominados CRIs, fazem a captação de recursos de investidores que **"emprestam" o dinheiro para a construção.**

No entanto, para viabilizar o negócio e atrair esses investidores, há necessidade de oferecer uma maior garantia do recebimento dos valores daqueles que compram os imóveis. Afinal, quanto maior o risco de inadimplência, menor o número de interessados em investir em determinado setor.

Em resumo, **o CRI é um tipo de investimento no qual o investidor compra o título e deve esperar até a data de vencimento para resgatar o saldo e os juros acumulados.** Tendo em vista que esses investimentos não têm a cobertura do **Fundo Garantidor de Créditos (FGC)**, é preciso que as empresas que emitem tais papéis tenham uma boa saúde financeira.

Diante dessa novidade, que facilitou a captação de recursos para financiamentos imobiliários, ainda faltavam aos bancos garantias mais efetivas para recebimento do crédito concedido aos compradores de imóveis.

Então, no mesmo ano de 1997, foi instituída **a alienação fiduciária para bens imóveis, que na prática é a transferência da propriedade do imóvel do devedor (fiduciante) para o credor (fiduciário), como garantia do cumprimento da obrigação, qual seja, o pagamento integral do empréstimo.**

11.2 Conceito e características

Trata-se de um **negócio jurídico pelo qual o devedor, ou fiduciante, com o escopo de garantia, contrata a transferência ao credor, ou fiduciário, da propriedade resolúvel** de coisa imóvel.

Diferente da hipoteca, na qual o bem pertence ao devedor, servindo apenas de garantia que recai sobre o imóvel e precisa de uma ação judicial, muitas vezes longa, para efetivação do recebimento pelo credor, **na alienação fiduciária o procedimento traz maior eficácia para execução do débito.**

Na alienação fiduciária o bem é do credor, que terá a propriedade consolidada para si em caso do não pagamento do financiamento. Dessa forma, tem-se que uma das principais características da alienação fiduciária é que a garantia recai sobre coisa própria do credor, enquanto na hipoteca recai sobre coisa alheia, que pode ser do devedor ou de terceiros.

Tem-se nessa modalidade de financiamento a **figura da propriedade resolúvel,** isso porque ao final do contrato, **ou a qualquer momento em que houver a quitação da dívida,** de forma automática a propriedade do imóvel deve ser **transferida ao fiduciante.**

Paga a dívida, o credor fiduciário tem que disponibilizar em até **30 dias,** contados da liquidação, **o termo de quitação.** Em posse desse documento o devedor fiduciante requer junto ao Cartório de Registro de Imóveis o cancelamento da garantia e a consolidação da propriedade em seu nome.

Caso o fiduciário não entregue ao fiduciante o termo de quitação no prazo estipulado por lei, ficará, de forma automática, **obrigado a indenizar** o ex-devedor em quantia equivalente a **0,5% do valor atualizado do contrato por mês ou fração.**

Nesse tipo de contrato existem três partes, que são **o alienante, o fiduciante e o fiduciário.**

O alienante é aquele que está vendendo o imóvel. Sua única participação no contrato é **para receber o dinheiro do agente financiador referente ao preço do imóvel,** cessando desta forma a relação jurídica com o comprador. Em outras palavras, o agente financeiro quita a dívida do imóvel por meio do empréstimo concedido e, por esta razão, fica resolvido o contrato em relação àquele que alienou o bem.

O fiduciante é aquele que toma o empréstimo e oferece ao credor o imóvel como garantia. O valor do empréstimo é diretamente transferido para o alienante do bem, razão pela qual a única relação jurídica existente passa a ser a do fiduciante com o fiduciário por conta do contrato de financiamento com alienação fiduciária.

O **fiduciário é quem empresta os valores para a compra do bem e recebe como garantia desse empréstimo o próprio imóvel**, que é transferido diretamente para o seu nome.

A alienação fiduciária **poderá ser contratada por pessoa física ou jurídica**, não sendo privativa das entidades que operam no SFI, ou seja, pode o financiamento direto com o proprietário ser garantido por alienação fiduciária.

Além disso, não se limita a garantir a alienação da propriedade somente, podendo ter como objetos bens enfitêuticos, o direito de uso especial para fins de moradia, o direito real de uso, desde que suscetível de alienação, e a propriedade superficiária.

Referido contrato carrega consigo o **pacto adjeto cujo beneficiário é o fiduciário**, ou seja, o fiduciante no mesmo momento que recebe a propriedade do vendedor a transfere para o fiduciário. **Desta forma, tem-se que o financiador terá a posse indireta do imóvel e o tomador do financiamento terá a posse direta.**

Essa operação, por se tratar de **direito real de propriedade sobre bem imóvel**, para surtir efeitos **precisa ser registrada junto à matrícula do imóvel**. Portanto, somente se constitui a propriedade fiduciária de coisa imóvel mediante registro no Registro de Imóveis.

Aqui uma característica inovadora da lei que criou a alienação fiduciária, pois muito embora se trate de transferência de propriedade, autoriza a lei especial que a transferência, nesse caso específico, **possa ser realizada por contrato particular, dispensando a exigência de escritura pública** para efetivação do ato.

Independentemente de ser celebrado por escritura pública ou contrato particular, exige a lei que **constem do contrato o valor do principal da dívida, o prazo e as condições de**

184 Direito Imobiliário

reposição do empréstimo ou do crédito do fiduciário, a taxa de juros e os encargos incidentes, a cláusula de constituição da propriedade fiduciária, com a descrição do imóvel objeto da alienação fiduciária e a indicação do título e modo de aquisição, a cláusula assegurando ao fiduciante, enquanto adimplente, a livre utilização, por sua conta e risco, do imóvel objeto da alienação fiduciária, a indicação, para efeito de venda em público leilão, do valor do imóvel e dos critérios para a respectiva revisão, além de expressamente dispor sobre os procedimentos para o leilão público em caso de inadimplemento.

Tendo em vista que ocorrem duas transferências de propriedade no mesmo contrato, um dos questionamentos que se faz é quanto à questão tributária. **O imposto de transmissão de bem *inter vivos* (ITBI)**, em que pese incidir sobre toda e qualquer transferência de propriedade por ato *inter vivos*, estabeleceu a lei uma exceção para os casos de alienação fiduciária.

Dessa forma, **o imposto é cobrado no ato da contratação do financiamento, quando a propriedade é transferida para o credor fiduciário.** No momento da consolidação da propriedade em favor do devedor fiduciante é dispensado o pagamento de um novo tributo.

Importante mencionar que **o tributo somente não será devido na hipótese de a consolidação da propriedade ocorrer em favor do devedor.** Na hipótese de se consolidar a propriedade **em favor do credor, o imposto deverá ser pago.**

11.3 Do leilão extrajudicial

Enquanto para aqueles que financiam o imóvel a alienação fiduciária é um importante mecanismo de **garantia do** crédito, para o comprador pode representar um grande problema em caso de inadimplência.

Isso porque o procedimento para a consolidação da propriedade em favor do fiduciário, e **posterior venda do imóvel por meio de leilão, é extremamente rápido e fácil, dispensando inclusive qualquer procedimento judicial.**

Não que se defenda o simples inadimplemento das obrigações por parte do devedor, mas na prática o instituto da alienação fiduciária tem se mostrado na maioria das vezes como **extremamente perverso em desfavor do fiduciante.**

É preciso levar em conta que financiamentos imobiliários são, em regra, por prazos muito longos. **É certo também que, em regra geral, quem adquire um imóvel financiado o faz na certeza de que honrará os pagamentos das parcelas na sua totalidade,** afinal não é crível que alguém compre e financie um imóvel com a clara intenção de não pagar e perder aquilo que deu de entrada, além de parcelas eventualmente pagas.

Porém, em razão da dinâmica da vida das pessoas e do tempo de duração do contrato ser muito extenso, é possível que imprevistos modifiquem a situação financeira do tomador do empréstimo, impossibilitando o pagamento das parcelas, mesmo que de forma temporária.

Nesse caso, a melhor saída seria uma renegociação da dívida com o credor, porém a prática tem demonstrado que os bancos e incorporadoras, principais agentes financiadores, em boa parte das vezes **se negam a tentar uma renegociação com o devedor, certamente em razão da facilidade em retomar o imóvel.**

Não havendo negociação com o agente financeiro e para não perder o imóvel, pode o devedor que não tiver condições de pagar a dívida, com anuência expressa do fiduciário, transmitir

186　Direito Imobiliário

a terceiros os direitos de que seja titular sobre o imóvel objeto da alienação fiduciária em garantia, assumindo o adquirente as respectivas obrigações.

Caso não consiga nem renegociar a dívida, tampouco transmitir seus direitos a terceiro, o comprador que pagou anos a fio as parcelas, de um contrato de financiamento normalmente longo, **poderá se ver despejado do seu imóvel em período extremamente curto e por uma dívida**, em relação ao contrato como um todo, muitas vezes insignificante.

Isso porque a lei **determina que vencida e não paga no todo ou em parte a dívida e constituído em mora o fiduciante**, consolidar-se-á a propriedade do imóvel em nome do fiduciário. Deverá existir um prazo de carência para que o devedor quite sua obrigação, mas esse prazo é definido pelo contrato, ou seja, de acordo com o desejo do fiduciário.

Em média os contratos de financiamento estabelecem um **prazo de três meses de atraso para a adoção das medidas que visam a consolidação da propriedade**, o que, repita-se, é extremamente desproporcional em relação à duração do contrato.

O procedimento é todo extrajudicial e não permite ao devedor nenhum tipo de defesa ou argumento que possa justificar o inadimplemento. Escoado o prazo contratual, poderá o fiduciário requerer ao Oficial do Registro de Imóveis que intime o fiduciante devedor para que **no prazo de 15 dias** quite as prestações vencidas e as que se vencerem até a data do pagamento, além do acréscimo dos juros e demais encargos contratuais, os encargos legais, inclusive tributos, as contribuições condominiais imputáveis ao imóvel, além das despesas de cobrança e de intimação.

A intimação deverá ser pessoal, **realizada pelo Oficial do Registro de Imóveis ou pelo Oficial de Registro de Títulos e Documentos da comarca da situação do imóvel ou do domicílio de quem deva recebê-la, ou pelo correio, com aviso de recebimento.**

Autoriza ainda a lei que se, por duas vezes, o responsável para realizar a intimação tiver procurado o **intimado em seu domicílio ou residência** sem o encontrar, e se houver qualquer suspeita de ocultação, **deverá intimar qualquer pessoa da família, qualquer vizinho ou ao funcionário da portaria responsável pelo recebimento de correspondência em caso de condomínios de que retornará no próximo dia útil para efetuar a intimação, na hora que designar.** Também é possível a **intimação por edital** quando o devedor ou seu representante estiverem em local ignorado.

Na hipótese de o **devedor purgar a mora no prazo concedido**, o contrato de alienação fiduciária **convalescerá**, permanecendo inalteradas as condições originais contratadas, restabelecendo os direitos e deveres de ambas as partes.

Decorrido o prazo para o pagamento sem a purgação da mora, o Oficial do Registro de Imóveis certificará essa situação e ato contínuo promoverá a averbação, na matrícula do imóvel, da consolidação da propriedade em nome do fiduciário. **Importante observar que independe de qualquer nova providência do credor.**

Exceção à essa regra referente ao prazo ocorre nas alienações fiduciárias relativas às operações de financiamento habitacional, inclusive as operações do *Programa Minha Casa, Minha Vida*. Nesses casos a consolidação da propriedade em nome do credor fiduciário será averbada no registro de imóveis **30 dias** após a expiração do prazo para purgação da mora, ou seja, na prática terá o fiduciante dessas modalidades o **prazo de 45 dias para purgação da mora.**

Importante frisar que é possível a alienação fiduciária do imóvel para garantir qualquer tipo de financiamento. A exceção trazida pela lei, que amplia o prazo de pagamento, vale somente para os casos de financiamento habitacional, possibilitando a purgação até a data da averbação.

Seja qual for o prazo, 15 ou 30 dias a depender da modalidade de financiamento, o fato é que depois de escoado e **consolidada a propriedade não poderá mais o devedor purgar a mora e o imóvel irá para leilão.**

Uma vez consolidada a propriedade em seu nome, o credor fiduciário terá prazo de **30 dias**, contados da data da averbação na matrícula do imóvel para promover o **leilão público** com vistas à alienação do imóvel.

Estabelece a lei que, se **no primeiro leilão o maior lance oferecido for inferior ao valor da avaliação do imóvel**, será realizado o **segundo leilão** nos 15 dias seguintes. No segundo leilão, será aceito o maior lance oferecido, **desde que igual ou superior ao valor da dívida,** das despesas, dos prêmios de seguro, dos encargos legais, inclusive tributos, e das contribuições condominiais.

Com relação ao leilão, a Lei de Alienação Fiduciária foi alterada pela Lei nº 13.465/2017 a fim de **facilitar ainda mais a retomada dos imóveis** pelos agentes financiadores. Isso porque, diferentemente do que era a regra até aquela data, **não existe mais a exigência de intimação do devedor acerca do leilão**. A citada legislação estabeleceu que as datas, horários e locais dos leilões serão comunicados ao devedor mediante correspondência dirigida aos endereços constantes do contrato, inclusive ao endereço eletrônico.

Ou seja, consoante se observa dos procedimentos adotados para **garantia das alienações fiduciárias**, é fácil de perceber que as formalidades legais e princípios jurídicos garantidores dos processos judiciais **foram flexibilizados** com vistas unicamente a garantir a máxima eficácia das garantias dos financiadores, em detrimento dos direitos dos devedores.

A lei estabelece que, depois de realizada a averbação da consolidação da propriedade fiduciária no patrimônio do credor e até a data da realização do segundo leilão, é assegurado ao devedor fiduciante o **direito de preferência para adquirir o imóvel** por preço correspondente ao valor da dívida, somado aos encargos e despesas contratuais e processuais, além do pagamento do ITBI correspondente, assim como as despesas inerentes ao procedimento de cobrança e leilão, incumbindo, também, ao devedor fiduciante o pagamento dos encargos tributários e despesas exigíveis para a nova aquisição do imóvel.

Quando a lei fala em pagamento do valor da dívida, refere-se à quitação integral do contrato, inclusive com o pagamento, de forma antecipada, **de todas as parcelas vincendas**. Ou seja, nessa hipótese o contrato de financiamento restará encerrado e o fiduciante deverá pagar o **saldo devedor total do imóvel** juntamente com os encargos **à vista**.

Vendido o imóvel em leilão, o preço recebido será revertido para pagamento da dívida acrescida de todos os encargos e despesas e, se do montante arrecadado sobejar algum valor, **esse deverá ser entregue ao fiduciante no prazo de cinco dias**.

O que muito se questiona é a **ilegalidade referente ao valor pelo qual poderá o imóvel ser alienado no segundo leilão.** Isso porque a Lei da Alienação Fiduciária é expressa ao afirmar que, no segundo leilão, **será aceito o maior lance oferecido**, desde que igual ou superior ao valor da dívida, das despesas, dos prêmios de seguro, dos encargos legais, inclusive tributos, e das contribuições condominiais.

Analisando friamente a letra da lei é possível se concluir que qualquer valor, mesmo que vil, servirá para a alienação do imóvel, pois a importância maior é a satisfação do credor, independentemente do prejuízo financeiro que o devedor suportará.

Parece evidente que nesse aspecto a Lei n° 9.514/1997 contraria frontalmente o art. 53 do Código de Defesa do Consumidor, que estabelece que "nos contratos de compra e venda de móveis ou imóveis mediante pagamento em prestações, bem como nas alienações fiduciárias em garantia, consideram-se nulas de pleno direito as cláusulas que estabeleçam a perda total das prestações pagas em benefício do credor que, em razão do inadimplemento, pleitear a resolução do contrato e a retomada do produto alienado" (grifos nossos).

Contudo, a maioria dos julgados entende que a Lei da Incorporação Imobiliária, por se tratar de legislação especial, difere dos demais contratos de compra e venda e financiamento e, por esta razão, deve prevalecer.

Situação intermediária é defendida pela doutrina, que não entende pela total incompatibilidade entre as leis citadas. Em que pese prevalecer a lei especial que trata das alienações fiduciárias, o preço de alienação do imóvel não pode ser vil.

Nesse sentido, afirma **Luiz Antonio Scavone Jr.** (2021, p. 564), na obra *Direito Imobiliário*, que

> em suma, o que defendo é a necessidade de compatibilizar o art. 53 do CDC com o procedimento de venda judicial insculpido no art. 26 da Lei n° 9.514/1997, o que significa impedir, no segundo leilão, a venda por preço vil

ou a simples adjudicação pelo preço da dívida, nos casos em que, a toda evidência, o imóvel vale mais.

Na hipótese de o imóvel objeto da alienação fiduciária estar locado, **a locação poderá ser denunciada com o prazo de 30 dias para desocupação**, salvo se tiver havido aquiescência por escrito do fiduciário, devendo a denúncia ser realizada no prazo de noventa dias a contar da data da consolidação da propriedade para o fiduciário, devendo essa condição constar expressamente em cláusula contratual específica, destacando-se das demais por sua apresentação gráfica.

Importante mencionar que, apesar de se tratar de uma alienação do imóvel, **não existe para o locatário o direito de preferência para aquisição consoante ocorre nas alienações tradicionais de imóveis locados.** Por se tratar de uma situação especial, o leilão é realizado e o locatário, se dele pretender participar, o fará em igualdade de condições com os demais interessados.

Com relação à posse do imóvel, é assegurada ao fiduciário, seu cessionário ou sucessores, inclusive o adquirente do imóvel em leilão público, a reintegração na posse do imóvel, que será concedida liminarmente, para desocupação em sessenta dias, desde que comprovada a consolidação da propriedade em seu nome.

Enquanto se mantiver no imóvel, depois de consolidada a propriedade, **o devedor fiduciante pagará ao credor fiduciário**, ou a quem vier a sucedê-lo, **a título de taxa de ocupação, valor correspondente a 1% do valor do imóvel**, computado e exigível desde a data da consolidação da propriedade no patrimônio do credor fiduciário até a data da desocupação pelo fiduciante.

Esses valores locatícios serão devidos também àquele que arrematar o imóvel em leilão público a partir da data em que tomar posse do imóvel. Desta forma, o fiduciante deverá arcar com a taxa de ocupação mesmo depois de leiloado o imóvel até a data em que efetivamente desocupá-lo.

Além da taxa de ocupação, equivalente ao aluguel mensal, calculado nos patamares supracitados, **o fiduciante também permanecerá responsável pelo pagamento dos encargos do imóvel, tais como IPTU, condomínio e contas de consumo até a efetiva reintegração de posse.**

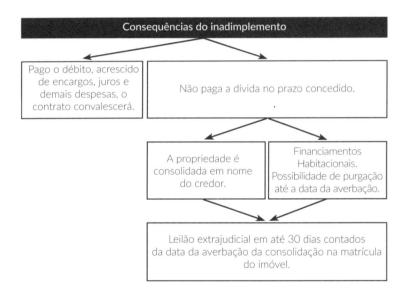

12

Hipoteca

12.1 Conceito

A hipoteca é um **direito real de garantia** que recai sobre um bem imóvel, do qual a posse e propriedade permanecem com o devedor, que poderá usar o bem e dele colher os frutos, mas que garantem ao credor o recebimento preferencial do crédito. **É um instituto de direito civil destinado à garantia de dívida comercial ou empresarial.**

A constituição da hipoteca pode se dar **por vontade entre as partes, de forma contratual, por força legal,** consoante as hipóteses previstas no art. 1. **489 do CC,** ou ainda por **decisão judicial.**

Em que pese a doutrina definir como direito real de garantia que recai sobre bens imóveis, **a Lei Civil, no art. 1.473, também admite hipoteca sobre navio ou avião.** Além disso, é possível que recaia sobre bens móveis, quando estes forem **acessórios dos imóveis e a eles estiverem ligados.**

Assim, seja qual for a modalidade de hipoteca, recairá não somente sobre o imóvel, mas também abrangerá todas as acessões, melhoramentos ou construções existentes.

Subsistem os ônus reais constituídos e registrados, anteriormente à hipoteca, sobre o mesmo imóvel.

Também poderão ser hipotecados o **domínio direto, o domínio útil, as estradas de ferro, os recursos naturais, o direito de uso especial para fins de moradia, o direito real de uso e a propriedade superficiária.**

Uma das características da hipoteca é a indivisibilidade, isso porque, mesmo que parte da dívida à qual se destina a garantia for paga, a hipoteca persiste no todo, e só será levantada quando houver o pagamento integral da dívida.

12.2 Espécies de hipoteca

12.2.1 Hipoteca legal

Essa hipoteca **independe da vontade das partes e ocorre nas hipóteses definidas pela Lei Civil, em seu art. 1.489.** A finalidade dessa modalidade de hipoteca é dar garantia a determinados tipos de credores, em razão de sua condição de **vulnerabilidade** ou por terem seus bens confiados à administração de outrem.

A hipoteca legal visa garantir os direitos das pessoas de direito público interno sobre os imóveis pertencentes aos encarregados da cobrança, guarda ou administração dos respectivos fundos e rendas. **A lei busca garantir o ressarcimento de eventuais prejuízos que poderão ser causados ao erário em razão de má-administração dessas pessoas.**

Também fazem jus à hipoteca legal os **filhos**, sobre os imóveis do pai ou da mãe que passar a outras núpcias, antes de fazer o inventário do casal anterior, evitando dessa forma eventual confusão patrimonial, e preservar os direitos dos herdeiros.

Faz jus à hipoteca legal o **ofendido**, ou os seus herdeiros, sobre os imóveis do delinquente, para satisfação do dano causado pelo delito e pagamento das despesas judiciais. A previsão visa garantir à vítima do ilícito ou do crime patrimônio suficiente para eventual indenização.

O **coerdeiro** faz jus à hipoteca legal, para garantia do seu quinhão ou torna da partilha, sobre o **imóvel adjudicado ao herdeiro reponente** e do credor sobre o imóvel arrematado, para garantia do pagamento do restante do preço da arrematação. Em outras palavras, quando um bem indivisível for adjudicado, ficará hipotecado o bem até que o outro receba a sua parte.

Por fim, faz jus à **hipoteca legal o credor sobre o imóvel arrematado**, para garantia do pagamento do restante do preço da arrematação.

Para que se realize a hipoteca legal é condição que se faça a **especialização**, por **meio de procedimento judicial**, a fim de individualizar o bem a ser hipotecado. É facultado ao credor que, provando a insuficiência dos imóveis especializados, exija do devedor que seja reforçado com outros. Assim como em qualquer outra hipoteca, feita a especialização, **é necessário levar a registro para que surta efeitos**.

É lícito ao devedor requerer que a hipoteca legal que recaia sobre imóveis seus seja substituída por caução de títulos da dívida pública federal ou estadual, recebidos pelo valor de sua cotação mínima no ano corrente. Pode ainda requerer ao juiz que recaia sobre outra garantia senão o imóvel, cabendo ao juiz decidir pela procedência ou não do pedido.

12.2.2 Hipoteca judicial

Tem como objetivo principal garantir o cumprimento de execução futura em processo judicial. Essa modalidade de hipoteca não é elencada no Código Civil, mas está prevista no art. 495 do Código de Processo Civil, que determina que

> a decisão que condenar o réu ao pagamento de prestação consistente em dinheiro e a que determinar a conversão de prestação de fazer, de não fazer ou de dar coisa em prestação pecuniária valerão como título constitutivo de hipoteca judiciária.

Tem-se nesse caso que a **hipoteca judicial constituiu um efeito anexo ou secundário da sentença**, pois decorre diretamente da Lei. Independe do conteúdo decisório, do pedido da parte ou concessão do juiz. Proferida a sentença condenatória, **o título estará constituído de pronto e de forma automática.**

A lei processual estabelece que a **decisão produz a hipoteca judiciária mesmo que a condenação seja genérica**, ainda que o credor possa promover o cumprimento provisório da sentença ou esteja pendente arresto sobre bem do devedor e mesmo que impugnada por recurso dotado de efeito suspensivo.

Alguns doutrinadores entendem, com o máximo respeito, talvez de forma equivocada, que a hipoteca judicial tem pouca eficácia prática. Isso porque poderia o credor, ao final do processo, realizar a penhora direta dos bens do devedor. Entendem ainda que, mesmo que o executado aliene o bem durante o curso do processo, isso caracterizaria fraude à execução e a venda poderia ser anulada.

Em tese esse entendimento seria perfeito, porém na prática mostra muitos riscos ao credor. Tendo em vista a costumeira morosidade do andamento processual, é possível que entre a sentença condenatória e a efetiva penhora dos bens e depois eventual discussão sobre fraude se passem anos, quiçá décadas. É evidente que o devedor de má-fé poderá alienar seus bens nesse tempo.

Em que pese não haver a expropriação do bem de imediato, **a hipoteca judicial parece ser uma garantia futura mais efetiva.** Poderá ser realizada mediante apresentação de **cópia da sentença perante o cartório de registro imobiliário,** independentemente de ordem judicial, de declaração expressa do juiz ou de demonstração de urgência, o que **impede a transferência do bem enquanto perdurar a ação.**

O risco para o credor é eventual reforma ou a invalidação da decisão que impôs o pagamento de quantia, pois nesse caso responderá, independentemente de culpa, pelos danos que o devedor tiver sofrido em razão da constituição da garantia, **devendo o valor da indenização ser liquidado e executado nos próprios autos.**

12.2.3 Hipoteca consensual

É a forma mais usual de hipoteca. Em se tratando de direito real e à luz do **art. 108 do Código Civil**, somente terá validade se **contratada por escritura pública**, que deverá ser registrada **na matrícula do imóvel.** Desta forma, somente se constitui de maneira solene.

Serve para garantir o financiamento do próprio imóvel hipotecado ou empréstimos contraídos junto às instituições financeiras. **Embora não seja comum, imóveis de terceiros também podem ser dados em hipoteca.**

A hipoteca se mostra um instrumento confiável para garantir a satisfação do crédito, pois recai sobre bens de difícil ou

198 Direito Imobiliário

impossível mobilidade, e **é considerada uma das formas mais sólidas de garantia.**

12.3 Características e regras

Para que tenha **validade** a hipoteca precisa ser registrada no **Cartório de Registro de Imóveis no qual o imóvel esteja matriculado.** A falta de registro não torna a hipoteca totalmente inexistente, contudo serve apenas de garantia do contrato entre as partes, isso porque **sem o elemento publicidade não é oponível a terceiros.**

Importante consignar que é lícito oferecer como garantia hipotecária o bem comum a dois ou mais proprietários, porém apenas **a parte ideal daquele que ofereceu a garantia será gravada com ônus real**, salvo se houver anuência dos coproprietários.

A hipoteca registrada na matrícula do imóvel, assim como qualquer outro direito real, tem **efeito *erga omnes***, ou seja, é oponível a terceiros e

> nenhum outro credor poderá promover validamente a venda judicial do imóvel sem a citação do credor hipotecário, nem disputar o rateio do seu produto, senão quanto às sobras, depois de pago preferencialmente o credor garantido (PEREIRA, 2017, p. 348).

A lei prevê no art. 1.425 do Código Civil que a hipoteca será considerada vencida, mesmo que o contrato estabeleça prazo maior para o pagamento, caso haja a deterioração ou depreciação do bem dado em garantia, se o devedor cair em insolvência ou falir, se as prestações não forem pontualmente pagas, se o bem dado em garantia perecer e não for substituído, no caso de desapropriação, hipótese na qual o expropriante depositará o valor da indenização na conta do credor, até o limite do débito, pagando-se ao devedor a diferença, se houver.

Determina a lei que **é nula a cláusula que proíbe ao proprietário alienar imóvel hipotecado.** É um direito do proprietário dispor dos seus bens, mesmo que sirvam de garantia a uma dívida. Isso porque, na hipótese de alienação do imóvel, é possível, desde que estabelecido contratualmente, que o crédito hipotecário vença de forma antecipada em caso de alienação. Nessa hipótese, **o produto da venda será repassado primeiro ao credor até o montante do débito, restando ao devedor que hipotecou o imóvel o saldo restante do valor recebido.**

Também é facultado **ao dono do imóvel hipotecado constituir mais de uma hipoteca sobre ele,** salvo se expressamente proibido no título que constituiu a primeira, mediante novo título, em favor desse, ou de outro credor, chamados de sub-hipotecários. Nesse caso, os pagamentos dos débitos, em caso de execução das dívidas, obedecerão à ordem em que as hipotecas foram prenotadas e ao seu número de ordem.

Em razão dessa ordem, também não poderá o credor da segunda hipoteca, embora vencida, executar o imóvel antes de vencida a primeira, salvo em caso de insolvência do devedor. Importante consignar que não se considera insolvente o devedor por faltar ao pagamento das obrigações garantidas por hipotecas posteriores à primeira.

Contudo, poderá **o sub-hipotecário remir a hipoteca anterior no caso de devedor da obrigação garantida pela primeira hipoteca não se oferecer, no vencimento, para pagá-la.** Para tanto, basta ao credor da segunda hipoteca promover-lhe a extinção, consignando a importância e citando o primeiro credor para recebê-la e o devedor para pagá-la.

Permanecendo o devedor inerte, sem realizar o pagamento, **o segundo credor**, ao realizar o pagamento, **se sub-rogará** nos direitos da hipoteca anterior, sem prejuízo dos que lhe competirem contra o devedor comum. Caso o primeiro credor esteja promovendo a execução da hipoteca, **o credor da segunda depositará a importância do débito e as despesas judiciais.**

Na hipótese de se comprar um imóvel hipotecado, desde que o adquirente não se tenha obrigado pessoalmente a pagar as dívidas aos credores hipotecários, **poderá exonerar-se da hipoteca, abandonando o imóvel em favor destes.**

Para tanto deverá notificar o vendedor e os credores hipotecários, deferindo-lhes, conjuntamente, a posse do imóvel, ou o depositará em juízo. Para proceder dessa forma é necessário que o faça até as **24 horas subsequentes à citação**, com que se inicia o procedimento executivo.

Poderá também o adquirente de imóvel hipotecado, caso não opte por abandoná-lo, **dentro de 30 dias pagar ao credor a quantia devida**, citando-os com a proposta de valor que não poderá ser inferior ao preço pelo qual adquiriu o imóvel.

Citado o credor, **poderá impugnar o preço**, hipótese na qual será o imóvel levado à praça, assegurada preferência ao adquirente do imóvel. Se o credor não se manifestar sobre o preço, o imóvel ficará livre da hipoteca depois de depositado o valor.

O risco de comprar um imóvel hipotecado é grande. Se o adquirente não abandonar o imóvel, tampouco pagar a dívida ao credor, **poderá sofrer execução judicial deste credor, e terá que arcar com os prejuízos resultantes da desvalorização do imóvel**, além das despesas judiciais da execução.

A lei traz de forma redundante a prerrogativa de o adquirente prejudicado **cobrar regressivamente do devedor os**

prejuízos que sofreu. Tal direito parece inócuo na maioria das vezes, porque se o devedor não pagou a dívida sequer para levantar a hipoteca do imóvel que lhe pertencia, provavelmente não pagará ao adquirente prejudicado com tanta facilidade.

Para evitar discussões futuras acerca do valor do imóvel hipotecado, poderão **as partes inserir nas escrituras o valor previamente acertado do imóvel,** valor esse que deverá ser atualizado na eventualidade de execução futura, servindo de base para as arrematações, adjudicações e remições, o que dispensa a avaliação.

A hipoteca consensual valerá por no máximo **30 anos.** Findo esse prazo perde a eficácia. Para renovação da garantia será necessária **a criação de um novo título e um novo registro.**

Para **a hipoteca legal não há prazo máximo,** perdurando por tanto tempo quanto perdurar a obrigação. Porém, apesar de a hipoteca em si não perder a validade, será preciso renovar a especialização quando esta completar **20 anos.**

Em que pese uma das características da hipoteca seja a **indivisibilidade dos bens hipotecados,** a lei traz uma exceção no **art. 1.488 do Código Civil.** Isso porque,

> se o imóvel, dado em garantia hipotecária, vier a ser loteado, ou se nele se constituir condomínio edilício, poderá o ônus ser dividido, gravando cada lote ou unidade autônoma, se o requererem ao juiz o credor, o devedor ou os donos, **obedecida a proporção entre o valor de cada um deles e o crédito** (grifos nossos).

Essa faculdade de lotear o imóvel hipotecado é dada ao devedor a qualquer momento, e só poderá o credor se opor ao pedido de desmembramento, se provar que isso diminuirá o valor da garantia, tornando-a insuficiente. **O fato de desmembrar o imóvel**

202   Direito Imobiliário

e consequentemente o ônus não exonera o devedor originário da responsabilidade, que continuará obrigado pessoalmente pelo restante da dívida, salvo anuência do credor em sentido contrário.

12.4 Extinção da hipoteca

O **art. 1.499 do Código Civil** elenca as **hipóteses de extinção** da hipoteca.

A primeira delas é a que as partes esperam que aconteça quando firmam o contrato. Afinal, imagina-se que as partes queiram **liquidar o empréstimo ou financiamento com o pagamento**, sem precisar executar a garantia.

Dessa forma, o **pagamento integral do débito** extingue a obrigação principal e, por consequência, o contrato acessório, liberando o imóvel da hipoteca.

Também é causa de extinção da hipoteca o **perecimento total da coisa**. Portanto, se houve desvalorização do imóvel sem que tenha ocorrido a sua destruição, a hipoteca persiste, porém com poder de garantia reduzido proporcionalmente à desvalorização do imóvel.

A **resolução da propriedade** acarreta a extinção da hipoteca. Importante consignar que, sendo a propriedade resolúvel, o credor da obrigação corre risco em razão desta condição, isso porque, se ocorrer a resolução, extinguirá a hipoteca e o proprietário favorecido receberá o imóvel desembaraçado.

É lícito ao credor renunciar à garantia. Essa renúncia não atinge necessariamente o crédito, ou seja, poderá o crédito continuar existindo de forma exigível, contudo sem a garantia hipotecária. A renúncia deve ocorrer de forma expressa pelo credor.

Consoante já comentado, existem situações nas quais é lícito ao sub-hipotecário ou **ao adquirente pagar a dívida no lugar do devedor.** Nessa situação ocorrerá a extinção da hipoteca pela remição, que produz o mesmo efeito prático para o credor do que o pagamento voluntário.

Outra maneira de extinguir a hipoteca é pela arrematação ou adjudicação do imóvel por terceiros, sendo nessa situação necessária a citação do credor para que, desejando, exerça a preferência sobre o imóvel.

Por se tratar a hipoteca de um direito real, exige formalidades legais também para sua extinção. Assim, para que surta efeitos, **é necessário que se averbe na matrícula do imóvel o cancelamento da hipoteca.** Para tanto, deverá o devedor apresentar junto ao Cartório documento hábil a comprovar a extinção da obrigação.

13

Direito de vizinhança

13.1 Conceito

Consoante já tratado em outros capítulos desta obra, em que pese o **direito de propriedade ter caráter absoluto**, como um de seus princípios, esse é **relativizado** pela lei quando estabelece **limites para esse exercício.**

Não se trata de modificar uma característica desse direito, **mas limitar o seu exercício ao ponto que não interfira em direito alheio.** Ou seja, o proprietário pode usar e gozar do bem da forma que bem entender, **desde que não viole direitos de terceiros.**

Diz-se que **são os direitos que os vizinhos possuem entre si reciprocamente,** razão pela qual não pode um avançar sobre o direito do outro. Os limites estabelecidos visam evitar conflitos entre proprietários de prédios vizinhos.

Havendo a **perturbação,** o proprietário ou o possuidor de um imóvel **tem o direito de fazer cessar as interferências prejudiciais à segurança, ao sossego e à saúde dos que o habitam,** provocadas pela utilização de propriedade vizinha.

206　Direito Imobiliário

Importante consignar que por vizinhança **não se entende apenas imóveis contíguos**, mas todos aqueles que podem sofrer interferências ou prejuízos em razão do uso irregular de prédio próximo.

É necessário levar em conta que tipo de imóvel é, a quais fins são destinados a sua utilização, em que zona da cidade está localizado e os limites ordinários de tolerância dos moradores da vizinhança.

O direito de vizinhança caracteriza-se como **obrigação propter rem**, porque é **uma obrigação que decorre da relação entre o proprietário e o imóvel.** Desta forma, ao transmitir o direito, transmite-se também a obrigação.

Tem-se que os direitos de vizinhança se dividem na **obrigação de permitir, ou obrigação de tolerância** a determinados atos que, mesmo interferindo na sua esfera dominial, deve permitir que sejam realizados. Por outro lado, existe o **dever de abstenção**, que impõe a obrigação de se privar da realização de atos que embaracem o direito da vizinhança.

13.2 Situações típicas do direito de vizinhança

Existem seis situações típicas previstas na Lei Civil que disciplinam o direito de vizinhança.

13.2.1 Uso anormal da propriedade

Estabelece restrições ao uso do imóvel, cuja prática possa interferir na segurança, sossego ou na saúde dos habitantes dos imóveis vizinhos, **em razão da utilização inadequada da propriedade.**

Do uso anormal podem resultar **atos ilícitos** que provoquem prejuízo, hipótese na qual **há obrigação de indenizar aquele que foi prejudicado.** Mesmo que o dano tenha ocorrido de forma culposa, tem o causador o dever de indenizar.

Da mesma maneira os atos lesivos, que não necessariamente são ilegais e podem decorrer de uma atividade lícita, devem cessar na hipótese de estarem causando prejuízos à vizinhança.

Na hipótese da **realização de uma construção,** ato lícito e legítimo do proprietário, se a obra ameaçar de qualquer maneira provocar um dano, **pode o vizinho prejudicado exigir do responsável pela construção garantias contra o prejuízo eventual.**

Da mesma forma o proprietário ou o possuidor tem direito a exigir do dono do prédio vizinho **a demolição da edificação ou a sua reparação, quando ameaçar de maneira iminente de ruir,** ou que seja prestada caução em razão do possível dano. **Essa ameaça de prejuízo é denominada** dano infecto.

Há situações, no entanto, que mesmo em caso de interferências, se justificadas em razão do interesse público, deverão ser toleradas, facultando ao vizinho prejudicado exigir indenização. Mesmo nessa hipótese, demonstrada a possibilidade de reduzir ou eliminar as interferências, poderá o causador do ato nocivo ser compelido a adotar as medidas para resolver o problema.

Por fim também caracteriza uso anormal da propriedade **a prática de atos abusivos.** Embora exercendo seu direito de propriedade, o agente ao exercê-lo excede manifestamente os limites impostos pelo seu fim econômico ou social, pela boa-fé ou pelos bons costumes.

Como exemplo, **o morador de um condomínio que fuma na janela do seu apartamento, cuja fumaça invade imóveis vizinhos**. Embora esteja exercendo um direito regular, afeta o direito de vizinhança ao passo que a fumaça tóxica do seu cigarro adentra nos imóveis próximos ao seu.

Importante frisar que não há um parâmetro exato para definir uso anormal da propriedade e tudo depende da razoabilidade das alegações das partes, especialmente porque viver em sociedade exige tolerância.

Também se faz necessário relativizar o problema. Não é razoável que se exija em uma zona destinada às indústrias o mesmo silêncio que se espera em um bairro estritamente residencial.

13.2.2 Das árvores limítrofes

Existe a **presunção de condomínio quando o tronco de uma árvore está na linha divisória de dois ou mais prédios**. Sendo assim, pertence em comum aos donos dos prédios confinantes, razão pela qual cada proprietário deve comportar-se de maneira a respeitar a parte alheia.

Em relação às podas das raízes e ramos, estas poderão ser realizadas somente dentro dos limites do imóvel no qual estiverem, **até o limite do plano vertical**. Da mesma forma, **os frutos caídos ao dono do solo onde caíram, se este for de propriedade particular**.

Há o risco de, exercendo o proprietário de um imóvel o direito de cortar galhos e raízes que estão na sua propriedade, matar a árvore como um todo. Nessa hipótese, mesmo que **o exemplar arbóreo pereça em razão da poda realizada, o vizinho que também teve a sua parte prejudicada não poderá reclamar indenização**.

Por fim, disciplina a lei que as cercas vivas formadas por uma série de arbustos, as árvores, ou quaisquer plantas existentes na divisa das propriedades, só podem ser cortadas, ou arrancadas, **de comum acordo entre proprietários e seus frutos divididos entre eles.**

13.2.3 Passagem forçada

Inicialmente cumpre distinguir entre **servidão de passagem** e **passagem forçada.** Enquanto a primeira constitui um **direito real sobre coisa alheia,** resultante da expressão de vontade das partes, que traz mais conforto e facilita o uso da propriedade, **a passagem forçada decorre do direito de vizinhança e constitui uma obrigação de tolerância.**

A **passagem forçada** visa permitir o uso de um prédio encravado que não tem outra forma de **ser acessado senão passando dentro de outra propriedade.** Para ser considerado encravado o prédio não pode possuir forma alternativa de acesso, mesmo que mais difícil. Não se trata de mera comodidade, **mas de óbice instransponível.**

Dessa forma, o dono do prédio que não tiver acesso a via pública, nascente ou porto, **pode exigir que o vizinho lhe dê a passagem.** Para tanto, o proprietário do prédio no qual a passagem é realizada tem direito de ser indenizado.

Por se tratar de uma obrigação legal, resultante do direito do proprietário do imóvel encravado, o vizinho não é dotado do direito de se opor. Para tanto, se não houver solução amigável de modo a permitir o acesso ao imóvel que se encontra isolado, **judicialmente sofrerá o constrangimento o vizinho cujo imóvel mais natural e facilmente se prestar à passagem.**

210 Direito Imobiliário

Sendo o prédio alienado parcialmente e uma das partes ficar sem acesso a via pública, nascente ou porto, o proprietário da outra deve tolerar a passagem e, caso se negue, poderá ser constrangido judicialmente a fazê-lo.

Por se tratar de uma das mais fortes limitações ao direito de propriedade imposta pelo direito de vizinhança, ao determinar o caminho da passagem o juiz deve levar em conta a solução que provoque o menor dano possível ao vizinho constrangido.

A passagem forçada será extinta na hipótese de surgir uma solução de acesso à propriedade, como, por exemplo, a incorporação desta a terreno contíguo que tem acesso próprio.

Passagem de cabos e tubulações: assim como na passagem forçada para acesso à propriedade, **não pode o proprietário do imóvel vizinho recusar a passagem de cabos e tubulações essenciais ao pleno uso da propriedade.**

Dessa forma, mediante recebimento de indenização que atenda, também, à desvalorização da área remanescente, o proprietário é obrigado a tolerar a passagem, através de seu imóvel, de cabos, tubulações e outros condutos subterrâneos de serviços de utilidade pública, em proveito de proprietários vizinhos, caso não exista outro modo de fazê-lo, ou se tornar excessivamente oneroso.

A indenização deve ser ampla e não se restringir apenas ao valor nominal da metragem utilizada. Deve ser levado em conta a desvalorização sofrida pelo imóvel como um todo, a privação de utilização do imóvel na sua integralidade, o constrangimento provocado nos casos em que a manutenção periódica provoque o trânsito de pessoas ou equipamentos de maneira constante ou ainda o surgimento de efeitos colaterais indesejados das instalações, como ruídos ou poluição.

Diferente da passagem forçada, a passagem de canos e tubulações poderá ser exigida não somente se impossível for fazê-la por outro caminho, **mas se também se mostrar muito onerosa.** Essa onerosidade excessiva não é qualquer uma, deve ser tal que também **coloque em risco a sua implantação em razão do alto custo.**

Não obstante, o proprietário prejudicado pode exigir que a instalação seja feita de modo menos gravoso ao seu prédio. Contudo, se depois de realizada entender que deve mudar as instalações de lugar de modo a lhe permitir um melhor aproveitamento do espaço, poderá fazê-lo às suas expensas e desde que não diminua a utilidade ou funcionalidade dos equipamentos.

Outro ponto a se observar quando determinada a passagem de cabos e tubulações **é a segurança das instalações.** Se oferecerem grave risco à saúde ou integridade física das pessoas ou da propriedade, será facultado ao proprietário do prédio onerado exigir a realização de obras de segurança.

13.2.4 Das águas

A água é um dos recursos naturais mais importantes e indispensáveis para a conservação do planeta e, desta forma, sua utilização deve ser de **forma racional e possibilitar o acesso a todos.**

Sendo assim, em razão da **importância fundamental** que a água tem para manutenção da vida e sustentabilidade do planeta, é imprescindível a existência de normas que disciplinem seu uso.

A proteção aos recursos naturais é imposição constitucional prevista no **art. 225, que assegura a todos o direito ao** meio ambiente ecologicamente equilibrado e impõe ao Poder Público, assim como a toda a coletividade, **o dever de defendê-lo e preservá-lo para as presentes e futuras gerações.**

Em relação às águas, tanto o **Código Civil** quanto o **Código de Águas**, trazem normas específicas que racionalizam o seu uso, modulando o direito de propriedade individual em razão do interesse social coletivo.

O direito de vizinhança normatiza os direitos e deveres dos proprietários de imóveis em razão de sua situação geográfica, especialmente em razão do efeito gravitacional que naturalmente conduz a água para os terrenos mais baixos.

Nessa esteira, a fim de permitir a todos o direito de usar a água, existem normas no Direito brasileiro que disciplinam o uso de aquedutos, construção de barragens e represas, servidões de águas supérfluas, proibição de poluir e dever de conservar, assim como eventuais indenizações em razão do uso do prédio vizinho. Vamos estudar alguns casos.

a) *Águas supérfluas.* Um dos pontos que mereceram atenção do legislador diz respeito à servidão sobre águas supérfluas, **aquelas de captação natural** que excedem as necessidades das atividades desenvolvidas no imóvel.

Dessa maneira, o proprietário de nascente, ou do solo onde caem águas pluviais, depois de satisfeitas as suas necessidades, não pode impedir que essas circulem para os prédios vizinhos, desviando seu curso natural.

Essas águas que sobejam e são indispensáveis às primeiras necessidades da vida dos possuidores dos imóveis inferiores não poderão ser poluídas. No caso de o possuidor do imóvel superior poluir as águas, deverá recuperá-las, ressarcindo os danos causados aos vizinhos dos prédios inferiores, se não for possível a recuperação ou o desvio do curso artificial das águas.

Importante frisar que as águas que devem ser destinadas ao prédio inferior são somente aquelas que sobrarem depois de supridas as necessidades do proprietário do prédio superior. Isso porque, de acordo com o Código de Águas, são particulares as nascentes e todas as águas situadas em terrenos que também o sejam.

Da mesma forma que **o prédio superior tem a obrigação de permitir que as águas excedentes fluam para o inferior**, este tem a obrigação de receber as águas que correm naturalmente do superior, não podendo realizar obras que embaracem o seu fluxo; porém a condição natural e anterior do prédio inferior não pode ser agravada por obras feitas pelo dono ou possuidor do prédio superior.

b) *Desvio artificial das águas*. Quando as águas, artificialmente levadas ao prédio superior, ou aí colhidas, correrem dele para o inferior por obras realizadas que alterem as condições naturais e ocasionem prejuízos, poderá o dono deste reclamar que se desviem, ou se lhe indenize o prejuízo que sofrer.

Não pode, **porém, o proprietário do imóvel ser compelido a realizar obras de canalização de águas, que naturalmente percorrem seu caminho**, sem que tenha havido algum tipo de construção que de alguma maneira alterou o curso das águas de forma prejudicial.

É **lícito ao proprietário do imóvel construir barragens, açudes**, ou outras obras para represamento de água em seu prédio, contudo se em razão dessas obras as águas invadirem prédio alheio, **será o seu proprietário indenizado pelo dano sofrido.**

c) *Servidão de aqueduto*. É assegurado o uso de **qualquer corrente ou nascente de águas para as primeiras necessidades da vida**. Se houver **caminho público** que a torne acessível, este será **gratuito**.

Se não houver esse caminho, **os proprietários de prédios particulares não podem impedir que os seus vizinhos se aproveitem delas** para aquele fim, sendo obrigados a permitir a quem quer que seja, mediante prévia indenização, construir canais através de seus imóveis, para receber as águas a que tenha direito, indispensáveis às primeiras necessidades da vida, para os serviços da agricultura ou da indústria, para o escoamento das águas superabundantes e para o enxugo ou bonificação dos terrenos.

É um mecanismo legal, **que restringe o direito de propriedade**, assim **como ocorre na passagem forçada**, a fim de proporcionar a todos que se utilizem das águas na medida de suas necessidades.

Ao proprietário prejudicado também assiste direito a ressarcimento pelos danos resultantes de eventual infiltração ou irrupção das águas, bem como da deterioração das obras destinadas a canalizá-las.

É lícito ao proprietário prejudicado exigir que seja subterrânea a canalização que atravessa áreas edificadas, pátios, hortas, jardins ou quintais. De qualquer forma, é indispensável que o aqueduto seja construído de maneira que cause o menor prejuízo aos proprietários dos imóveis vizinhos, cabendo a quem o aqueduto servir os custos com a sua construção e conservação.

A construção de aquedutos não impedirá que os proprietários cerquem os imóveis e construam sobre ele, sem prejuízo para a sua segurança e conservação, bem como poderão usar das águas do aqueduto para as primeiras necessidades da vida.

Havendo no aqueduto águas supérfluas, é lícito que outros dela se utilizem **por meio de canais de derivação**, desde que indenizem tanto os proprietários prejudicados pelas novas obras quanto o dono do aqueduto original. **A preferência para uso das águas sobejantes dos aquedutos é sempre dos proprietários dos imóveis atravessados por eles.**

13.2.5 Dos limites entre prédios e do direito de tapagem

A fim de **estabelecer os limites do seu imóvel**, o proprietário **tem direito a cercar, murar, valar ou tapar de qualquer modo o seu prédio, urbano ou rural**, assim como pode constranger, por meio de **ação demarcatória**, o seu confinante a proceder com ele à demarcação entre os dois prédios, a aviventar rumos apagados e a renovar **marcos destruídos ou arruinados**, cujas despesas devem ser repartidas proporcionalmente entre os interessados, consoante previsto no art. 1.297 do Código Civil.

Independe de motivação o desejo do proprietário de cercar seu imóvel, basta ter interesse em fazê-lo para que nasça a obrigação para o seu vizinho em participar da construção.

A divisa pode ser estabelecida por **muros, cercas, tapumes divisórios, sebes vivas, de arame ou madeira ou qualquer outro meio que permita estabelecer o limite de cada lote**, que pertencem a ambos os proprietários confinantes, sendo estes obrigados, de conformidade com os costumes da localidade, a concorrer, em partes iguais, para as despesas de sua construção e conservação.

216 Direito Imobiliário

Já tendo o proprietário de um dos imóveis erguido a cerca demarcatória da propriedade, **não pode ser compelido a construir outra em razão de simples vontade do seu confrontante**, salvo se esta não servir ao fim que se destina ou estiver em desacordo com a legislação.

Na hipótese da necessidade de serem construídos tapumes especiais para impedir a passagem de animais de pequeno porte, ou para outro fim, os custos com essa construção podem ser exigidos de quem provocou a necessidade deles, desobrigando o vizinho que não provocou a obra a concorrer para as despesas.

Em regra, as propriedades possuem marcos demarcatórios claros que estabelecem o perímetro de cada uma. Contudo, sendo confusos esses limites e inexistentes outros meios para determiná-los, **serão fixados de conformidade com a posse justa.**

Não existindo marcos demarcatórios claros, tampouco provada a posse justa, o terreno contestado se dividirá por partes iguais entre os prédios, ou, não sendo possível a divisão cômoda, **se adjudicará a um deles, mediante indenização ao outro.**

13.2.6 Do direito de construir

De acordo com a Lei Civil, em seu art. 1.299, **é dado ao proprietário o direito de levantar em seu terreno as construções que lhe aprouver**, desde que respeitados os direitos dos seus vizinhos, **as normas técnicas e os regulamentos administrativos.**

Consoante já tratado no capítulo referente ao parcelamento do solo urbano, o direito de construir deve respeitar as **linhas gerais impostas pelo Plano Diretor e Posturas Municipais**, não podendo alterar os limites determinados por lei. Há regramentos a serem respeitados, como **limites da área construída e destinação do imóvel**, que devem seguir as orientações do zoneamento onde será erguida a construção.

Também não é permitido realizar **construções que prejudiquem o pleno exercício de direitos dos vizinhos**, razão pela qual a legislação traz uma série de limitações a fim de evitar que a construção acarrete prejuízos a terceiros.

Não pode o proprietário construir de maneira que o seu prédio despeje águas, diretamente, sobre o prédio vizinho. **A edificação deve permitir que o beiral de seu telhado não despeje sobre o prédio vizinho**, deixando um espaço entre o beiral e a propriedade vizinha um intervalo suficiente para que as águas escorram.

Tal norma de certa forma replica os regramentos que dizem respeito ao uso das águas, pois proíbem que por ação humana haja desvio do curso das águas de modo que prejudiquem direito de terceiros.

Também garante a lei **o direito de privacidade**, proibindo que sejam abertas janelas, terraços, ou que se construa varanda, a menos de metro e meio do terreno vizinho.

Tal regra tem interpretação restringida em razão da **Súmula nº 120 do STF: "Parede de tijolos de vidro translúcido** pode ser levantada a menos de metro e meio do prédio vizinho, não importando servidão sobre ele" (grifos nossos).

Outra exceção, essa decorrente da própria lei, dispõe que as **aberturas para luz ou ventilação, não maiores de dez centímetros de largura** sobre vinte de comprimento e construídas a mais de dois metros de altura de cada piso podem ser realizadas.

Importante mencionar que, mesmo que os vãos ou aberturas tenham a finalidade de permitir a passagem de luz, seja qual for a quantidade, altura e disposição, o vizinho poderá, a todo tempo, **levantar a sua edificação, ou contramuro**, ainda que lhes vede a claridade, não havendo que se falar em servidão para luz.

Desrespeitadas essas limitações, pode o proprietário do prédio vizinho, **no lapso de ano e dia após a conclusão da obra**, exigir que se desfaça janela, sacada, terraço ou goteira sobre o seu prédio.

Antes de determinar a demolição, **o juiz poderá determinar que se corrijam os vícios e somente se estes se mostrarem insanáveis**, caracterizados os prejuízos para o vizinho ou atentando a construção contra as normas de segurança ou administrativas, a demolição será levada a efeito.

Na hipótese de existirem terrenos sem muros divisórios, o confinante que primeiro a construir pode assentá-la até meia espessura no terreno contíguo, sem perder por isso o direito a haver meio valor dela se o vizinho a utilizar.

O uso de meia-parede pode ser realizado desde que não coloque em risco a segurança ou a separação dos dois prédios, e avisando previamente o outro condômino das obras que ali tenciona fazer.

Proíbe a lei que se encostem na parede divisória **chaminés, fogões, fornos ou quaisquer aparelhos ou depósitos suscetíveis de produzir infiltrações ou interferências prejudiciais ao vizinho**.

Com relação ao uso das águas, **são proibidas construções capazes de poluir, ou inutilizar, para uso ordinário, a água do poço, ou nascente alheia, a elas preexistentes**, assim como não é permitido fazer escavações ou quaisquer obras que tirem ao poço ou à nascente de outrem a água indispensável às suas necessidades normais.

Em razão da necessidade de preservar a segurança das edificações, **não é permitida a execução de qualquer obra ou serviço suscetível de provocar desmoronamento ou deslocação de terra, ou que comprometa a segurança do prédio vizinho.** Qualquer obra somente poderá ser realizada depois de terem sido feitas as **obras acautelatórias.**

É comum que o proprietário de um prédio precise **adentrar no imóvel vizinho para realizar vistorias ou manutenção no seu.** Desta forma, o confinante é obrigado a tolerar que o vizinho entre no seu prédio, **mediante prévio aviso,** para dele temporariamente usar, **quando indispensável à reparação, construção, reconstrução ou limpeza de sua casa ou do muro divisório.**

O mesmo ocorre **quando um vizinho precisa apoderar-se de coisas suas, inclusive animais, que casualmente tenham passado para o imóvel vizinho.** Contudo, se as coisas lhe foram restituídas, a entrada no imóvel poderá ser impedida, tendo em vista que se extinguiu a motivação para entrar na propriedade alheia.

14

Condomínio

14.1 Definição

Quando uma coisa pertence a duas pessoas ou mais, tem-se o **condomínio**, do latim *condominium*, que nada mais é do que o domínio comum de um bem, por **mais de uma pessoa simultaneamente**.

Dessa forma, **a coisa não é dividida fisicamente**, mas juridicamente em **frações ideais ou quotas** que podem ser divididas de maneira uniforme entre as partes ou proporcional, em regra, em razão da vontade das partes.

Tem como característica a **indivisibilidade do bem** enquanto os proprietários exercerem o direito real simultaneamente. Como todos os condôminos são proprietários do bem, "cada condômino pode **usar da coisa conforme sua destinação**, sobre ela **exercer todos os direitos compatíveis com a indivisão**, reivindicá-la de terceiro, defender a sua posse e alhear a respectiva parte ideal, ou gravá-la" (art. 1.314, CC, grifos nossos).

Apesar de serem proprietários e terem os direitos inerentes à propriedade, **nenhum dos condôminos pode de forma**

222   Direito Imobiliário

individual alterar a destinação do bem, tampouco ceder a posse, uso ou gozo a estranhos, sem o consenso dos outros.

Importante frisar que, perante terceiros, cada condômino pode atuar como único proprietário do bem e se utilizar das medidas necessárias para defender os interesses do todo.

Não raras as vezes, o condomínio é tido como sinônimo de comunhão. Tecnicamente condomínio é espécie de comunhão. Na comunhão existe a cotitularidade de um mesmo direito, enquanto o condomínio se caracteriza pela copropriedade de um bem corpóreo passível de precificação.

A comunhão pode se dar pela vontade das partes ou por força de lei. Temos então que a comunhão voluntária decorre de um contrato entre duas ou mais pessoas. Já a comunhão legal independe da vontade das partes, como, por exemplo, a comunhão de herdeiros.

14.2 Natureza jurídica

O condomínio não constitui uma forma nova de propriedade, que estabelece um novo direito real, mas apenas permite que os condôminos partilhem a coisa, assegurado o direito de propriedade a todos.

Existe uma fusão de propriedade coletiva e propriedade individual, sobre as quais existem direitos reais. Diferenciam-se, no entanto, especialmente em razão do direito de dispor. Ao passo que pode o condômino dispor livremente de sua unidade autônoma, não tem o mesmo direito em relação à coisa comum.

Em que pese alguma semelhança com sociedade, tendo em vista que os condôminos e sócios são donos de parte da coisa, **o condomínio é um direito real de propriedade**, enquanto **a sociedade é estabelecida por contrato**, sendo um negócio típico do direito empresarial.

Além disso para a constituição de uma sociedade é preciso o *affectio societatis*, ou seja, a vontade das pessoas em se unirem para realização **de algo em conjunto, o que não se verifica no condomínio.**

Isso porque

> o vínculo que realmente existe não é pessoal, mas real, especialmente decorrente da copropriedade nas partes comuns. Isto, porém, **não impede que tenha uma personalidade jurídica**, tanto que pode figurar como sujeito de direitos e deveres, com capacidade de estar em juízo (RIZZARDO, 2011, p. 15, grifos nossos).

14.3 Espécies de condomínio

a) *Condomínio comum*. Também chamado de **tradicional**, subdivide-se em **voluntário ou necessário**. Caracteriza-se pela existência simultânea de dois ou mais direitos de propriedade incidindo sobre qualquer bem, seja ele móvel ou imóvel.

O *voluntário* decorre da **vontade das partes**. Somente pode existir se todas as partes envolvidas assim o quiserem e, desejando uma ou mais partes não mais permanecer com o vínculo, existem formas de extinguir o condomínio.

O *necessário* por **imposição legal**. Este tem natureza permanente e **independe da vontade das partes**. É disciplinado pelo Código Civil e estabelece, por exemplo, que é necessário o condomínio por meação de paredes, cercas, muros e valas.

b) *Condomínio especial ou edilício.* É uma espécie sui generis, pois nele **existem partes comuns de uso de todos e inalienáveis e partes exclusivas, de uso privativo do proprietário**. Ou seja, difere do comum especialmente em razão da propriedade exclusiva de um imóvel, tendo em vista que no condomínio tradicional os proprietários detêm a propriedade em comum, sem individualizações.

c) *Condomínio* pro diviso *e condomínio* pro indiviso. Diferencia os bens que podem ser **comodamente divididos** daqueles que perdem sua essência e se **tornam imprestáveis** para o fim ao qual se destinam.

No condomínio *pro diviso*, embora a propriedade continue sendo exercida simultaneamente pelos condôminos, **é possível estabelecer qual parte da coisa cada um dos condôminos tem o direito de usar**, ou ainda determinar que parte do bem seja dividida entre os condôminos e parte seja de uso comum de todos. Sendo assim, **cada condômino pode agir como dono da sua parte**. Por exemplo, a construção de duas casas sobre um mesmo terreno. Cada proprietário utiliza sua casa de forma independente, embora haja comunhão de direito entre eles.

No condomínio *pro indiviso* é **impossível dividir o bem** estabelecendo partes específicas para o uso de cada um, sob pena de inutilizar a coisa. Um veículo comprado para uso de duas pessoas, embora chamado popularmente de compra em sociedade, é, na verdade, **um condomínio em razão do direito real**. Nesse caso, impossível dividir o carro ao meio. Por mais que se estabeleçam condições para o uso do veículo pelas partes, o bem continua sendo único.

d) *Condomínio universal e condomínio particular.* O condomínio universal diz respeito **sobre toda a coisa**, inclusive sobre a percepção dos frutos, enquanto o particular ou singular é exercido **somente sobre coisa determinada**.

14.4 Administração

Podem **os condôminos usar a coisa comum pessoalmente de forma amigável** ou **podem constituir um síndico**, também chamado de cabecel, para realizar a administração.

Decidindo pela administração da coisa, os condôminos precisarão deliberar sobre a escolha do síndico, **que não necessariamente precisa ser um condômino**, podendo ser pessoa física ou jurídica, estranha ao condomínio, à qual será conferido o poder do síndico.

Na hipótese de os condôminos não se reunirem e não deliberarem sobre a escolha de um síndico que administrará o bem, o condômino que realizar a administração **sem oposição** dos outros **presumir-se-á que seja o representante de todos**.

Podem ainda os condôminos, por deliberação da maioria, decidir que não irão administrar o bem, mas sim **alugá-lo**. Nessa hipótese, prevê a Lei Civil que **a preferência da locação será do condômino** em detrimento de outros eventuais interessados, prevalecendo as mesmas condições oferecidas a terceiros.

14.5 Extinção do condomínio

14.5.1 Extinção do condomínio de coisa indivisível

Decidindo um dos condôminos que quer dividir a coisa comum, o que lhe é facultado a qualquer tempo nos termos do art. 1.320 do Código Civil, **não sendo o bem divisível e os consortes não quiserem adjudicá-la a um só**, será vendida e repartido o apurado. A exemplo do que ocorre nas locações, **o condômino terá preferência ao estranho na aquisição**, desde que seja realizada em condições iguais de oferta.

Na hipótese de haver mais de um condômino interessado na compra de parte do bem, **terá preferência aquele que tiver na coisa benfeitorias mais valiosas**, e, não as havendo, o de **quinhão maior**.

Contudo, se nenhum dos condôminos tem benfeitorias na coisa comum e participam todos do condomínio em partes iguais, será feita **uma licitação entre estranhos** e, antes de adjudicada a coisa àquele que não faz parte do condomínio e que ofereceu valor melhor, **haverá outra licitação entre os condôminos**, a fim de que a coisa seja adjudicada a quem afinal oferecer melhor lanço, preferindo, em condições iguais, o condômino ao estranho.

Na hipótese de ocorrer a venda do bem a estranhos, sem oportunizar a outro consorte que a compre nas mesmas condições, o condômino preterido poderá, depositando o preço, haver para si a parte vendida a estranhos, **se o requerer no prazo de 180 dias, sob pena de decadência**.

14.5.2 Extinção do condomínio de coisa divisível

É muito mais simples extinguir o condomínio de um bem divisível e podem os condôminos, em comum acordo, **decidir sobre a divisão**, exceto se houver um menor envolvido, situação na qual será necessária ação judicial para partilhar o bem.

Por imposição legal, **sempre será judicial a partilha**, se os herdeiros **divergirem**, assim como se algum deles for incapaz.

Na primeira hipótese a judicialização é necessária por motivos óbvios, pois não há consenso entre as partes; já na segunda, o objetivo da lei é **garantir os direitos do menor**.

14.6 Condomínio edilício

14.6.1 Breve histórico e características

Tido como **condomínio especial**, foi disciplinado pela legislação brasileira pela primeira vez em 1928, por meio do Decreto n° 5.481, de maneira muito superficial, e depois foi modificado pelo Decreto-lei n° 5.234/1943 e pela Lei n° 285, de 5 de junho de 1948, que todavia não se aprofundou na questão, apenas trazendo as linhas gerais sobre o assunto.

Com o passar do tempo e em razão de uma demanda cada vez maior por edifícios, verificou-se a necessidade de produzir uma legislação mais abrangente e detalhada sobre o assunto, e, então, em 16 de dezembro de 1964 foi promulgada a **Lei n° 4.591**.

Trata a referida lei, além das questões condominiais, também da incorporação imobiliária, que acabam se autocompletando, tendo em vista que os assuntos tratados no condomínio dizem respeito a edifícios que muitas das vezes são construídos por meio de incorporação imobiliária.

Com o advento do **Código Civil de 2002**, muitas das questões condominiais passaram a ter previsão naquele diploma, sem, contudo, excluir a Lei de Condomínio, que subsidiariamente permanece vigente. Sendo assim, tem-se que ambas disciplinam a matéria.

A **principal característica do condomínio edilício**, também chamado de condomínio horizontal, é a **coexistência de**

uma propriedade de uso comum e uma propriedade privada de maneira simultânea.

Dessa forma, tem-se como partes suscetíveis de utilização independente os apartamentos, escritórios, salas, lojas e sobrelojas, com as respectivas frações ideais no solo e nas outras partes comuns. **A propriedade exclusiva pode ser alienada e gravada livremente por seus proprietários**, exceto os abrigos para veículos, que por restrição legal só poderão ser alienados ou alugados a condôminos.

Como partes comuns, tem-se o solo, a estrutura do prédio, o telhado, a rede geral de distribuição de água, esgoto, gás e eletricidade, a calefação e refrigeração centrais, e as demais partes comuns, inclusive o acesso ao logradouro público, que podem ser usados por todos os condôminos, porém não podem ser alienados separadamente nem divididos. O terraço de cobertura também é parte comum, salvo disposição contrária da escritura de constituição do condomínio.

Resumidamente, o condomínio edilício "caracteriza-se pela **justaposição de propriedades**, perfeitamente individualizadas, ao lado do condomínio de partes do edifício, forçadamente comuns" (GOMES, 2012, p. 235, grifos nossos).

As obrigações condominiais têm **natureza *propter rem***, pois **são próprias da coisa e a acompanham**. São originadas de um direito real do devedor sobre determinada coisa, **a qual aderem e acompanham**.

Portanto, **são transmitidas junto com a coisa**, ou seja, independentemente de o imóvel ser alienado, embora as dívidas devessem ser pagas por quem era dono do bem até a alienação, **serão cobradas do atual proprietário**, que, se for o caso, poderá **cobrar regressivamente daquele que causou o prejuízo**, mas jamais poderá alegar em sua defesa que os débitos são anteriores à sua aquisição.

14.6.2 Natureza jurídica

Não é uma tarefa fácil conceituar a natureza jurídica dos condomínios edilícios em razão das diversas teorias sobre o assunto. **Não se trata de pessoa jurídica propriamente dita**, porém pode praticar atos jurídicos.

Não obstante tantas teorias sobre o tema, sem que se chegue a uma conclusão definitiva, o melhor entendimento é que

> é despiciendo mobilizar todos esses velhos conceitos para a caracterização do condomínio edilício. É ele um fenômeno econômico e jurídico moderno que não se compraz com os institutos invocados para a sua explicação, nem deles necessita (PEREIRA, 2017, p. 184).

Sendo assim, embora o condomínio não tenha personalidade jurídica, **possui personalidade para a prática de atos que lhe são próprios**, bem como pode figurar na condição de autor ou réu em demandas judiciais, firmar contratos comerciais, possuir conta em instituição bancária, entre outros, desde que representado pelo síndico.

14.6.3 Instituição do condomínio edilício

O condomínio edilício pode ser instituído por ato entre vivos ou testamento, portanto sempre decorre da vontade da parte e **deverá ser registrado no Cartório de Registro de Imóveis**, do qual constará a **discriminação e individualização das unidades de propriedade exclusiva**, estremadas umas das outras e das partes comuns, a determinação da **fração ideal**

230   Direito Imobiliário

atribuída a cada unidade, relativamente ao terreno e partes comuns e o fim a que as unidades se destinam.

Tem-se que a instituição é ato inicial através do qual se origina o condomínio, que não pode ser confundido com a constituição do condomínio, ato seguinte à instituição e que ocorre a partir da **elaboração da convenção condominial**.

Por meio da sua instituição é que **o imóvel passa a existir como condomínio propriamente dito**, passando de uma edificação única, juridicamente, a diversas unidades individualizadas privativas com áreas comuns a todos os condôminos.

Para tanto, é essencial que conste do documento que institui o condomínio a **fração ideal à qual cada parte terá direito**, sendo certo que a cada unidade imobiliária caberá, como parte inseparável, **uma fração ideal no solo** e nas outras partes comuns, que será identificada em forma decimal ou ordinária no instrumento de instituição do condomínio.

Importante frisar que necessariamente **deve existir um vínculo entre a fração ideal e a unidade autônoma**, pois não é possível negociar frações que não estejam vinculadas a uma unidade imobiliária.

Deve também o instituidor **determinar a utilização do imóvel**, se residencial, comercial ou misto, e ainda os tipos de unidades, como, por exemplo, apartamentos, salas depósitos, garagem, entre outros, e individualizar cada unidade autônoma, indicando o número e pavimento em que se localiza. Também é **indispensável a indicação física da localização dentro da edificação**, a área privativa, área de uso exclusivo, e as áreas de uso comum.

A **instituição de condomínio** edilício pode se dar basicamente por três formas. Existem, no entanto, alguns autores que defendem uma maior gama de modos de instituí-lo, como por decisão judicial, por exemplo. Os três meios consagrados para instituir o condomínio são: **testamento, destinação do proprietário e incorporação imobiliária.**

a) *Testamento.* Pode o testador que tenha um imóvel que comporta divisões estabelecer em seu testamento como este será dividido, em unidades autônomas e área comum de uso coletivo. É possível a transmissão de qualquer imóvel, contudo para que se transforme em condomínio edilício é necessária a **possibilidade de divisão física**, que deve constituir unidades autônomas.

b) *Destinação do proprietário.* É dado a qualquer pessoa construir às suas expensas um imóvel que, embora possa estar dividido internamente, constitua um único bem. Pode o dono do edifício, a qualquer tempo depois de finalizado, mesmo que o tenha utilizado anteriormente como um único imóvel, **instituir o condomínio a fim de criar unidades autônomas individuais que também terão uma área comum.**

Quem constrói um edifício de apartamentos em um terreno será proprietário de um único imóvel, apesar de materialmente já haver a divisão do prédio em apartamentos. Estes existem apenas de fato. Para ingressarem individualmente no mundo do Direito, obrigatoriamente terá de ser instituído o condomínio, que será registrado no **Registro de Imóveis**.

c) *Incorporação imobiliária.* A **forma mais usual** de instituição de condomínio atualmente. Registrada a incorporação, os imóveis podem ser alienados antes mesmo da construção e o adquirente pagará parte do preço como forma de financiar a construção, mesmo que parcialmente.

Desde a sua concepção a construção já é dividida em unidades autônomas e **cada promitente comprador sabe** exatamente o imóvel que terá quando concluído o empreendimento, assim como a fração ideal que lhe cabe.

Se a construção for realizada em mais de um terreno, o construtor deverá previamente requerer ao órgão público a unificação deles, que precisam ser contíguos. A aprovação da edificação pelo Poder Público já implica aceitação desta unificação.

14.6.4 Convenção de condomínio

A convenção de condomínio é o **documento essencial para a constituição do condomínio**. É nela que se estabelecem as regras gerais do condomínio, direitos e deveres dos condôminos, e **deve ser subscrita pelos titulares de, no mínimo, dois terços das frações ideais**. Tem **natureza vinculatória**, obriga todos os titulares de direito sobre as unidades, ou para quantos sobre elas tenham posse ou detenção.

A lei não exige forma solene e ela poderá ser feita por escritura pública ou por instrumento particular. Contudo, para que surta efeitos em relação a terceiros, é preciso que seja **registrada perante o Oficial do Registro de Imóveis**.

Não é um simples contrato, pois obriga todos os titulares de direito das unidades a seguir o que nela estiver convencionado, **gerando obrigação extracontratual**. Mesmo quem não a tenha subscrito, desde que aprovada de acordo com os requisitos legais, o proprietário do imóvel, seus ocupantes, visitantes e funcionários deverão seguir as normas previstas.

Exerce verdadeiro papel de **"lei interna"** no condomínio e "dada a sua própria natureza, as regras de comportamento de cada edifício têm sentido normativo. Obrigam aos que compõem aquele condomínio e aos que habitam o edifício ou dele se utilizam, ainda que eventualmente" (PEREIRA, 2021, p. 103).

É na convenção que estão questões importantes como **descrição de áreas privativas e comuns, rateio de despesas, regras e assembleias, deliberações, formação de quóruns**, entre outros, além de disciplinar, de forma geral, o uso do condomínio. Pode estabelecer qualquer norma interna, **desde que não contrária à lei, à moral e aos bons costumes**. É possível regular, por exemplo, o uso dos elevadores e sua destinação, estabelecendo que cargas e mercadorias só podem ser transportadas pelo elevador de serviço.

Apesar de ser soberana entre os condôminos, **não pode se sobrepor à legislação vigente**, tampouco determinar ou exigir condutas incompatíveis com as leis, especialmente a Lei Especial nº 4.591/1964, que trata especificamente do tema e é norma cogente, assim como deve se adequar à Lei Civil e, principalmente, obedecer aos princípios constitucionais.

Dessa forma, mesmo que haja previsão expressa sobre determinado assunto na convenção, mas essa estiver em desacordo com a legislação, não produzirá efeitos jurídicos.

Nesse sentido, por exemplo, não poderá a convenção proibir a locação da unidade habitacional para estudantes unicamente em razão de sua condição. Se a utilização for compatível com o uso a que se destina, nesse exemplo, uso para moradia, constitui nítida discriminação e, portanto, é ilegal e não deve prevalecer.

A convenção de condomínio **no caso das incorporações imobiliárias deve ser apresentada no ato da instituição**, a fim de possibilitar a todos que tenham ciência do seu conteúdo antes de subscrevê-la.

Na prática isso é apenas uma formalidade, pois os promitentes compradores, quase que de forma absoluta, **não têm**

ciência do seu conteúdo e a subscrevem no momento que firmam o contrato de promessa de compra e venda, mesmo sem ter noção do que estão fazendo. Embora isso seja um fato, não podem, contudo, desrespeitar suas regras posteriormente sob alegação de que com ela não concordam.

Em boa parte das convenções de condomínio depositadas juntamente com a documentação da incorporação, as incorporadoras que as redigem já incluem cláusulas que nada ou muito pouco tem relação com a vida dos condôminos, mas **visam apenas trazer vantagens ao incorporador.**

Dentre as cláusulas inseridas que são vantajosas para as incorporadoras podemos citar a permissão para manutenção de placa com o nome do incorporador de forma vitalícia na frente do empreendimento, a colocação de placas e sinais luminosos em qualquer local da edificação, inclusive nas coberturas, manter corretores de plantão dentro do empreendimento enquanto houver unidades a serem negociadas, e até isenção ou pagamento reduzido da taxa de condomínio para as unidades não comercializadas.

É evidente que a inserção de tais cláusulas, além de em tese demonstrar nítida má-fé, traz enorme desequilíbrio para as relações contratuais, pois estabelece demasiada vantagem para uma das partes, causando prejuízo para outra. Constitui claro ilícito, nos termos do art. 122 do CC, pois se sujeitam ao **puro arbítrio das incorporadoras.**

Além disso, ilícito também é o ato cometido pelo titular de um direito que, ao exercê-lo, **excede manifestamente os limites impostos pelo seu fim econômico ou social**, pela boa-fé ou pelos bons costumes.

Tal procedimento é tido como ilegal pelo Tribunal Superior. Isso porque a taxa condominial destina-se ao pagamento das despesas de conservação e/ou manutenção do edifício, como limpeza, funcionamento dos elevadores, contratação de empregados, consumo de água e de luz, bem como para possibilitar a realização de obra ou inovações aprovadas pela assembleia geral e pagar eventuais indenizações, tributos, seguros etc. (...) Também não procede o argumento acerca da ausência de morador na unidade imobiliária como circunstância apta a ensejar a redução do valor da taxa condominial. No caso, os apartamentos do condomínio se servem das áreas comuns e dos demais serviços por ele oferecidos, motivo pelo qual o só fato de serem colocados à disposição dos condôminos gera o dever de contribuir. Em outras palavras, **a disponibilidade dos serviços e a possibilidade de fruição são requisitos essenciais para ensejar o pagamento da cota condominial.** Assim, se o condomínio tem, em sua área de lazer, piscina, sauna, academia e o condômino não usufrui nenhum deles, não pode utilizar esse argumento para postular a redução do valor da taxa devida (STJ, REsp. 1.816.039, grifos nossos).

14.6.5 Regimento interno

O **regimento interno** também tem como função **normatizar o uso**, especialmente das áreas comuns, **de forma mais detalhada que a convenção.**

De acordo com a Lei Civil, **o regimento deve fazer parte da convenção de condomínio**, diferente do que ocorria antes da promulgação da legislação de 2002. A Lei n° 4.591/1964, que trata da questão condominial, permitia que convenção e regimento fossem dois instrumentos distintos, o que atualmente não é possível.

236   Direito Imobiliário

Em linhas gerais o regimento é o documento que reúne as normas básicas de convivência dentro do empreendimento, **servindo como uma cartilha.** Ao passo que a convenção disciplina de forma mais genérica o funcionamento do condomínio, **o regimento traz detalhes de funcionamento,** como horário de academia, salões de festa e piscina, dias e horários para realização de mudanças e reformas nas unidades, sistema de entrega de correspondências, entre outros.

Discussão que se trava atualmente é qual o quórum necessário para alteração do regimento interno, isso porque a Lei nº 10.931/2004 alterou o art. 1.351 do Código Civil, estabelecendo que "**depende da aprovação de 2/3 (dois terços) dos votos dos condôminos a alteração da convenção**; a mudança da destinação do edifício, ou da unidade imobiliária, depende da aprovação pela unanimidade dos condôminos" (grifos nossos).

A nova redação do texto legal **retirou do referido artigo o quórum necessário para alteração do regimento interno,** que era expressamente previsto e exigia a mesma proporção de votos necessários para alteração da convenção, razão pela qual juristas discutem a respeito.

Há quem entenda que a mudança do texto legal pelo legislador teve a intenção clara de excluir a exigência de quórum especial para alteração do regimento interno, **podendo tal alteração se dar por maioria simples dos votos.**

Por outro lado, em razão de o regimento interno fazer parte da convenção condominial, consoante previsto no art. 1.334 do CC, **ao alterar referida norma também se altera aquele documento.**

Referida discussão ainda persiste **nos casos nos quais a convenção for omissa** em relação ao quórum.

Para o Ministro do STJ, **Luis Felipe Salomão**, a convenção pode prever qual o quórum para alterar o regimento interno e, havendo essa previsão, **é possível a alteração mediante aprovação de maioria simples**. *In verbis*:

Portanto, após a **modificação promovida no art. 1.351 do Código Civil** pela Lei nº 10.931/2004, na verdade, o legislador promoveu ampliação da autonomia privada, de modo que os **condôminos pudessem ter maior liberdade no que tange à alteração do regimento interno**; visto que, à luz dos arts. 1.334, III e V, do Código Civil e art. 9º § 3º, alínea i, da Lei nº 4.591/1964, é **matéria a ser disciplinada pela convenção de condomínio**. Destarte, a alteração do dispositivo do Diploma Civilista, aliado ao fato de a própria norma de regência estabelecer que cabe à convenção condominial reger a matéria, fica límpido que não há impedimento a imposição de maioria qualificada para alteração regimental, caracterizando, à luz do ordenamento jurídico vigente, **descabida intervenção estatal para afastar a normatização interna do edifício** (REsp. 1.169.865, grifos nossos).

No mesmo sentido, é o entendimento firmado no **Enunciado nº 248 da III Jornada de Direito Civil do CJF**, estabelecendo que: **"O quórum** para alteração do regimento interno do condomínio edilício **pode ser livremente fixado na convenção"** (grifos nossos).

14.6.6 Síndico

O **síndico** deve ser eleito em assembleia de condôminos **para administrar o condomínio**, sendo ele o responsável pela **gestão do edifício** e o responsável direto pela manutenção do equilíbrio financeiro, ordem, disciplina, segurança e limpeza.

238   Direito Imobiliário

Estabelece a lei que a **escolha do síndico se dará em assembleia** e que para o exercício dessa função poderá ser eleita qualquer pessoa, mesmo que não seja condômino, e que o prazo do mandato **não poderá ser superior a dois anos.** Pode, porém, ser reeleito para iguais períodos, não havendo limite de vezes, podendo concorrer ao cargo de forma contínua.

É possível ainda a contratação de um **síndico profissional**, o que acontece mais frequentemente nos grandes centros. É na verdade um **administrador especializado na gestão condominial**, e que poderá realizar a tarefa com mais eficiência.

Não obstante, especialmente em empreendimentos maiores, é muito comum que os síndicos não exerçam a gestão do imóvel sozinhos, e para isso são contratadas **empresas especializadas em administração de condomínio** para auxiliar na missão.

Importante mencionar que o síndico deve seguir as diretrizes constantes na convenção condominial e na lei, e não pode impor suas regras e condições como se dono fosse. Não incomum, tais atitudes invariavelmente geram atritos com os moradores, o que torna a tarefa mais penosa e ineficiente.

O mesmo problema se aplica às administradoras, que não raras as vezes tentam se sobrepor ao síndico, impondo seu sistema de trabalho padronizado que **nem sempre atende aos anseios da coletividade condominial.** Não se pode perder de vista que as administradoras são contratadas para a missão de auxiliar e, portanto, **devem seguir as orientações daqueles que têm o poder de decisão.**

As funções do síndico também são previstas em lei, que estabelece que compete ao síndico convocar a assembleia dos condôminos, representar, ativa e passivamente, o condomínio, praticando, em juízo ou fora dele, os atos necessários à defesa dos interesses comuns, dar imediato conhecimento à assembleia da existência de procedimento judicial ou administrativo, de interesse do condomínio, cumprir e fazer cumprir a convenção, o regimento interno e as determinações da assembleia, diligenciar a conservação e a guarda das partes comuns e zelar pela prestação dos serviços que interessem aos possuidores, elaborar o orçamento da receita e da despesa relativa a cada ano, cobrar dos condôminos as suas contribuições, bem como impor e cobrar as multas devidas, prestar contas à assembleia, anualmente e quando exigidas, e também realizar o seguro da edificação.

Tem-se, portanto, que os deveres gerais do síndico são aqueles estabelecidos por lei, sem, contudo, deixar de **atender a exigências específicas estabelecidas na convenção de condomínio** que poderá a ele atribuir outras funções.

Uma das principais e mais importantes obrigações do síndico é de, anualmente, **prestar contas**, assim como apresentar e aprovar o orçamento para o ano subsequente. Caso o síndico não convoque a assembleia conforme determina a lei, essa convocação poderá ser feita por um quarto dos condôminos.

A **falta de prestação de contas** na forma estabelecida na lei e na convenção de condomínio **constitui falta grave** pelo síndico e **poderá resultar na sua destituição.** Decorre de previsão legal que poderá ser destituído o síndico que praticar irregularidades, não prestar contas, ou não administrar convenientemente o condomínio.

Além do síndico, também serão eleitos na assembleia um **conselho consultivo**, constituído de **três condôminos**, com mandatos que, a exemplo do síndico, não poderão exceder **dois anos**, permitida a reeleição.

Servirá esse conselho eleito pela maioria dos condôminos como **órgão consultivo do síndico**, para assessorá-lo na

240   Direito Imobiliário

solução dos problemas que digam respeito ao condomínio, podendo a convenção definir suas atribuições específicas.

Também é possível que a assembleia decida pela escolha de outra pessoa para questões específicas em lugar do síndico, com poderes de representação. Essa decisão poderia ser aplicada para que pessoas com conhecimento técnico em determinada área específica pudessem decidir sobre o assunto que é de sua competência.

É comum a dúvida se o **síndico deve ou não pagar as despesas de condomínio**. Embora seja uma praxe em diversos condomínios, **a lei não estabelece gratuidade** para aquele que se oferece a ser síndico de forma espontânea.

Exceto nos casos em que a administração é exercida por síndicos profissionais, e daí a necessidade de remunerá-los em razão do serviço contratado, a gratuidade das taxas condominiais ao síndico morador deve ser decidida em assembleia convocada para esse fim.

Na hipótese de ser aprovada a gratuidade, essa beneficia somente ao síndico, não agraciando o subsíndico, nem os conselheiros, ressaltando-se que a isenção de pagamento é somente para as despesas ordinárias, devendo ele contribuir para as extraordinárias normalmente.

14.6.7 Unidade autônoma e área comum

a) *Unidade autônoma* é a parte da edificação **vinculada a uma fração ideal de terreno e coisas comuns**, à qual pode ser atribuída uma parcela da área comum do condomínio.

Incluem-se como unidades autônomas os apartamentos, salas comerciais, lojas, vagas de garagem e tudo que for de uso privativo em um condomínio, e sobre o qual **o proprietário**

pode usar, gozar e fruir, sem necessidade de autorização de outros condôminos, e será sempre identificada.

Exige a lei que nenhuma unidade imobiliária pode ser privada do acesso ao logradouro público, sendo assim, para que haja uma unidade autônoma, esta precisa ser acessada de forma independente.

A definição do que constitui uma unidade autônoma em determinada incorporação imobiliária fica a cargo do incorporador. Sendo assim, pode o incorporador estabelecer que a unidade autônoma do seu empreendimento é constituída de um apartamento e das vagas de garagem a ele destinadas, ou que cada apartamento e cada vaga de garagem constituem unidades autônomas.

Em que pese o proprietário ter **direito real** de propriedade sobre sua unidade e, portanto, poder dela se utilizar da forma como preferir, **a legislação impõe algumas restrições quando se trata de condomínio.**

Entre elas está **a proibição de alienar ou alugar vagas de garagem para pessoas estranhas ao condomínio**. Desta forma, segundo a lei,

> as partes suscetíveis de utilização independente, tais como apartamentos, escritórios, salas, lojas e sobrelojas, com as respectivas frações ideais no solo e nas outras partes comuns, sujeitam-se a propriedade exclusiva, podendo ser alienadas e gravadas livremente por seus proprietários, exceto os abrigos para veículos, que não poderão ser alienados ou alugados a pessoas estranhas ao condomínio, salvo autorização expressa na convenção de condomínio (art. 1.331, § 1º, CC).

242   Direito Imobiliário

Pode o proprietário alugar vagas de garagem para quem do condomínio faça parte. Contudo, havendo interesse de mais de uma pessoa, deve ser dada a preferência para a locação aos possuidores.

Constituindo o condomínio e averbada a construção na matrícula do terreno, também chamada **matrícula-mãe, serão abertas matrículas individualizadas para cada unidade**, que por sua vez será tributada como prédio isolado, contribuindo o respectivo condômino, diretamente, com as **importâncias relativas aos impostos e taxas federais, estaduais e municipais**, na forma dos respectivos lançamentos.

b) *Área comum* são os **espaços pertencentes simultaneamente a todos os condôminos**, entre eles o solo, a estrutura do prédio, o telhado, a rede geral de distribuição de água, esgoto, gás e eletricidade, a calefação e refrigeração centrais, e as demais partes comuns, inclusive o acesso ao logradouro público, que são utilizados em comum pelos condôminos, **não podendo ser alienados separadamente ou divididos**.

Faz parte da área comum que pode ser utilizada pela coletividade condominial os salões de festas, piscina, *playground*, salão de jogos, áreas de circulação interna, *hall* dos elevadores, entre outros.

Considerando que as áreas comuns são de uso de todos, cada condômino poderá usufruir das partes e coisas comuns **de maneira a não causar dano ou incômodo aos demais condôminos ou moradores**, nem obstáculo ou embaraço ao bom uso das mesmas partes por todos.

14.6.8 Assembleias

a) *Assembleia ordinária*. Exige a lei que seja realizada, ao menos, **uma assembleia geral anual**, denominada ordinária.

Deve ser convocada pelo síndico, de acordo com a **previsão constante na convenção**, cuja finalidade deve ser de aprovar o **orçamento das despesas**, as **contribuições dos condôminos** e a **prestação de contas**, e eventualmente eleger o substituto do síndico.

Para cada assunto a ser tratado a aprovação **dependerá do quórum mínimo que a lei determinar.** Salvo quando exigido quórum especial, as deliberações da assembleia serão tomadas, em **primeira convocação**, por **maioria de votos dos condôminos** presentes que representem pelo menos metade das frações ideais, ou, sem **segunda convocação**, a deliberação será por **maioria dos votos dos presentes.**

Apesar de ocorrer a assembleia mesmo sem a presença de todos os condôminos, essa só poderá deliberar **se todos os condôminos forem convocados para a reunião.** Na hipótese de algum dos condôminos não ter sido regularmente convocado, isso **poderá gerar nulidade.**

Por fim, importante frisar que, mesmo que nem todos os condôminos estejam presentes na reunião ou que alguns deles não tenham concordado com as propostas apresentadas, aquilo que for deliberado, desde que atendidas as formalidades, **obriga a todos de maneira absoluta.**

b) *Assembleia extraordinária.* Poderão ser convocadas pelo síndico ou por um quarto dos condôminos **com uma finalidade específica**, diante de uma **situação emergencial**, ou uma **questão que foge da rotina do condomínio.**

Não tem periodicidade legal, como ocorre com as ordinárias, e poderá ser convocada toda vez que houver uma questão que depende de decisão da coletividade, e que não esteja prevista nos casos de assembleia ordinária.

244 Direito Imobiliário

Determinadas questões, como **alteração da convenção do condomínio** e **destinação da edificação**, somente podem ser decididas em assembleias extraordinárias.

14.6.9 Direitos e deveres dos condôminos

A fim de possibilitar **a vida em condomínio** é preciso estabelecer **regras** que delimitem os direitos e imponham deveres aos condôminos.

Sendo assim, a lei tratou de estabelecer os principais pontos, sem, contudo, exaurir todas as situações.

Os direitos estão previstos no art. 1.335 do Código Civil e resumem-se a três hipóteses legais.

a) *Usar, fruir e livremente dispor das suas unidades*, que nada mais é do que o **conjunto de prerrogativas que tem o detentor do domínio do bem**. Em que pese a necessidade de observar regramentos legais, assim como os internos do condomínio, o condômino pode exercer sobre o bem imóvel todo e qualquer direito inerente à propriedade.

Não precisará de autorização para vender ou alugar seu imóvel, tampouco para realizar as reformas que entenda necessárias, mas esses direitos devem ser exercidos de maneira a respeitar as restrições que proíbem, por exemplo, a alienação de vagas de garagem a pessoas estranhas ao condomínio, bem como impedem obras que possam colocar em risco a estrutura do imóvel.

Além disso, o condômino tem o direito de usar do imóvel da forma que melhor lhe convier, desde que respeitada a finalidade do condomínio. Desta maneira, não é possível manter um escritório em um condomínio de uso estritamente residencial.

b) *Usar das partes comuns, conforme a sua destinação*, contanto que não exclua a utilização dos demais compossuidores. É um **conceito bastante amplo** e pode trazer no seu contexto mais deveres do que direitos.

Na realidade, o condômino ao se utilizar da coisa comum precisa respeitar o direito dos demais compossuidores, o que pode, de certa maneira, dar a impressão de restrição de uso.

Sendo assim, tanto a **convenção quanto o regimento interno disciplinam o uso das áreas comuns**, estabelecendo limites, como, por exemplo, quanto ao horário de funcionamento de piscinas e academias, proibição de permanecer com animais domésticos na área comum do edifício, proibir colocação de anúncios nas paredes ou elevadores e tantas outras regras cujo objetivo é minimizar possíveis desentendimentos entre os condôminos em razão do conflito de interesses.

O uso das partes comuns **é facultado ao possuidor do bem**, portanto o locatário ou o comodatário podem usufruir de todos os espaços e equipamentos existentes e à disposição dos condôminos.

c) *Votar nas deliberações da assembleia e delas participar, estando quite.* Diferente do que ocorre em relação ao uso das áreas comuns, que faculta aos possuidores se utilizarem das partes comuns, o direito ao voto é assegurado somente ao condômino, **detentor do direito real sobre o imóvel**.

Contudo, a lei exige que não haja pendências financeiras por parte do condômino, que, se não estiver quite com o pagamento das cotas condominiais, não poderá se manifestar nas assembleias, tampouco votar.

O fato de não ter participado da assembleia nem ter o direito de votar não desobriga o condômino de se sujeitar às deliberações, não podendo arguir que delas não participou.

Apesar de estar impedido de votar, **o condômino inadimplente precisa ser regularmente convocado para a assembleia**, sob pena de protestar pela nulidade do ato, mesmo porque poderá a qualquer tempo, antes da realização da reunião, quitar sua dívida.

Importante consignar que o termo "quite" tem entendimento amplo, e a existência de dívida, por si só, não pode ser motivo para impedir a participação na assembleia. Caso o débito tenha sido negociado e esteja sendo cumprido o acordo, é de se interpretar que o condômino está quite com suas obrigações.

Os **deveres** estão elencados no art. 1.336 do Código Civil e são em maior número que os direitos. Além do rol legal, deve o condômino seguir as regras da convenção de condomínio e do regimento interno.

a) *Contribuir para as despesas do condomínio* **na proporção das suas frações ideais, salvo disposição em contrário na convenção.** Talvez o mais importante dos deveres, especialmente porque **a própria existência do condomínio depende essencialmente do custeio,** que é rateado entre os condôminos e que é pago por meio da cota condominial.

O proprietário contribuirá para as despesas na proporção das suas frações ideais, salvo disposição em contrário na convenção. Desta forma, **aquele que possuir uma fração ideal maior pagará mais,** independentemente do quanto usufrua da parte comum.

Existe bastante discussão se o proprietário de uma cobertura, por exemplo, com área maior do que as unidades tipo, deve pagar mais de contribuição condominial, tendo em vista que a unidade, embora maior, abrigue apenas uma família e, portanto, em tese, o uso das coisas comuns é o mesmo que o das outras unidades.

É possível, contudo é preciso que a **própria convenção estabeleça critérios diferentes para o rateio das despesas da área comum** e, em vez de dividi-las em razão da fração ideal, o faça pelo número de unidades, mesmo que tenham tamanhos diferentes.

Levando-se em conta que as despesas condominiais têm natureza *propter rem*, a obrigação de pagá-las acompanha o bem. Desta forma, cabe ao proprietário do imóvel o pagamento. Em caso de alienação, constando valores em aberto, esses serão cobrados do proprietário atual, que poderá, se for o caso, cobrar regressivamente daquele que alienou o bem e gerou o suposto prejuízo.

A própria lei prevê punição àquele que não pagar as despesas condominiais. Estabelece que o condômino inadimplente ficará sujeito **aos juros moratórios convencionados** ou, não sendo previstos, os **de 1% ao mês e multa de até 2% sobre o débito**.

Não obstante, o não cumprimento da obrigação na data do vencimento enseja o pagamento pelo devedor, além dos débitos em aberto, incluindo juros e correção, também **do pagamento de honorários de advogado**, nos termos da lei.

O inadimplemento sistemático dos coproprietários pode acarretar a ruína do condomínio, inviabilizando a realização de pagamento de itens essenciais como pagamento de funcionários e contas de consumo.

Por essa razão, também é dado ao condomínio, **por deliberação de três quartos** dos condôminos restantes, cobrar

multa no valor correspondente até ao **quíntuplo do valor atribuído à contribuição** para as despesas condominiais do inadimplente contumaz, independentemente das perdas e danos que se apurarem.

Na esteira do quanto prevê o Código de Processo Civil, também é possível que o crédito referente às contribuições ordinárias ou extraordinárias de condomínio edilício, previstas na respectiva convenção ou aprovadas em assembleia geral, desde que documentalmente comprovadas, **podem ser executadas diretamente ou até protestadas**, em razão de terem a **natureza de título executivo extrajudicial**.

Em se tratando de **dívida** *propter rem*, a unidade pode ser **penhorada e leiloada**, se for o caso, para pagamento da dívida, **não** havendo nessa hipótese a configuração da exceção do **bem de família**.

Outra consequência nefasta para o devedor é a **proibição de votar nas deliberações da assembleia e delas participar**, quando não estiver quite com suas obrigações financeiras, ou seja, a inadimplência retira do devedor o direito de participar ativamente das decisões tomadas nas assembleias condominiais.

Conforme se observa, os mecanismos que o condomínio tem para realizar a cobrança das cotas condominiais, assim como para constranger o devedor a pagar regularmente aquilo que é devido, são amplos, razão pela qual não pode adotar outras medidas, senão aquelas previstas em lei.

Uma medida que tem sido utilizada pelos condomínios para coagir aqueles que não pagam suas obrigações condominiais **é a proibição do uso das áreas comuns pelos inadimplentes, providência essa que é ilegal**.

Condomínio 249

A proibição de tal medida coercitiva é inquestionável.

> É ilícita a prática de privar o condômino inadimplente do uso de áreas comuns do edifício, incorrendo em abuso de direito à disposição condominial que proíbe a utilização como medida coercitiva para obrigar o adimplemento das taxas condominiais. Em verdade, o próprio Código Civil estabeleceu meios legais específicos e rígidos para se alcançar tal desiderato, sem qualquer forma de constrangimento à dignidade do condômino e dos demais moradores (STJ, REsp. 1.699.022, Min. Luis Felipe Salomão, grifos nossos).

As despesas condominiais devem ser pagas por todos, **tendo como único critério, em regra, a proporção da fração ideal**. Desta forma, mesmo os imóveis localizados no andar térreo ou com saída diretamente para a rua, como lojas, por exemplo, devem participar do rateio na mesma proporção que as demais unidades.

Decisões do STJ, no entanto, não consideram essa obrigação como absoluta, condicionando a obrigatoriedade do pagamento somente **se existir previsão da convenção nesse sentido**. Em caso de omissão nas regras condominiais, loja térrea, com acesso próprio, **não** pode ser cobrada pelo uso da estrutura que não usufruir.

Em relação aos imóveis desocupados, o pagamento das despesas condominiais é imperativo, não comportando exceções, isso porque **não é possível mensurar o uso que cada condômino faz da coisa comum**. Estão à disposição de todos e, por conta disso, as despesas com sua manutenção obrigam a todos.

O mesmo ocorre com unidades não comercializadas pelas incorporadoras. Consoante já explanado anteriormente, é

ilegal a redução do valor da cota condominial para unidades não comercializadas. A fundamentação para isso é a mesma utilizada para obrigar o pagamento integral pelas unidades não habitadas. A legislação não distingue as situações de ocupação do imóvel como parâmetro para quantificar o valor a ser pago como contribuição condominial.

Sem maiores delongas, até em razão da exploração sobre o tema anteriormente, as razões são simples.

> (...) 3. **A convenção outorgada pela construtora/incorporadora não pode estabelecer benefício de caráter subjetivo a seu favor com a finalidade de reduzir ou isentar do pagamento da taxa condominial.** 4. A taxa condominial é fixada de acordo com a previsão orçamentária de receitas e de despesas, bem como para constituir o fundo de reserva com a finalidade de cobrir eventuais gastos de emergência. 5. A redução ou isenção da cota condominial a favor de um ou vários condôminos implica oneração dos demais, com evidente violação da regra da proporcionalidade prevista no inciso I do art. 1.334 do CC/2002 (STJ, REsp. 1.816.039, Min. Ricardo Villas Boas Cueva, grifos nossos).

b) *Não realizar obras que comprometam a segurança da edificação.* Em que pese existir o direito do condômino de fazer todas as reformas que entender necessárias na sua unidade autônoma, assim como modificar livremente o *layout* interno, por razões mais do que óbvias, referidas obras **não podem comprometer a segurança do edifício** como um todo.

Existe um **"caminho" a ser seguido pelo condômino** para que possa realizar as obras com tranquilidade e segurança, tanto para si próprio quanto para os coproprietários da edificação.

Condomínio   251

Antes de iniciar qualquer obra, **o condômino precisa notificar o síndico sobre sua intenção.** Não se trata de pedir autorização para realizar reformas na unidade privativa, o que é um direito, **mas cientificar aquele que é responsável por fiscalizar as atividades realizadas no condomínio.**

Essa notificação, embora não haja regra para isso, **deve ser feita por escrito com confirmação de recebimento,** a fim de garantir que o encargo foi cumprido pelo condômino, evitando assim questionamentos posteriores. É importante consignar que qualquer alteração, mesmo que pequena, precisa ser comunicada.

A grande maioria dos condomínios possuem **regulamentos específicos para realização de obras,** como, por exemplo, horários em que podem ser realizadas, horários de entregas de materiais e cadastro dos profissionais que irão realizar o serviço, servindo essa comunicação até para permitir que o condomínio esteja preparado para administrar a movimentação incomum que uma obra acarreta.

Na hipótese de o condômino iniciar uma obra sem a devida comunicação, poderá o síndico solicitar que seja paralisada, ou até impedir a entrada de pessoas e materiais para a obra, tendo em vista que é ele o responsável por zelar pela segurança de todos. É possível, ainda, que qualquer pessoa exija na Justiça a paralisação dos serviços até a efetiva regularização.

Essa regularização se dá com a contratação de profissional especializado para elaboração do projeto e apresentação prévia para o síndico do plano de reforma com as etapas da obra, prazo para realização, relação de pessoas que adentrarão no condomínio, entre outras. **A norma ABNT NBR nº 16.280/2014** é a que **regula as obras** em condomínios.

Mas o principal documento, indispensável para que sejam iniciados os trabalhos e que ficará arquivado no condomínio, **é o projeto a ser executado**, assinado por engenheiro ou arquiteto, **além da emissão da ART** (anotação da responsabilidade técnica) ou RRT (registro de responsabilidade técnica).

Esse plano de execução com os respectivos projetos deverá ser analisado por um perito contratado pelo condomínio e um advogado, para que avaliem tanto a regularidade jurídica quanto técnica da obra, e somente depois do aval desses profissionais é que a obra poderá ser iniciada.

Poderá o síndico ou seu preposto **visitar a obra com a frequência necessária** a fim de verificar se os trabalhos que estão sendo realizados são aqueles constantes no projeto aprovado.

Concluída a obra, compete ao síndico a **verificação final juntamente com o condômino**, assegurando que os trabalhos foram realizados exatamente como aprovados no projeto, exigindo do dono do imóvel uma declaração, por escrito, de que a obra foi finalizada. Todos os documentos devem ser arquivados para fazerem parte do histórico do edifício.

c) *Não alterar a forma e a cor da fachada, das partes e esquadrias externas.* Ainda no campo referente às obras, **é defeso ao condômino modificar as áreas externas da edificação.** Entende-se por área externa as fachadas e esquadrias, cujas formas ou cor não poderão ser alteradas pelo proprietário da unidade. **Para mudar a fachada do prédio, precisará da aquiescência da unanimidade dos condôminos.**

É permitido, no entanto, que elementos de segurança, como **redes de proteção e grades, possam ser colocadas nas janelas, sem que isso implique modificação da fachada.** Muitos

Condomínio **253**

condomínios têm previsto em suas convenções ou regimento interno o padrão de material e de cor a serem utilizados, e, nesse caso, ele precisará ser seguido.

Outro fenômeno das novas edificações são os **terraços ou varandas *gourmet***, que são fechados com vidros e, com isso, ampliam a área interna do apartamento. Tal procedimento ainda não foi motivo de estudo pelos legisladores e, por falta de lei que regule tal prática, doutrina e jurisprudência são fontes das decisões.

Em linhas gerais, o entendimento majoritário é que **o envidraçamento da sacada**, desde que seja com vidro transparente, sem caixilhos aparentes e que permite a abertura total, **não modifica a forma da fachada**.

Existe ainda a discussão se tal fechamento representa aumento da área construída, o que implicaria outro problema, desta vez administrativo, em razão de eventual acréscimo de área construída.

Por fim, em razão de ser a segurança um fator muito mais importante do que normas estéticas ou administrativas, antes de decidir pelo fechamento das sacadas, **o ideal é que o tema seja discutido entre os condôminos** e seja elaborado um **estudo de carga** para verificar se o acréscimo de peso em razão do envidraçamento não comprometerá a estrutura da edificação.

d) *Dar às suas partes a mesma destinação que tem a edificação.* Destinar a **unidade para finalidade diferente daquela estabelecida na convenção do condomínio caracteriza falta grave**. Desta forma, não pode ser montado um escritório em um edifício residencial, por exemplo. Não poderá nem ser exercida atividade por profissional liberal, recebendo clientes, pois isso também caracteriza uma atividade comercial.

No caso de o proprietário se utilizar da unidade para finalidade distinta daquela autorizada na convenção, se depois de notificado não cessar o uso irregular, é dever do síndico tomar as providências necessárias, inclusive propor ação judicial, a fim de compelir o infrator a adequar o uso em harmonia com a destinação do prédio.

e) *Utilizar de maneira prejudicial ao sossego, salubridade e segurança dos possuidores, ou aos bons costumes.* É um conceito muito amplo e não existe uma definição que abarque todas as situações de forma objetiva, mesmo porque o barulho que atrapalha o sossego, por exemplo, é relativo.

Especialmente nos novos tempos, **conceito de bons costumes também é extremamente relativo** e torna-se impossível determinar o que é certo ou o que é errado. Fatores sociais e culturais mudaram ao longo do tempo, desta forma o que pode ser imoral para uma pessoa de 80 anos, é absolutamente normal para um jovem de 18 anos.

O que precisa ser levado em conta é o **senso comum e o bom senso**. Os ruídos produzidos devem estar dentro dos limites razoáveis e compatíveis com o ritmo de vida das pessoas.

Não se pode, por exemplo, exigir que crianças quando estiverem brincando fiquem em silêncio absoluto. Porém não se pode tolerar que o barulho e a algazarra que provocam fiquem além do razoavelmente aceitável, de modo a perturbar o sossego alheio.

Espera-se daqueles que vivem em condomínio o senso de coletividade e de boa vizinhança. **O respeito aos direitos do outro é fundamental para uma convivência harmoniosa.**

Cumpre esclarecer que, quando se fala em barulho, **a referência não é somente ao ruído noturno.** Muitos pensam que existe uma "lei do silêncio" geral para todos, porém isso não é verdade. O que existem são regulamentações estaduais e municipais que buscam controlar os diversos tipos de ruídos.

Além disso, a maioria das convenções estabelece horários para que seja respeitado o silêncio, **normalmente a partir das 22 horas**. Em que pese as convenções terem liberdade de estabelecer quaisquer horários, esse é o que se usa quase que de forma padronizada.

Não obstante, muitos pensam que, se existe norma que estabelece o horário para silêncio, nos demais períodos o barulho é livre, porém isso não é verdade. **Não existe horário no qual se possa fazer o barulho que quiser.**

Dessa maneira, aquele que ouve música em alto volume **durante o dia** inteiro também está **infringindo as regras**, sendo que o vizinho que se sentir prejudicado tem o direito de fazer cessar as interferências prejudiciais à segurança, ao sossego e à saúde dos que ali habitam, provocadas pela utilização de propriedade vizinha.

Além disso, a Lei de Contravenções Penais estabelece que **aquele que perturbar alguém, o trabalho ou o sossego alheio**, com gritaria ou algazarra, exercendo profissão incômoda ou ruidosa, em desacordo com as prescrições legais, abusando de instrumentos sonoros ou sinais acústicos, ou provocando ou não procurando impedir barulho produzido por animal de que tem a guarda, **poderá ser punido com pena de prisão, além de pagamento de multa**.

Nessa **seara dos barulhos** inserem-se também os **animais de estimação**. A convenção pode **regulamentar o direito de possuir animais** de estimação no condomínio, como, por exemplo, exigir que o animal seja carregado no colo nas áreas

256   Direito Imobiliário

comuns ou use focinheira, proibir determinadas raças de ca-
chorros sabidamente agressivas, entre outras.

Contudo, não pode a convenção proibir de forma ge-
neralizada a permanência de qualquer animal no edifício, devendo respeitar o direito de propriedade. Nunca é demais
lembrar que o proprietário tem o direito de fazer o que bem
entender com seu imóvel, **desde que suas ações não violem
o direito alheio.**

Assim, se alguém que possui um cachorro pequeno, man-
so e adestrado, ou aquele que tem um gato de estimação não in-
fringem as normas de boa vizinhança, **a proibição geral é ilegal.**
Nesse sentido, tem-se que

> se a convenção proíbe a criação e guarda de animais de
> quaisquer espécies, a restrição pode se revelar desarra-
> zoada, haja vista que determinados animais não apresen-
> tam risco à incolumidade e à tranquilidade dos demais
> moradores e dos frequentadores ocasionais do condo-
> mínio (STJ, REsp. 1.783.076, Min. Ricardo Villas Bôas
> Cueva).

Outra situação que também pode causar desentendi-
mento entre os vizinhos é em relação ao **tabagismo.** Aqueles
que possuem o hábito de fumar nas janelas, embora o fumo de
cigarros seja lícito, **poderão ser compelidos a não mais fazê-lo**
se em razão dessa prática o condômino esteja causando problemas aos seus vizinhos.

14.6.10 Punições para infrações

a) *Regra geral.* Aqueles que de alguma forma **violarem as
normas** previstas na convenção condominial **poderão
sofrer sanções**, que também devem estar estabelecidas

no mesmo documento, desde que não sejam contrárias ao que determina a lei.

As medidas adotadas pelo síndico podem ir de uma **simples conversa** – o que se revela a melhor solução, pois na maioria das vezes as partes acabam se entendendo e se evitam maiores atritos – a **uma advertência ou aplicação de multa.**

É bem verdade que **a lei não estabelece a conversa prévia** como condição para aplicação de multas, o que pode estar previsto na **convenção condominial.** Havendo previsão expressa ou não, o bom senso diz que esse é o melhor caminho.

Na hipótese de o morador insistir **na prática de atos contrários às normas do condomínio,** tem o síndico o dever de **adotar as medidas necessárias** para que cessem tais atos. A Lei Civil estabelece que compete ao síndico cumprir e fazer cumprir a convenção, o regimento interno e as determinações da assembleia, bem como **impor e cobrar as multas devidas.**

Insista-se que a aplicação de multas por parte do síndico requer que **a conduta imputada ao condômino seja contrária ao que estiver estabelecido na lei, na convenção ou no regimento.** Sem previsão expressa anterior, que considere o ato como faltoso, não poderá ser aplicada a sanção.

Isso porque o síndico deve somente fazer cumprir a convenção e o regimento, porém não lhe é dado o direito de criar normas, tampouco estabelecer sanções ao seu livre arbítrio.

Havendo previsão que caracteriza o ato como faltoso, é necessário que se **notifique o condômino acerca das providências adotadas e esclarecendo a fundamentação da penalidade,** facultando-lhe a apresentação de defesa. As alegações do condômino deverão ser analisadas pelo síndico e pelo conselho e, somente **se não forem aceitas, será lavrada a multa.**

b) *Punição para reiteradas infrações.* Existem casos nos quais o condômino, ou possuidor, **não cumpre reiteradamente com os seus deveres perante o condomínio**, caracterizando-se como **infrator contumaz**. Nessa hipótese, poderá, por deliberação de **três quartos dos condôminos restantes**, ser constrangido a pagar multa correspondente até ao **quíntuplo do valor atribuído** à contribuição para as despesas condominiais, conforme a gravidade das faltas e a reiteração, independentemente das perdas e danos que se apurem.

O termo **"reiteradamente" não é suficiente**, por si só, para estabelecer quais tipos de comportamento podem ser punidos com a aplicação de multa maior. A subjetividade traz um sério problema, primeiro porque não fica claro se reiteradamente se refere a diversos tipos de infrações de modo costumeiro, ou a prática de um mesmo ato faltoso diversas vezes.

Seja como for, exige a lei que o caso concreto seja levado para a apreciação dos condôminos restantes, que **deverão decidir se a situação apresentada se enquadra no previsto no art. 1.337 do Código Civil**, e, por consequência, aplicar a **multa aumentada**, se for o caso.

c) *Punição por conduta antissocial.* A mais grave das penalidades que pode ser aplicada em razão do descumprimento das normas condominiais é a punição para o condômino ou possuidor que, **por seu reiterado comportamento antissocial**, gerar **incompatibilidade de convivência** com os demais condôminos ou possuidores.

Estabelece a Lei Civil que, nessas hipóteses, poderá o infrator ser constrangido a pagar **multa correspondente ao décuplo do valor atribuído à contribuição** para as despesas condominiais, até ulterior deliberação da assembleia.

Ressalte-se que a aplicação da sanção sem garantir ao infrator que apresente sua defesa é ilegal.

> Ocorre que a gravidade da punição do condômino antissocial, sem nenhuma garantia de defesa, acaba por onerar consideravelmente o suposto infrator, o qual fica impossibilitado de demonstrar, por qualquer motivo, que seu comportamento não era antijurídico nem afetou a harmonia, a qualidade de vida e o bem-estar geral, **sob pena de restringir o seu próprio direito de propriedade** (STJ, REsp. 1.365.279, Min. Luis Felipe Salomão, grifos nossos).

Existem casos, porém, que nem a aplicação da sanção máxima é suficiente para coibir o condômino de continuar agindo de determinada maneira. Dessa forma, será necessária a adoção de medidas mais drásticas, que vão além da competência do síndico e do próprio condomínio.

Em que pese não haver expressamente na lei previsão para outras punições, é possível **requerer judicialmente a expulsão do condômino**, desde que

> verificando-se que a sanção pecuniária mostrou-se ineficaz, a garantia fundamental da função social da propriedade (arts. 5º, XXIII, da CRFB, e 1.228, § 1º, do CC) e a vedação ao abuso do direito (arts. 187 e 1.228, § 2º, do CC) justificam a exclusão do condômino antissocial, desde que a ulterior assembleia prevista na parte final do parágrafo único do art. 1.337 do Código Civil delibere a propositura de ação judicial com esse fim, asseguradas todas as garantias inerentes ao devido processo legal (Enunciado nº 508, V Jornada de Direito Civil).

14.6.11 Extinção do condomínio edilício

Nessa espécie de condomínio **não é possível a extinção por divisão da coisa**, por se tratar de **bem indivisível**. Dessa

260 Direito Imobiliário

forma, as hipóteses de extinção são mais restritas consoante disciplina o art. 1.357 do Código Civil.

Haverá a extinção do condomínio pela **ruína do prédio.** Se a edificação for total ou consideravelmente destruída, ou ameace ruína, os condôminos deliberarão em assembleia sobre a reconstrução, ou venda, por votos que representem metade mais uma das frações ideais. **Decidindo pela venda, estará extinto o condomínio.**

A lei estabelece também que **para a venda será preferido o condômino** ao estranho, em condições iguais de oferta e que o valor apurado será repartido entre os condôminos, proporcionalmente ao valor das suas unidades.

Em caso de desapropriação pelo Poder Público também haverá a extinção. Da mesma forma o valor recebido de indenização, **que será paga pelo todo e não individualmente para as unidades,** será repartido na proporção do valor de cada imóvel privativo.

Caso todas as unidades sejam alienadas a uma única pessoa, seja física ou jurídica, extinguir-se-á o condomínio por razões óbvias, pois não existe mais a copropriedade.

14.7 Condomínio de lotes

Uma modalidade bastante recente é a de **condomínio de lotes,** que se insere nas **regras do condomínio edilício.** Tal norma é fruto da necessidade de regulamentar o que já existia na prática.

Cria-se certa confusão, pois **loteamento e condomínio são figuras distintas.** Há várias espécies de loteamento, mas os loteamentos, na sua forma mais tradicional, utilizam a infraestrutura pública, como, por exemplo, as ruas e praças do loteamento são públicas (assunto tratado em capítulo específico).

Aqui detalharemos a modalidade de **condomínio por lotes**, que a exemplo do condomínio edilício **não é o terreno resultado do parcelamento que pertence ao adquirente**, mas sim uma **fração ideal** composta de áreas privadas, e de uso comum, que **nesse caso não são públicas**, pois pertencem aos condôminos e somente estes poderão se utilizar da infraestrutura.

Trata-se, portanto, de uma **modalidade híbrida** de ocupação que se assemelha ao parcelamento, uma vez que **são comercializados terrenos a serem edificados**, e por outro lado se enquadram na **Lei de Condomínios**, ao passo o adquirente será proprietário de uma **fração ideal do terreno** como um todo, **cujas ruas, passagem e demais equipamentos localizados dentro da gleba serão privados de uso exclusivo dos condôminos**.

Também **não se confundem com os condomínios de casas ou condomínios no plano vertical**, nos moldes do quanto previsto no art. 8° da Lei n° 4.591/1964, porque nessa modalidade é preciso que as casas estejam construídas, ou que haja ao menos um projeto aprovado, a exemplo do que ocorre com os condomínios horizontais.

A instituição do condomínio de lotes **pode ocorrer por meio da incorporação imobiliária**, ou pela **constituição direta do condomínio**, desde que autorizado pelo município, tendo em vista ser esse o **responsável pela gestão do seu território**.

Dessa forma, poderá a municipalidade **instituir limitações administrativas e direitos reais sobre coisa alheia** em benefício do Poder Público, da população em geral e da proteção da paisagem urbana, tais como **servidões de passagem, usufrutos e restrições à construção de muros**.

262   Direito Imobiliário

Será necessário que, aprovado o projeto de loteamento, o loteador promova o **registro imobiliário dentro de 180 dias**, sob pena de caducidade da aprovação.

É de se ressaltar que o incorporador somente poderá negociar o lote depois de ter arquivado, no cartório competente de **Registro de Imóveis**, os documentos exigidos por lei, relacionados no art. 32 da Lei n° 4.591/1964, dentre eles **o memorial de incorporação** e a **minuta da futura convenção de condomínio**.

Importante mencionar que os projetos a serem apresentados referem-se aos de implantação do condomínio, **contudo não são necessários os projetos dos imóveis particulares a serem edificados**.

14.8 Condomínio em multipropriedade

Outra inovação legislativa recente instituiu o **condomínio em multipropriedade**, previsto nos arts. 1.358-O a 1.358-U do Código Civil, também conhecido por *time sharing*, modalidade na qual **cada um dos proprietários de um mesmo imóvel é titular de uma fração de tempo**, à qual corresponde a faculdade de uso e gozo, com exclusividade, da totalidade do imóvel, a ser exercida pelos proprietários de **forma alternada**.

Pode-se definir multipropriedade como

> **a relação jurídica de aproveitamento econômico de uma coisa móvel ou imóvel**, repartida em unidades fixas de tempo, de modo que diversos titulares possam, cada qual a seu turno, **utilizar-se da coisa com exclusividade e de maneira perpétua** (TEPEDINO, 1993, p. 1, grifos nossos).

Nessa modalidade a fração é de tempo, cujo prazo, segundo a Lei Civil é **de, no mínimo, sete dias**. Aplicam-se as **normas condominiais de forma subsidiária**, sendo que as regras da convenção e do regimento interno devem ser respeitadas, sob pena de sanções administrativas.

A lei estabelece a quantidade mínima de dias a que cada multiproprietário terá direito, **entretanto não estabelece um período máximo**. Assim sendo, é possível a aquisição de frações maiores que a mínima, com o correspondente direito ao uso por períodos também maiores.

A administração do imóvel e de suas instalações, equipamentos e mobiliário será de **responsabilidade da pessoa indicada no instrumento de instituição ou na convenção de condomínio**, ou ainda por pessoa escolhida em assembleia, caso não haja a referida indicação.

Embora não obrigatório, mas aconselhável, é **que a administração seja exercida por empresa especializada**, tendo em vista as inúmeras peculiaridades do negócio. Cabe ao administrador, uma espécie de síndico, entre outras tarefas coordenar a utilização do imóvel pelos multiproprietários **e determinar os períodos concretos de uso e gozo exclusivos de cada ano**.

Além disso, cabe também ao administrador **realizar a manutenção, conservação e limpeza do imóvel**, a troca ou substituição de instalações, equipamentos ou mobiliário, mediante a realização de pesquisa de preços e apresentação de orçamentos em assembleia, bem como o pagamento das contas do condomínio.

O imóvel deve estar pronto para ser utilizado. E o uso pode ser do proprietário ou de terceiros, tendo em vista que há um direito real durante determinada fração de tempo e, nesse período, **goza o condômino dos direitos inerentes ao proprietário.**

A transferência do direito de multipropriedade se dá na forma da Lei Civil **independentemente da anuência ou cientificação dos demais multiproprietários.** Essa alienação pode ser feita para qualquer pessoa, e **não haverá direito de preferência** em favor dos demais multiproprietários ou do instituidor do condomínio, salvo se estabelecido na convenção.

Além da matrícula do imóvel, **haverá uma matrícula para cada fração de tempo,** na qual se registrarão e averbarão os atos referentes à respectiva fração de tempo, que poderá, em função de legislação tributária municipal, **ser objeto de inscrição imobiliária individualizada.**

15

Locação

15.1 Introdução

Todos os contratos de **locação de imóveis** urbanos, residenciais, comerciais e por temporada **são regidos** por lei específica – **Lei n° 8.245/1991**, conhecida como Lei do Inquilinato ou Lei de Locação (LL).

É norma de aplicação obrigatória, não podendo as partes renunciar a direitos, consoante se depreende da leitura do art. 45, que estabelece que

> são nulas de pleno direito as cláusulas do contrato de locação **que visem a elidir os objetivos da presente lei**, notadamente as que proíbam a prorrogação prevista no art. 47, ou que afastem o direito à renovação, na hipótese do art. 51, ou que imponham obrigações pecuniárias para tanto (grifos nossos).

Contudo, **não são regulados pela lei do inquilinato** a locação de imóveis de **propriedade da União, dos estados e dos municípios**, de suas autarquias e fundações públicas, vagas autônomas de garagem, espaços destinados à publicidade, apart-hotéis, hotéis-residência ou equiparados, assim considerados aqueles que

266 Direito Imobiliário

prestam serviços regulares a seus usuários e como tais sejam autorizados a funcionar e o arrendamento mercantil, em qualquer de suas modalidades, e estes serão regulados pelo **Código Civil e demais leis especiais.**

Importante ressaltar, também, que o art. 1° da Lei do Inquilinato estabelece que a locação de imóvel urbano será regulada por essa lei, excluindo, portanto, as **locações de imóveis rurais**, cujas regras são regidas pelo **Estatuto da Terra**, Lei n° 4.504/1964.

O art. 3° do Decreto n° 59.566/1966, que regulamenta o Estatuto da Terra e trata dos arrendamentos rurais, é claro ao estabelecer que

> **arrendamento rural é o contrato agrário** pelo qual uma pessoa se obriga a ceder à outra, por tempo determinado ou não, **o uso e gozo de imóvel rural,** parte ou partes do mesmo, incluindo, ou não, outros bens, benfeitorias e ou facilidades, com o objetivo de nele ser exercida **atividade de exploração agrícola, pecuária, agroindustrial, extrativa ou mista,** mediante, certa retribuição ou aluguel, observados os limites percentuais da lei (grifos nossos).

Dessa forma, não basta que o imóvel esteja localizado em área rural, é preciso saber qual sua **verdadeira destinação**, ou seja, **se foi locado para uso tipicamente rural**, como arrendamento de fazenda para plantação ou criação de gado, por exemplo, ou se o imóvel, apesar de localizado fisicamente em área tida como rural, tem a finalidade de abrigar indústria, comércio ou simplesmente residência.

Sendo locado o imóvel para fins comerciais ou estritamente residenciais, mesmo que em área não urbana, a locação deve ser regulada pela Lei n° 8.245/1991, pois é a **finalidade** à qual se destina que prevaleça.

15.2 Definição e características

É um **contrato bilateral, de trato contínuo e oneroso**, no qual o locador assume a obrigação de entregar ao locatário um imóvel para pleno uso e gozo, por prazo determinado ou indeterminado, e o locatário, por sua vez, obriga-se a pagar o preço ajustado contratualmente. Conclui-se, portanto, que é um **contrato sinalagmático, pois traz obrigações para ambas as partes.**

Tem-se que os contratos locatícios necessariamente **emanam da vontade e do consenso das partes**, que já no direito canônico eram definidos como *contractus est duorum vel plurium in idem placitum consensus* (é o consentimento de dois ou mais no mesmo lugar com vontades que se encontram).

Destaca-se que, se o **uso do imóvel não for remunerado**, não se trata de locação, mas **sim de contrato de comodato**. Dessas características, a bilateralidade, a continuidade e a onerosidade são de sua essência. **Daí a importância do recibo nos contratos verbais**, que comprovam o pagamento pelo uso do imóvel.

E nesse sentido dispõe também o art. 565 do Código Civil: "**na locação de coisas, uma das partes se obriga a ceder à outra, por tempo determinado ou não, o uso e gozo de coisa não fungível, mediante certa retribuição**" (grifos nossos). A onerosidade é um dos requisitos para a configuração de um contrato de locação.

Por ser um contrato que traz **obrigação pessoal, não se exige**, em regra, que o **locador seja proprietário do imóvel**, exceto nas situações em que a lei assim determinar. Portanto, é possível que alguém, possuidor de um imóvel, firme contrato de locação de maneira lícita.

268 Direito Imobiliário

"Tendo em vista a natureza pessoal da relação de locação, o **sujeito ativo** da ação de despejo identifica-se com o **locador**, assim definido no respectivo contrato de locação, podendo ou não coincidir com a figura do proprietário" (STJ, REsp. 1.196.824, Min. Ricardo Villas Bôas Cueva, grifos nossos).

A Lei de Locação especifica as hipóteses nas quais é exigida a prova da propriedade para a propositura da ação de despejo. Nos demais casos, é desnecessária a condição de proprietário para o seu ajuizamento.

15.3 Forma dos contratos de locação

Os **contratos de locação podem ser firmados de forma escrita ou verbal e não têm formatação específica** ou obrigatória. Pouco usual, o contrato verbal traz desvantagens para ambas as partes, pois em caso de litígio haverá dificuldades para se comprovar o que foi acordado entre os contratantes.

Sendo o contrato firmado verbalmente, um dos únicos elementos que podem demonstrar a relação locatícia é o recibo. Importante salientar que até mesmo na locação vigente por meio de contrato verbal o locador é obrigado a dar o recibo de pagamento. Tem-se, ainda, que **contratos verbais pressupõem locação por prazo indeterminado**.

15.4 Prazo

Os contratos de locação podem ser **por tempo determinado ou indeterminado**, contudo, se ajustados por prazo igual ou superior a 10 anos, **precisarão de vênia conjugal**, sob pena de desobrigar o cônjuge ao cumprimento do prazo excedente.

Importante ressaltar que, durante a vigência do contrato com **prazo determinado**, o locador não poderá retomar o imóvel antes de transcorrido o tempo previsto para a locação. O locatário, por sua vez, poderá rescindir imotivadamente o vínculo contratual antes do prazo estipulado, pagando proporcionalmente **a multa estabelecida no contrato** ou fixada judicialmente.

A **multa** supracitada **deve estar prevista em contrato** e será paga para o locador, de **forma proporcional** ao período restante do contrato, quando o locatário decide solicitar a rescisão do contrato de forma antecipada.

Essa multa só será devida em contratos por prazo determinado, tendo em vista que contratos **por prazo indeterminado podem ser rescindidos a qualquer momento sem nenhuma penalidade**, bastando para isso a notificação de uma parte à outra com antecedência mínima de 30 dias.

Exceção a essa regra ocorre quando a rescisão por parte do locatário se der em razão de **transferência pelo seu empregador do local de trabalho**. Essa exceção trazida pela legislação específica visa **isentá-lo de penalidades**, em razão de fato superveniente, do qual não sabia anteriormente e cujo qual ocorreu independentemente de sua vontade. Nesses casos, **não poderá ser exigida multa por devolução antecipada do imóvel.**

> O locatário ficará dispensado da multa se a devolução do imóvel decorrer de transferência, pelo seu empregador, privado ou público, para prestar serviços em localidades diversas daquela do início do contrato, e se notificar, por escrito, o locador, com prazo de, no mínimo, 30 (trinta) dias de antecedência (art. 4º, parágrafo único, LL).

O locatário que estiver empregado e for transferido para outro local, deve fazer **uma notificação com antecedência de 30**

270   Direito Imobiliário

dias, e enviá-la ao proprietário do imóvel, juntando documentos que comprovem que ele irá trabalhar em outra localidade, constando nesse documento o **endereço do futuro local de trabalho.**

Essa regra, no entanto, vale apenas se a transferência implicar mudança do empregado para localidade distante, **tornando impossível o deslocamento diário para o novo local de trabalho.**

Existem situações em que, para exercer seus direitos, locador ou locatário precisam que o contrato seja firmado por escrito e com prazo determinado.

Na **locação residencial**, havendo contrato verbal, o locador não poderá retomar o imóvel fundado no **art. 46**, que autoriza a resolução do contrato findo o prazo estipulado, independentemente de notificação ou aviso. Para se valer desse direito, de retomar o imóvel ao final do prazo contratual, exige a lei contrato escrito, **com prazo mínimo de 30 meses,** como requisito essencial para sua validade.

Nos **contratos comerciais**, também é a própria lei que, no art. 51, **exige contrato escrito e com prazo determinado** como condição para ação renovatória.

15.5 Término da locação

Ao final da locação, no caso de recusa do locatário para a devolução do imóvel, o **locador poderá retomá-lo judicialmente por meio da ação de despejo**, única possível para reaver o imóvel, exceto se a locação termine em desapropriação. Nesse caso específico, a ação para a retomada do imóvel é a imissão na posse.

O contrato de locação se encerra ao final do contrato por prazo determinado. Os contratos por prazo indeterminado têm regramentos próprios que serão tratados mais adiante.

Sendo esse por prazo determinado, o **locador somente pode pedir a resolução do contrato de forma antecipada por razões específicas**, também elencadas em lei. São motivos autorizadores da retomada do imóvel de forma antecipada: **o mútuo acordo; a falta de pagamento de aluguéis; infrações contratuais cometidas pelo locatário, e para realização de reparos urgentes determinados pelo Poder Público** que inviabilizem o uso do imóvel.

A **falta de pagamento e outros encargos** é o principal fator que autoriza o locador a retomar de forma antecipada o imóvel, caso não haja quitação dos valores em aberto.

Existem outras situações específicas que permitem a retomada do imóvel, durante a vigência do contrato, a saber:

a) *Usufruto na locação*. Nos casos de locação firmadas por usufrutuário ou fiduciário, **com a extinção do usufruto ou fideicomisso**, desde que não haja anuência expressa do nu-proprietário ou fideicomissário, poderão estes denunciar a locação dentro do **prazo de 90 dias** contados da extinção do fideicomisso ou averbação da extinção do usufruto.

Em linhas gerais, o usufruto é uma das formas de direito real legalmente exercido, em nome próprio, de qualquer dos poderes inerentes à propriedade, de qualquer bem, móvel ou imóvel, parcialmente ou sobre o todo. **O usufrutuário tem o direito de retirar da coisa alheia durante um certo período proveitos desde que não altere ou modifique a coisa.** O tema usufruto é tratado em capítulo próprio nesta obra e poderá ser entendido de forma mais detalhada.

Para a **Ministra Nancy Andrighi**, "o usufruto, em linhas gerais, pode ser definido como o direito real que o

272 Direito Imobiliário

proprietário – permanecendo com o poder de disposição (nua propriedade) – transfere a um terceiro as faculdades de usar determinados bens e de retirar-lhes os frutos" (STJ, REsp. 1.179.259).

Com a morte do usufrutuário, o nu-proprietário se sub-roga nos direitos e obrigações de locador e pode praticar todos os atos atinentes a este durante a vigência do contrato. **Não é necessária nenhuma alteração no contrato outrora firmado, bastando comunicar o locatário.**

Esse é o ensinamento do **Ministro Luis Felipe Salomão:**

> Não houve novação com a morte de locadora, usufrutuária, em tal circunstância a ensejar automático trespasse de direitos a nu-proprietários do imóvel locado, assim perfeitamente legitimados a demandar, aqui por **meio de ação de despejo por falta de pagamento cumulada com cobrança.** É o que cabe apreender, à consideração do disposto no artigo 7º, da Lei nº 8.245/1991, em hipótese em que, não havendo denúncia do contrato, a partir da extinção do usufruto, nu-proprietários assim admitiram a subsistência do vínculo locatício, sendo ainda relevante observar que o inadimplemento, de que se cogita, está relacionado a interregno posterior à extinção do usufruto (fls. 20/21 e 29) (STJ, REsp. 2019/0243836-5, grifos nossos).

b) *Venda ou doação durante a locação.* Outra possibilidade de extinção do contrato, antes de finalizado o prazo contratual, é a **venda ou doação do imóvel durante a locação**. Partindo-se do princípio de que o contrato faz lei entre as partes e que em relação a terceiros têm efeitos relativos, não é possível exigir daquele que não tenha participado e anuído ao contrato o cumprimento da obrigação.

Sendo assim, **o novo proprietário terá o prazo de 90 dias para denunciar o contrato**, sob pena de anuí-lo tacitamente pelo não exercício de retomada, obrigando-se a manter o contrato de locação. Se notificado dentro do prazo legal, **o locatário terá 90 dias para desocupar o imóvel.**

Porém, caso o contrato de locação estabeleça cláusula de vigência, o alienante será obrigado a manter o contrato na forma anteriormente estabelecida, desde que essa cláusula esteja averbada na matrícula do imóvel.

Tal providência visa dar publicidade acerca da locação, impedindo o novo proprietário de alegar desconhecimento da ocupação do imóvel, e a falta da averbação torna sem efeito eventual cláusula contratual que resguarde a locação.

Ao decidir sobre o tema, o **Ministro Ricardo Villas Bôas Cueva**, assim decidiu:

> A controvérsia gira em torno de definir se o contrato de locação com cláusula de vigência em caso de alienação precisa estar averbado na matrícula do imóvel para ter validade, ou se é suficiente o conhecimento do adquirente acerca da cláusula para proteger o locatário. 3. **A lei de locações exige, para que a alienação do imóvel não interrompa a locação, que o contrato seja por prazo determinado, que haja cláusula de vigência, e que o ajuste esteja averbado na matrícula do imóvel.** 4. Na hipótese dos autos, não há como opor a cláusula de vigência à adquirente do *shopping center*. Apesar de no contrato de compra e venda haver cláusula dispondo que a adquirente se sub-rogaria nas obrigações do locador nos inúmeros contratos de locação, não há referência à existência de cláusula de vigência, muito mesmo ao fato de que o comprador respeitaria a locação até o termo final. 5. **Ausente o registro, não é possível impor**

274   Direito Imobiliário

restrição ao direito de propriedade, afastando disposição expressa de lei, quando o adquirente não se obrigou a respeitar a cláusula de vigência da locação (STJ, REsp. 2017/0101094-9, grifos nossos).

15.6 Transmissão e sub-rogação da locação

15.6.1 Morte do locador

Em caso de morte do locador, a locação transmite-se aos herdeiros, **de forma automática, sem necessidade de assinatura de outro contrato.** Basta que os herdeiros comuniquem formalmente o locatário sobre o óbito e indiquem a qualificação e dados bancários do beneficiário dos aluguéis.

Importante levar em conta que, nos casos em que houver disputa entre os herdeiros, **o locatário precisa se certificar de que o recebedor tem poderes para dar quitação.** Caso não haja consenso entre os herdeiros e existam dúvidas sobre quem é o beneficiário dos aluguéis, pode o locatário, para se resguardar, depositar o valor destinando-o ao juiz do inventário, se existente, ou ingressar com uma ação de consignação em pagamento.

15.6.2 Morte do locatário

Quando ocorrer a morte do locatário, **seus herdeiros se sub-rogam nos direitos e obrigações oriundas do contrato.**

Nas locações com finalidade residencial, o cônjuge sobrevivente ou o companheiro, os herdeiros necessários e as pessoas que residiam no imóvel e dependiam do falecido. O objetivo da lei é assegurar o cumprimento do art. 6° da

Constituição Federal, que estabelece o **direito à moradia**, além de **garantir a dignidade da pessoa.**

No caso de locação não residencial, sub-rogam-se nos direitos e obrigações do *de cujus* **o espólio** ou o sucessor no negócio, **objetivando a continuidade das atividades comerciais.**

15.6.3 Divórcio e separação dos locatários

Nos casos de locação residencial, havendo a separação ou divórcio, ou dissolução da união estável dos locatários, **é assegurada automaticamente a um dos cônjuges a permanência no imóvel**, independentemente da vontade ou anuência do locador. É necessário, porém, **a comunicação por escrito do fato.**

Caso a modalidade de garantia locatícia seja a fiança, precisará também **notificar-se o fiador**, que poderá exonerar-se das suas responsabilidades no prazo de 30 dias contado do recebimento da comunicação, ficando este responsável pelos efeitos da fiança durante 120 dias após a notificação ao locador.

Nessa hipótese, fica o locatário obrigado a oferecer outra garantia locatícia, sob pena de cometimento de infração contratual, a qual poderá ensejar, inclusive, eventual ação de despejo.

15.7 Sublocação

A sublocação ocorre quando **o locatário assume o papel de locador e transfere a terceiro, sublocatário, que não figura no contrato principal, os direitos da locação.** Para tanto, cede ao sublocatário os direitos de uso e gozo do imóvel. Desta feita, não existe relação jurídica entre o proprietário do imóvel e o sublocatário.

276 Direito Imobiliário

Para realizar a sublocação ou empréstimo do imóvel, mesmo que de forma parcial, é **necessária a autorização expressa do locador do imóvel**, consoante se depreende da leitura do art. 13 da Lei n° 8.245/1991, sendo certo que a demora do locador em manifestar oposição **não configura consentimento tácito.**

Para a sublocação aplica-se, no que couber, as disposições que tratam das locações. **Encerrada a locação, cessa também a sublocação**, independentemente do motivo que colocou fim ao contrato principal, respondendo o sublocador por eventuais prejuízos causados ao sublocatário em caso de encerramento antecipado do contrato.

Também por previsão legal, **o aluguel da sublocação não pode ser superior ao valor da locação**, exceto no caso de **residência multifamiliar**, hipótese na qual a soma dos aluguéis recebidos pode ser de até o valor do dobro da locação.

Em que pese não haver relação jurídica entre locador e sublocatário, este **responde subsidiariamente pela inadimplência** dos aluguéis vencidos até o momento da propositura da ação, limitados ao da sua dívida com o sublocador, além dos aluguéis que vencerem durante a lide.

15.8 Valores dos aluguéis

O valor do aluguel é **livremente** estabelecido entre locador e locatário, **proibindo a lei a vinculação à variação cambial, ao salário mínimo ou fixação em moeda estrangeira.**

Além do valor do aluguel, poderá ser definida entre as partes **uma multa em caso de inadimplemento.** Lembrando que, em razão de o contrato de locação não se tratar de relação de consumo, eles não são regulados pelo CDC, **e o percentual** da multa não está limitado a 2% do valor do aluguel, podendo ser livremente pactuado.

A forma e o índice de reajustes também são celebrados entre as partes, salientando-se que o período de reajuste não pode ser inferior a um ano nas locações residenciais. Estabelece também a lei que o locador não pode exigir o pagamento adiantado da locação, exceto quando não há garantias por qualquer modalidade, hipótese na qual é lícita a cobrança até o sexto dia útil do mês vincendo. Também está excluída dessa regra a locação por temporada, modalidade na qual é permitida a cobrança antecipada.

Importante mencionar que cobrança de aluguéis de forma antecipada, a não ser nas hipóteses supramencionadas, constitui contravenção penal, punível com pena de prisão ou multa (art. 43, III, Lei nº 8.245/1991).

Recebidos os aluguéis e demais despesas do imóvel pelo locador, é obrigação deste, consoante previsto no art. 22, VI, da Lei nº 8.245/1991, fornecer recibo pormenorizado das importâncias recebidas, sendo proibido recibo de quitação genérica.

15.9 Obrigações do locador

a) Condição fundamental é a **disponibilização do imóvel** ao locatário, durante todo o tempo de locação, **garantindo seu uso e gozo pacíficos e sem interferências**. Fica o locador obrigado a resguardar o locatário dos embaraços e turbações de terceiros, que tenham ou pretendam ter direitos sobre a coisa alugada, e **responderá pelos seus vícios, ou defeitos, anteriores à locação**.

278   Direito Imobiliário

É permitido, contudo, que o proprietário ou seu preposto **vistoriem o imóvel periodicamente**, ou terceiros possam visitá-lo e examiná-lo em caso de alienação, desde que haja prévio agendamento com o locatário.

O locador **é obrigado a entregar ao locatário o imóvel em estado de servir ao uso a que se destina**, bem como responder pelos vícios ou defeitos anteriores à locação.

A fim de evitar futuras contendas acerca do estado do imóvel quando recebido pelo locatário, o locador deve fornecer, se solicitado, **descrição minuciosa do imóvel**, apontando de forma expressa eventuais defeitos existentes.

É importante, nesse caso, **que a vistoria do imóvel seja feita em conjunto com o locatário**, evitando-se dessa forma discussão posterior quanto a eventuais defeitos não relacionados. Na impossibilidade de vistoriarem o imóvel no mesmo momento, é aconselhável que o locatário o faça, antes da ocupação, e registre os defeitos existentes, **documentando com fotos e vídeos os problemas** por ventura encontrados.

b) Cumpre também ao **proprietário pagar as taxas de administração imobiliária**, taxas de intermediação, inclusive aquelas necessárias para checar a idoneidade do pretendente a locatário e seu fiador.

c) Com relação ao **condomínio**, cabe **ao proprietário do imóvel pagar as despesas extraordinárias**. Entende-se por despesas extraordinárias aquelas que fogem aos gastos rotineiros do condomínio e fazem parte das despesas esporádicas. Essas despesas que devem ser arcadas pelo proprietário estão elencadas no parágrafo único do art. 22 da Lei n° 8.245/1991, quais sejam:

Locação **279**

a) **obras de reformas** ou acréscimos que interessem à **estrutura integral do imóvel**; b) **pintura das fachadas**, empenas, poços de aeração e iluminação, bem como das esquadrias externas; c) **obras** destinadas a repor as **condições de habitabilidade do edifício**; d) **indenizações trabalhistas e previdenciárias** pela dispensa de empregados, ocorridas em data anterior ao início da locação; e) **instalação de equipamento de segurança e de incêndio**, de telefonia, de intercomunicação, de esporte e de lazer; f) **despesas de decoração e paisagismo** nas partes de uso comum; g) **constituição de fundo de reserva** (grifos nossos).

d) Outras despesas da **unidade condominial** como **impostos e tarifas públicas**, além do seguro contra incêndio, também cabem ao locador, salvo se o contrário constar expressamente do contrato. Diferentemente das despesas extraordinárias, essas **podem ser repassadas para o locatário por comum acordo entre as partes**.

15.10 Obrigações do locatário

O locatário, embora não seja o proprietário do imóvel, recebe do locador o direito para legalmente exercer, em nome próprio, os poderes inerentes à propriedade, para usar e fruir do imóvel.

a) Uma das principais obrigações do locatário parece óbvia, mas é **pagar pontualmente o aluguel e os encargos da locação**, até o **sexto dia útil do mês seguinte ao vencido**, quando não tiver sido indicado no contrato.

Também é obrigação do locatário pagar as **despesas de consumo**, tais como **água, luz, telefone, internet, gás, esgoto**.

As despesas condominiais ordinárias são de responsabilidade dos locatários residentes em condomínios, exceto se o contrato de aluguel previr de maneira diferente.

Devem também **cumprir integralmente a convenção de condomínio e os regulamentos internos**, responsabilizando-se pelo pagamento de eventuais multas, bem como indenizar o locador **de qualquer prejuízo sofrido em relação aos descumprimentos dessas normas.**

Caso a garantia da locação seja a modalidade **seguro-fiança**, tal encargo também deve ser **suportado pelo locatário.**

Deve o locatário apresentar ao locador **os comprovantes de pagamento das despesas suprainformadas.** Caso seja o locador quem paga diretamente essas despesas, ele poderá cobrar tais verbas juntamente com o aluguel do mês a que se refiram.

Outra obrigação do locatário é **entregar imediatamente documentos de cobrança de tributos, encargos condominiais que não sejam de sua responsabilidade, o pagamento,** bem como qualquer intimação, multa ou exigência de autoridade pública, ainda que dirigida a ele.

b) **Em relação ao imóvel** propriamente dito, o locatário tem o direito de servir-se dele para o uso convencionado ou presumido, compatível com a natureza e com o fim a que se destina, **obrigando-se a conservá-lo em perfeito estado,** como lhe foi entregue.

No caso de danos ao imóvel, cujo reparo seja de responsabilidade do locador, o locatário deve informá-lo imediatamente após o surgimento do problema. **Necessitando o imóvel de reparos urgentes, o locatário é obrigado a autorizar a realização da obra.** Caso os reparos durem mais de **10 dias,** o

Locação **281**

locatário terá direito ao abatimento do aluguel, proporcional ao período excedente, e se perdurar mais de 30 dias, poderá o locatário resilir o contrato, sem pagamento de multa.

Caso as avarias sejam causadas pelo locatário, este tem a obrigação de realizar a imediata reparação dos danos verificados no imóvel ou nas suas instalações, mesmo que tenham sido provocados por terceiros autorizados pelo locatário a ingressar no imóvel.

É vedado ao locatário realizar obras que modifiquem a forma interna ou externa do imóvel sem o consentimento prévio e por escrito do locador. Da mesma forma, é obrigação do locatário, ao final da locação, **devolver o imóvel no estado em que o recebeu,** salvo os desgastes decorrentes do seu uso normal.

c) Contudo, desde que não altere a construção, **pode o locatário realizar benfeitorias.** Neste caso, ao término da locação, **essas benfeitorias podem ou não ser indenizadas, dependendo de suas características.**

Serão indenizadas as benfeitorias necessárias (serviços que visam a conservação do bem ou impedem a sua deterioração) realizadas pelo locatário, mesmo que não autorizadas pelo locador, **e as benfeitorias úteis** (aumentam ou facilitam o uso do bem), **desde que autorizadas,** sendo certo que é permitido o exercício do direito de retenção até o efetivo reembolso.

Já as **benfeitorias voluptuárias** (simples embelezamento) não serão indenizáveis, podendo ser levantadas pelo locatário, finda a locação, **desde que sua retirada não afete a estrutura e a substância do imóvel.**

O art. 35 da Lei n° 8.245/1991 autoriza, contudo, que os contratos de locação poderão **estabelecer por vontade das**

282   Direito Imobiliário

partes a renúncia pelo locatário das benfeitorias úteis e necessárias incorporadas ao imóvel, entendimento esse já sumulado pelo STJ: "Nos contratos de locação, é válida a cláusula de
renúncia à indenização das benfeitorias e ao direito de retenção" (Súmula n° 335, grifos nossos).

15.11 Direito de preferência do locador

O locador pode alienar o imóvel durante a locação a
qualquer tempo, mesmo que haja contrato de locação em curso. Mas para isso existe uma regra na qual é necessário notificar o locatário acerca da intenção da alienação, que pode ser
a venda, a promessa de venda, cessão, promessa de cessão de
direitos ou dação em pagamento.

Essa notificação também deve oportunizar ao locatário
o direito de comprar o imóvel no mesmo preço e condições
oferecidas a terceiros. Essa comunicação deve ser clara e inequívoca e pode ser enviada por qualquer meio, desde que comprovadamente recebida pelo locatário.

É importante que nessa comunicação estejam detalha-
das as condições do negócio, como preço, forma de pagamento, existência de dívidas que recaiam sobre o imóvel, entre
outras. Além disso, oportunizar que o locatário confira toda a
documentação sobre o imóvel que está sendo negociado.

Notificado o locatário, este terá 30 dias para se manifestar sobre a proposta realizada e se há interesse na aquisição
do imóvel. Caso não se manifeste no prazo informado, perde o
direito à preferência, e a negociação pode ser realizada livremente com terceiros.

Manifestando o locatário o interesse na compra do imóvel,
o locador não pode mais desistir da proposta e precisa realizar a

venda, sob pena de não o fazendo responder por perdas e danos, e eventual obrigação de indenizar o locatário.

É importante consignar que **as condições da venda, especialmente preço, devem ser exatamente aquelas informadas na notificação ao locatário**. Caso haja a alienação para terceiros com diferença para menos no valor de venda, o locatário poderá exigir eventual indenização ou até a nulidade do negócio firmado.

Exige a lei, porém, **que para reclamar o direito para si do imóvel alienado o locatário poderá fazê-lo em até seis meses**, contados do registro na matrícula do imóvel, desde que o contrato de locação **esteja averbado pelo menos 30 dias antes da alienação a terceiros**.

Se a ausência de averbação impede o exercício de haver para si o imóvel, **não retira, contudo, o direito a ser indenizado por perdas e danos**.

Nesse sentido, temos a lição do **Ministro Paulo de Tarso Sanseverino** no julgamento do REsp. 2015/0115282-9:

> A questão controvertida central não diz respeito especificamente a existência do direito de preferência do locatário, mas, sim, **a necessidade de se lhe assegurar igualdade de condições em relação ao valor ofertado a terceiros para o exercício desse direito**.
>
> Dessa forma, para responder ao questionamento jurídico da presente demanda, não é necessário saber se o contrato de locação estava ou não averbado na matrícula, pois o direito de preferência, em si, foi respeitado.
>
> Discute-se, especialmente, **a forma como foi oportunizada a preferência aos locatários**, especialmente se foi feita em igualdade de condições com terceiros.

Ademais, é sabido que os contratantes são obrigados a guardar, assim na conclusão do contrato, como em sua execução, **os princípios de probidade e boa-fé**, nos termos do artigo 422 do Código Civil. (...)

No caso dos autos, o Tribunal de origem assentou que o locador faltou com o dever de respeito aos ditames boa-fé objetiva no momento em que notificou o locatário acerca do seu interesse de venda a terceiro, mas afrontando o dever de assegurar igualdade de condições estatuído no art. 27 da Lei nº 8.245.

Quanto ao fato de o locatário deter conhecimento do negócio diferente que o locador estava por realizar com terceiro e mesmo assim **ter optado por exercer seu direito de preferência**, sem a ressalva na escritura pública, tenho que **tal situação depõe justamente contra o locador, e não contra o locatário**.

A ciência do locatário da desigualdade de condições que estava lhe sendo ofertada **não exime o locador de atender o determinado pela lei**, sob pena de infringir o brocardo *venire contra factum proprium*.

Ocorreu, praticamente, **uma confissão quanto à desigualdade de condições do negócio ofertado ao locatário**.

Portanto, **a ciência do locatário do negócio desigual que lhe fora ofertado não lhe retira, nem diminui, o direito de preferência ao negócio em igualdade de condições**.

Pelo contrário, confirma a sua alegação de ter sido feita a notificação sem respeitar a igualdade de condições imposta pela lei, depondo contra o locador (grifos nossos).

Também, temos que destacar, no caso de o imóvel estar sublocado, que **o direito de preferência pode ser exercido primeiro**

pelo sublocatário. Caso este não se interesse pela compra do imóvel, o direito passa para o locatário.

Contudo, existem outras formas de alienação que não garantem ao locatário o direito de preferência. **Estão excluídas desta regra:** a perda da propriedade por **decisão judicial; permuta; doação; integralização de capital social, e cisão, fusão e incorporação de empresas.**

Exclui-se também o direito de preferência quando houver condomínio no imóvel. Neste caso, **é o condômino (ou condôminos) que terão direito à compra da parte do imóvel em detrimento do locatário.** Se esses não se interessarem pela aquisição, vale a regra geral.

15.12 Das garantias locatícias

Segundo a Lei de Locação, **cabe ao proprietário do imóvel** escolher qual a **modalidade de garantia que será exigida do locatário.** Tal providência visa **assegurar ao locatário que os aluguéis serão pagos até o fim do contrato.**

As garantias são estipuladas em contrato acessório ao da locação, em documento apartado ou no próprio corpo do contrato principal. **Tem-se que se o contrato de locação for nulo, por consequência também será nulo o contrato acessório.** De maneira diferente, sendo nulo o contrato da garantia, subsiste o contrato principal (de locação).

A escolha de qual garantia será oferecida deve obedecer aos critérios da lei, que estabelece, em *numerus clausus*, quatro modalidades de garantia: **caução, fiança, seguro de fiança locatícia e cessão fiduciária de quotas de fundo de investimento** (art. 37, Lei nº 8.245/1991).

286   Direito Imobiliário

Proibição de dupla garantia. A lei também estabelece que é **vedada**, sob pena de nulidade, **mais de uma das modalidades de garantia** em um mesmo contrato de locação ou sublocação e, **caso o locador desrespeite essa imposição legal**, estará **praticando uma contravenção penal**, prevista no art. 40, II, da Lei n° 8.245/1991, que estabelece que tal contravenção é punível com prisão de 5 dias a 6 meses, além de multa em valores que equivalem de 3 a 12 meses o valor do último aluguel atualizado, valor esse que será revertido em favor do locatário.

Essa nulidade estabelecida por lei não anula todas as garantias dadas, mas tão somente aquela que houver excedido a disposição, entendimento este estabelecido pelo STJ no julgamento do REsp. 868.220/SP.

15.12.1 Caução

É o ato de oferecer um bem em garantia para o pagamento de uma obrigação ou indenização de eventual dano.

O Código Civil delimita dois tipos de garantia da caução, a **garantia real**, que recai sobre os bens do caucionante, ou a **caução fidejussória**, que é uma garantia pessoal oferecida pelo caucionante, a fiança.

Tendo em vista que uma das formas de caução seja a fiança, causa estranheza a Lei de Locação trazer no rol das garantias locatícias a caução e a fiança, como se fossem duas espécies distintas. **O que se tem, na verdade, é que a caução é gênero e a fiança, uma das espécies existentes.**

Em que pese a confusão causada, é a própria lei que trata de diferenciar referidas garantias, estabelecendo no art. 38 da Lei n° 8.245/1991 que **"a caução poderá ser em bens móveis ou imóveis"**.

Ora, se apenas bem móveis e imóveis podem garantir a locação na modalidade caução, fica claro que se **trata de garantia real**, mesmo porque a espécie referente a **garantia pessoal** consta como uma das modalidades possíveis de maneira expressa, qual seja, **a fiança.**

Estabelece, também, a lei requisitos para aperfeiçoar os diversos tipos de garantia.

a) *Caução em dinheiro.* É lícito ao locador exigir o pagamento em dinheiro **do valor equivalente a até três meses de aluguel a título de caução,** estabelecendo todas as condições para aplicação dessa forma de garantia.

> A caução em dinheiro, que não poderá exceder o equivalente a 3 (três) meses de aluguel, **será depositada em caderneta de poupança**, autorizada, pelo Poder Público e por ele regulamentada, revertendo em benefício do locatário **todas as vantagens dela decorrentes por ocasião do levantamento da soma respectiva** (art. 37, § 2º, Lei nº 8.245/1991, grifos nossos).

Em que pese o depósito antecipado dos valores, é de se questionar **a efetividade dessa modalidade de garantia**, isso porque eventual ação de despejo por falta de pagamento dificilmente será proposta com o primeiro atraso nos pagamentos dos aluguéis. Na prática o que se observa são as tentativas preliminares e extrajudiciais adotadas pelo locador a fim de receber o que lhe é de direito e essas **investidas podem demorar mais do que três meses.**

Tem-se, então, que a referida garantia pode não ser suficiente nem para cobrir os prejuízos da fase pré-processual. Levando-se em conta **a morosidade de um processo judicial**, que além de tempo exige desembolso de valores, é de se duvidar que aquele depósito inicial garanta de alguma forma o contrato de locação.

b) *Caução em bens imóveis.* A caução garantida por bens imóveis é para grande parte da doutrina **uma garantia real**, com efeito *erga omnes*, **direito de sequela e direito de preferência.** Ocorre, porém, que a caução não figura entre os direitos reais enumerados no art. 1.225 do Código Civil, razão pela qual alguns juristas defendem não se tratar de direito real.

Sobre o assunto, o **Professor Luiz Antonio Scavone Júnior** defende a posição de que

> ou se trata de direito real e a averbação atribuirá direito de sequela e oponibilidade *erga omnes*, ou de nada adiantará a caução do imóvel que, afinal, não será garantia alguma ou, na melhor das hipóteses, **garantia pessoal limitada a um único bem.** Portanto, a melhor interpretação leva a crer que a caução (garantia) de bens imóveis a que se refere o art. 38 da Lei nº 8.245/1991, **nada mais é que uma hipoteca**, com todas as suas características (SCAVONE JR., 2021, p. 1379, grifos nossos).

Partindo-se desse entendimento, é de se concluir que a **caução em bens imóveis é uma das garantias locatícias mais confiáveis,** tendo em vista que o próprio imóvel oferecido serve para assegurar o cumprimento da obrigação.

Importante frisar que, para ter efetividade referida garantia perante terceiros, é condição essencial que **a caução seja averbada à margem da matrícula do imóvel,** consoante exige o art. 38, § 1º, da Lei nº 8.245/1991.

15.12.2 Fiança

Do latim *fidere* **que significa confiar**, razão pela qual é um **ato, em regra, gratuito e personalíssimo**. É um **contrato unilateral**, tendo em vista que somente ao fiador são imputadas obrigações, que garante satisfazer ao credor uma obrigação assumida pelo devedor, caso este não a cumpra. **Somente poderá ser executado caso haja o inadimplemento por parte do devedor principal.**

O contrato de fiança é acessório ao contrato principal e **necessariamente deve ser por escrito**, no corpo do contrato principal, ou em documento apartado, e não admite interpretação extensiva.

Em sendo um **contrato assessório e subsidiário ao contrato principal**, segue a sorte deste e, quando encerrado o principal e cumpridas todas as obrigações contratuais, também deixa de existir.

A fiança é uma **garantia de natureza pessoal**, também chamada de **fidejussória**, pois ao invés de algum bem garantir o pagamento da obrigação, aqui é o próprio fiador que será demandado e poderá responder com qualquer um de seus bens, não se limitando a um bem específico.

Em regra, exige-se do fiador **a apresentação de um imóvel** que, em tese, garanta o cumprimento da obrigação. **A grande discussão é sobre a penhorabilidade desse imóvel se for único e constituir bem de família.**

Desde 1990, a Lei n° 8.009 estabelece que **há exceção à impenhorabilidade do bem de família caso este seja dado em garantia a fiança**: "art. 3° A impenhorabilidade é oponível em qualquer processo de execução civil, fiscal, previdenciária, trabalhista ou de outra natureza, **salvo se movido**: (...) VII – por obrigação decorrente de **fiança** concedida em contrato de locação" (grifos nossos).

Apesar da existência de lei específica sobre o tema, a discussão sobre a penhorabilidade, ou não, desse bem de família vem há anos causando controvérsia nos Tribunais Superiores, mesmo passados mais de 30 anos da edição da lei.

O assunto também foi sumulado pelo **STJ** em 2015. Dispõe a **Súmula nº 549**: "**É válida a penhora de bem de família pertencente a fiador de contrato de locação**".

Nem por isso se encerraram as discussões, e as divergências ainda são muitas. Recentemente, no RE 1.307.334, o STF resolveu mudar completamente a jurisprudência existente e, em votação apertada, **decidiu pela impenhorabilidade do bem de família, dado em garantia de locação comercial**. Tal decisão é objeto de embargos de divergência ainda não decididos.

No mesmo sentido, em maio de 2021, no REsp. 1.822.033, Ministros da Segunda Seção do Superior Tribunal de Justiça acordaram, por maioria, afetar o recurso especial ao rito dos recursos repetitivos, para definir a possibilidade ou não de penhora do bem de família de propriedade do fiador dado em garantia em contrato de locação comercial.

Mas, ao se manter a decisão como está, cria-se um **grande imbróglio jurídico**, pois a lei que autoriza a penhorabilidade para os casos de prestação de fiança não distingue locação comercial de locação residencial. Não bastasse isso, o próprio STF declarou a constitucionalidade do inciso VII, art. 3º, da Lei nº 8.009/1990. **Como pode agora o mesmo Tribunal negar vigência à lei declarada constitucional? E o que diferencia a locação comercial da residencial em caso de inadimplemento?**

É certo que o locador, proprietário do imóvel, seja ele residencial ou comercial, tem o direito de receber os valores a que faz jus, e não pode agora o Judiciário, em um vai e vem de decisões contraditórias, **negar um direito** que até então estava assegurado.

Outro tema relevante é a autorização do cônjuge, pois para a fiança, **em caso de fiador casado, a lei exige a outorga uxória ou marital, estabelecendo que nenhum dos cônjuges pode, sem autorização do outro**, exceto no regime da separação absoluta, **prestar fiança ou aval**. Tal instituto visa proteger o patrimônio do casal, evitando que um dos cônjuges o dilapide sem anuência do outro.

Caso um dos cônjuges denegue a outorga sem motivo justificado, pode o juiz a requerimento da parte suprir essa necessidade. Na ausência de autorização, seja pelo cônjuge, seja por decisão judicial, torna anulável a fiança prestada sobre todo o ato, inclusive sobre a meação daquele que a prestou.

Dispõe a **Súmula nº 332 do STJ**: "a fiança prestada sem autorização de um dos cônjuges **implica a ineficácia total da garantia**" (grifos nossos).

A ação para anulação da fiança só poderá ser proposta pelo cônjuge que não a concedeu ou a seus herdeiros, não podendo, por evidência, quem a concedeu pleitear sua anulação declarando a própria torpeza.

Em relação à **duração do contrato de fiança**, este por ser contrato acessório **se encerra junto com o contrato principal**.

A questão que se colocava era se prorrogando a locação por prazo indeterminado estaria, ou não, prorrogada a obrigação do fiador, especialmente nos contratos nos quais renunciavam ao direito de pedir exoneração da fiança prestada.

292 Direito Imobiliário

Depois de muitas decisões antagônicas e posicionamentos alternados do STJ sobre a matéria, estabeleceu-se em 2007 que, havendo a cláusula de renúncia, permanecia o fiador obrigado até a entrega das chaves.

Mas, com a edição da **Lei nº 12.112/2009,** que alterou a Lei de Locação, a questão foi textualmente abordada no inciso X do art. 40, que permite **que o fiador se exonere da obrigação ao final do contrato com prazo determinado.** Segundo a redação legislativa, a prorrogação da locação por prazo indeterminado, uma vez notificado o locador pelo fiador de sua intenção de desoneração, **o torna obrigado por todos os efeitos da fiança apenas durante 120 dias após a notificação ao locador.**

15.12.3 Seguro de fiança locatícia

É uma forma de garantia por **meio de um seguro, contratado pelo locatário em favor do locador**, e que assegura o cumprimento de suas obrigações em caso de inadimplência do inquilino.

Em que pese ser mais tranquilo para o locatário a contratação do seguro do que arrumar um fiador, que a cada dia é mais raro, tem como ponto negativo **o custo para sua efetivação.**

Embora não seja a modalidade mais usual de garantia, **é uma das mais aceitas pelos proprietários de imóveis,** tendo em vista a **maior facilidade** em receber as dívidas não quitadas pelo locatário.

Não obstante, há de se observar que o **seguro-fiança garante o pagamento dos aluguéis e acessórios durante o período de vigência do contrato apenas**, não se responsabilizando a seguradora por débitos posteriores a essa data, salvo se houver renovação da apólice.

As seguradoras também costumam ser criteriosas para concessão da cobertura, fazendo uma análise das condições financeiras do interessado na contratação em relação ao valor do aluguel, verificação junto às entidades de proteção ao crédito, histórico das últimas locações, assemelhando-se a pesquisas realizadas por instituições bancárias.

No caso de não pagamento por parte do locatário das despesas oriundas da locação, mesmo que haja o pagamento das dívidas pela seguradora, não significa adimplência do locatário, devendo o locador, único legitimado, **promover a ação de despejo por falta de pagamento.**

Por fim, o fato de os aluguéis e encargos terem sido pagos pela seguradora ao autor não exime o inquilino de ser cobrado, pela seguradora, dos valores que deixou de pagar ao locador. **Essa dívida não paga pelo locatário será cobrada em ação de indenização que poderá ser proposta pela seguradora.**

15.12.4 Cessão fiduciária de quotas de fundo de investimento

Na cessão fiduciária de quotas de fundo de investimento, **o locatário oferece cotas de seu investimento como garantia pelo pagamento das obrigações locatícias,** tornando-as **indisponíveis, inalienáveis e impenhoráveis após a averbação,** cedendo propriedade das cotas para o locador, que, em caso de inadimplemento do locatário, **transfere em definitivo as cotas para si.**

Para tanto o **locatário investidor** que deseja um fundo de investimento como garantia locatícia deve encaminhar um requerimento ao administrador do fundo para que seja registrado o contrato de locação por meio do **termo de cessão fiduciária de cotas.**

294 Direito Imobiliário

Muito mais simples e rápido que um processo judicial, a solução é dada extrajudicialmente, bastando o locador notificar o locatário para o pagamento do débito, sob pena de não o fazendo ter suas cotas transferidas definitivamente, até o limite do débito.

Normalmente se exige o equivalente em cotas a 12 meses de locação, podendo as partes estabelecer livremente sobre a composição dessa garantia, servindo inclusive cotas de terceiros, total ou parcialmente, como garantidoras.

A exemplo do seguro-fiança, o recebimento por parte do locador dos valores a que faz jus por meio de cotas dadas em garantia não torna o locatário adimplente de forma automática, e é possível promover a ação de despejo.

15.13 Modalidades de locação

15.13.1 Locação residencial

É a cessão do imóvel urbano do locador ao locatário para moradia. É o local onde alguém pode ser encontrado habitualmente. Diferente de morada, onde a pessoa pode ficar de forma provisória sem intenção de fixar-se, moradia tem a característica de local no qual a pessoa se estabelece com intenção de permanecer e fixar sua residência, mesmo que não para a vida toda, mas, pelo menos, por um período razoável.

Esse contrato poderá ser firmado por prazo determinado ou indeterminado, porém, nas locações ajustadas por escrito e por prazo igual ou superior a 30 meses, o contrato ficará resolvido de maneira automática, findo o lapso temporal estabelecido, autorizando o locador a retomar o imóvel, independentemente de notificação ou aviso.

Caso o locador não se manifeste sobre a intenção de ter o imóvel restituído no prazo de 30 dias depois de encerrado o contrato, **a locação ficará automaticamente prorrogada por prazo indeterminado**, nas mesmas condições do contrato que se encerrou. Neste caso, para denunciar o contrato, o que poderá fazer a qualquer tempo, o locador deverá **notificar o locatário para desocupação do imóvel em 30 dias**.

Se o contrato de locação for por **prazo indeterminado**, o locador somente poderá reaver o imóvel **de forma imotivada** depois de transcorridos **cinco anos** do seu início. O mesmo prazo mínimo de ocupação de cinco anos se aplica se o contrato escrito for firmado **por período inferior a 30 meses**. Esta é uma situação curiosa pois, em que pese o prazo determinado, a retomada somente poderá ocorrer **depois de cinco anos de execução do contrato**.

Fato diverso ocorre nas **locações não residenciais** (ou comerciais, como são conhecidas), **que possibilita a soma dos prazos de mais de um contrato para atingir o tempo mínimo para autorizar a ação renovatória**. Nos contratos residenciais essa somatória não é possível, tendo em vista que diferente do quanto previsto no art. 51, que traz expressamente a possibilidade de somatória dos prazos contratuais, o art. 46 trata apenas de prazo mínimo de 30 meses, sem nenhuma observação, fazendo crer que o legislador, nesse caso, teve a intenção de fixar o prazo necessário para um contrato único.

Esse é o entendimento externado pelo **Ministro Ricardos Villas Bôas Cueva**, ao relatar o REsp. 1.364.668/MG:

> O art. 46, *caput*, traz a expressão "por prazo igual ou superior a 30 (trinta) meses", sem permitir explicitamente a contagem de múltiplos instrumentos negociais, ainda que haja apenas a prorrogação dos períodos locatícios,

sem a alteração das condições originalmente pactuadas. Assim, **a lei é clara quanto à imprescindibilidade do requisito temporal em um único pacto**, cujo objetivo é garantir a estabilidade contratual em favor do locatário (grifos nossos).

Porém, cumpre destacar que a Terceira Turma daquela Corte considera a possibilidade da somatória dos prazos contratuais, como um prazo único para as ações renovatórias.

Para o Ministro, a impossibilidade de adotar a somatória de prazos para possibilitar a denúncia vazia, **está expressa na própria Lei de Locação**, que no art. 47, V, estabelece a necessidade expressa de contrato escrito por prazo mínimo de 30 meses.

Em razão dessa regra, é comum que em contratos de locação, cuja intenção é firmá-los por períodos inferiores, o prazo seja também por 30 meses, mas, para compensar, inserindo **uma cláusula autorizando o locatário a restituir o imóvel depois de transcorrido um período estipulado entre as partes, isentando-o do pagamento de multa.**

Exceções a essa regra são aquelas previstas no **art. 9.º da Lei n° 8.245/1991**, nas quais a locação poderá **ser desfeita por mútuo acordo, por falta de pagamento dos aluguéis e demais encargos da locação, havendo prática de infração contratual ou legal por parte do locatário, e ainda havendo necessidade de reparações urgentes** determinadas pelo Poder Público, que não possam ser normalmente executadas com a permanência do locatário no imóvel.

Nessa última hipótese, ensinam os juristas **Nagib Slaibi e Romar Navarro de Sá** (2010, p. 336), que o pedido de retomada tem causa em ato administrativo, em que o Poder Público atua com supremacia perante o administrado, tanto que há presunção de veracidade nos documentos públicos que contém a requisição da obra, em face do princípio insculpido no art. 19, II, da Constituição da República.

Por essa razão, o pedido de retomada independe da vontade do proprietário, que precisa dar cumprimento à determinação.

Também é lícito ao proprietário, em contratos por prazo determinado inferiores a 30 meses, desde transcorrido o tempo estabelecido para locação, ou naqueles por prazo indeterminado, retomar o imóvel **se for pedido para demolição e construção regulamentada**, assim como realização de obras que impossibilitem o uso do imóvel, desde que aumentem a área construída em, pelo menos, 20%. Caso o imóvel seja destinado a hotel ou pensão, o acréscimo mínimo de área deve ser de 50%.

A retomada do imóvel também é possível se for pedido para uso próprio ou de seu cônjuge, sendo que esse uso **não necessariamente precisa ser residencial**. Para tanto, não poderá ser proprietário de outro imóvel, com a mesma finalidade na mesma localidade. Se isso ocorrer, precisará o interessado justificar judicialmente sua pretensão.

Também precisará justificação judicial, mesmo residindo ou ocupando imóvel alheio, caso **já tenha exercido o direito à retomada para uso próprio anteriormente**.

Caso o pedido seja para uso exclusivamente residencial de ascendente ou descendente, a retomada só será permitida se nenhum dos pretendentes moradores possuírem imóvel residencial próprio. **Importante frisar que o objetivo** da retomada é a residência dos ascendentes ou descendentes e, mesmo que a edificação não esteja sendo usada pelo locatário para fins residenciais, como um escritório, por exemplo, se o imóvel pode ser utilizado como residência, é possível a retomada.

Na hipótese de residirem os ascendentes ou descendentes em imóvel próprio, também deverá ser judicialmente demonstrada a necessidade.

Em ambos os casos a lei privilegia, não sem razão, **o direito à moradia do proprietário e seu núcleo familiar em detrimento do direito de terceiros.**

Requisito essencial para a retomada é a prova de que o locador seja proprietário, promissário comprador ou promissário cessionário, em caráter irrevogável e que já tenha realizado a imissão na posse, além de que deverá o documento comprobatório dessa transação estar registrado junto à matrícula do imóvel. Destaca-se que eventual transação firmada com contrato sem o competente registro, os chamados contratos de gaveta, não faculta ao proprietário o direito de retomada.

Nas hipóteses de retomada para uso próprio, **goza o locador de presunção de sinceridade, ou seja, basta a alegação da finalidade de uso para autorização do despejo.** Porém, caso esse pedido **caracterize simulação** e o proprietário não dê ao imóvel a destinação informada, incorrerá na prática de **contravenção penal**, prevista do art. 43, II, da Lei nº 8.245/91, punível com até um ano de detenção, além do pagamento de indenização por eventuais prejuízos. A utilização declarada para a retomada precisa ser exercida no prazo de 180 dias a contar da desocupação, **por pelo menos um ano.**

Locação 299

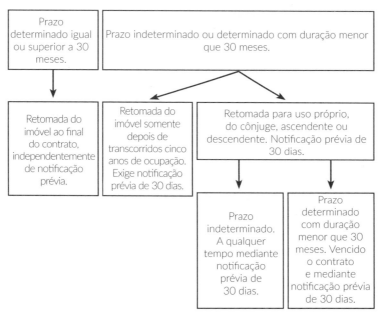

15.13.2 Locação para temporada

Quando se fala em locação para temporada, **a primeira coisa que se imagina é a locação de um imóvel na praia ou no campo para passar férias**. Embora esse seja um dos objetivos dessa modalidade de locação, **não se restringe** somente a essa hipótese.

Qualquer locação por curto período, **cujo objetivo não seja de fixar residência e não seja superior a 90 dias**, poderá ser considerada locação para temporada. Desta forma, **a locação para realização de cursos, tratamento de saúde, reformas em imóveis do locatário, e outros fatos que exijam a utilização do imóvel locado por certo tempo**, mas que não justifiquem

300 Direito Imobiliário

um contrato de locação convencional por prazo maior, serão considerados como de temporada.

Essa locação poderá ser de imóvel vazio ou mobiliado, caso no qual constará, obrigatoriamente, a descrição dos móveis e utensílios que o guarnecem, assim como a descrição do estado em que se encontram.

É bastante aconselhável que as partes vistoriem o imóvel antes da locação e, na medida do possível, registrem por fotos ou vídeos os objetos que guarnecem o imóvel e apontem eventuais avarias.

Exceção à regra geral dos contratos de locação, **nesta modalidade é lícito ao locador exigir o pagamento adiantado dos aluguéis de uma só vez,** sendo lícito também a exigência de garantias locatícias, inclusive para as demais obrigações contratuais além do valor do aluguel.

Ao término do prazo ajustado para a locação, caso o locatário permaneça no imóvel sem oposição do locador em prazo superior a 30 dias, **considera-se a locação prorrogada por prazo indeterminado,** sendo certo que nessa hipótese o locador somente poderá reclamar a desocupação do imóvel passados 30 meses do início da locação.

Além disso, em se prorrogando a locação por prazo indeterminado, não será mais lícito ao locador exigir pagamentos adiantados dos aluguéis, adaptando-se o contrato às regras previstas para o recebimento dos débitos locativos.

Essa modalidade de locação, até pouco tempo tida como somente mais uma prevista na lei do inquilinato, tem se mostrado bastante controversa com o surgimento de **plataformas eletrônicas que promovem as locações por curtos períodos.**

A discussão que se trava é se **pode o condômino de edifício comercial promover essa modalidade de locação**, e se isso descaracterizaria a **locação residencial**, tornando-se uma **espécie de contrato de hospedagem** em razão especialmente da rotatividade existente.

É remansosa a jurisprudência sobre o tema e há decisões em todos os sentidos. Recentemente, em votação sobre o tema, asseverou o **Desembargador Luis Fernando Nishié**, do TJ/SP, ao relatar a Apelação Cível n° 1001199-30.2018.8.26.0642, que é

certo que a Lei n° 8.245/1991 autoriza a locação para temporada, definida, em seu art. 48, *caput*, como: "aquela destinada à residência temporária do locatário, para a prática de lazer, realização de cursos, tratamento de saúde, feitura de obras em seu imóvel, e outros fatos que **decorrem tão somente de determinado tempo**, e contratada por prazo não superior a 90 (noventa) dias, esteja ou não mobiliado o imóvel". Todavia, a locação de unidade autônoma através de anúncio em plataformas digitais como, por exemplo, *airbnb, booking*, entre outros, dada a **alta rotatividade**, que pode ser até mesmo diária, **constitui forma de hospedagem, e não de ocupação com a finalidade eminentemente residencial** e, portanto, para temporada nos termos da lei (grifos nossos).

Em sentido contrário, entendendo ser possível e legal esse tipo de locação, afirmou o **Desembargador Hugo Crepaldi**, ao analisar o recurso de Apelação n° 1009601-48.2016.8.26.0100, que

a locação por curto espaço de tempo não difere daquela temporalmente estendida. Em ambos os casos o locador aufere renda com seu imóvel, sem que isso desnature a utilização da unidade em si, **que continua sendo destinada para fins residenciais.**

O fim comercial estaria configurado **caso o locatário passasse a desenvolver atividade comercial no local,** tal como um escritório, um ponto de vendas, uma loja etc. Não sendo esse o caso, o fim residencial não se altera pelo fato de mais de um locatário utilizar da mesmíssima forma o local caso fosse ocupado por um único locatário.

Em síntese, **a interpretação pretendida pelo condomínio implicaria vedar qualquer tipo de locação no imóvel,** seja ela por 1 (um) ano ou por 30 (trinta) meses, seja por um dia ou um feriado. A alteração do lapso temporal, por si só, é incapaz de tornar distinta a forma de destinação do imóvel.

Descabido considerar a locação por curta temporada como um contrato de hospedagem, tendo-se por critério distintivo "a prestação regular de serviços aos usuários, tais como, por exemplo, lavanderia, arrumação dos quartos, restaurantes, central de recados, salada de jogos ou reuniões etc. **Deve haver uma conjugação de dois contratos típicos, um de locação de coisa, e outro de prestação de serviços,** a gerar um terceiro, que não se subordina à legislação inquilinatícia" (Sylvio Capanema, In "A Lei do Inquilinato comentada artigo por artigo", 8ª ed., p. 17).

Ainda que alguns desses serviços existam em prol dos condôminos em geral e, por via de consequência, os locatários da ré acabem por deles usufruir, não se trata de serviços existentes com caráter contraprestacional tal como em hotéis ou pousadas. (...)

Dessa forma, inexistindo vedação na convenção do condomínio e não sendo possível se afirmar que a locação por curta temporada altera a destinação de modo a qualificá-la como não residencial, **inexiste base jurídica a sustentar** a pretendida restrição do direito de propriedade da ré pelo condômino.

Não é demais ressaltar que a propriedade é direito fundamental (art. 5º, *caput* e inciso XXII da CF), cuja restrição deve ser reconhecida excepcionalmente, quando outros valores igualmente fundamentais com ela colidirem. Ausente a justificativa de restrição, de rigor o exercício pleno da propriedade, nos termos do art. 1.335, inc. I do Código Civil (grifos nossos).

O argumento principal daqueles que criticam essa forma de locação, contudo, é a **insegurança que essa atividade pode trazer para os condomínios** e, por isso, muitos síndicos e moradores têm tentado barrar tal prática, inclusive por decisões em assembleias, reunidas para discutir esse tema.

É certo, porém, que, independentemente da forma da contratação, usar e gozar da coisa é direito de seu proprietário, e não podem os demais moradores, apesar da importância da fundamentação, restringir esse direito.

A locação por temporada é prevista em lei e qualquer que seja sua forma de captação permite ao proprietário ceder seu móvel por curtos períodos para uso residencial, nas hipóteses elencadas no art. 48 da Lei nº 8.245/1991, que traz **exemplificativamente os usos** que podem ser dados à locação por temporada.

O argumento de que os períodos de locação costumam **ser muito curtos em nada modifica esse direito**, tendo em vista que a lei estabelece prazo máximo para essa modalidade de locação, **mas nunca prazo mínimo.**

Outra fundamentação que não se sustenta é de que, oferecendo serviço como de limpeza ou lavanderia, estar-se-ia a caracterizar contrato de hospedagem, o que não é fato. Consoante explica o **Professor Sylvio Capanema de Souza** (2013, p. 17), "deve haver uma conjugação de 2 (dois) contratos típicos, um de locação de coisa, e outro de prestação de serviços, a gerar um terceiro, que não se subordina à legislação inquilinatícia".

Para restringir a possibilidade da locação por temporada, seja por qual meio for, **é preciso que esta proibição esteja expressamente prevista na convenção condominial**, não sendo suficiente para tanto a previsão em regimento interno.

Caso a convenção condominial não proíba referido ato, explica o **Jurista Luis Antonio Scavone Jr.** (2021, p. 1335) que,

> por se tratar de restrição ao direito de propriedade quanto à destinação da edificação, entendo, nos termos que preveem os arts. 1.332, III, e 1.351 do Código Civil que, se a convenção original não bitolou a destinação residencial, a restrição que visa impedir a locação por temporada por meio de aplicativos **deve ser aprovada pela unanimidade dos condôminos em assembleia especialmente convocada**.

Em recente decisão do STJ – REsp. 1.819.075, datada de abril de 2021, decidiu o colegiado por maioria de votos que referida modalidade de locação é possível se

> os próprios condôminos de um condomínio edilício de fim residencial deliberarem em assembleia, por maioria qualificada (de dois terços das frações ideais), permitir a utilização das unidades condominiais para fins de hospedagem atípica, por intermédio de plataformas digitais ou outra modalidade de oferta, ampliando o uso para além do estritamente residencial e, posteriormente, querendo, incorporarem essa modificação à Convenção do Condomínio.

15.13.3 Locação não residencial (comercial)

Tem-se como locação "não residencial" aquela cuja finalidade é a exploração de comércio, escritórios, instalações industriais, não destinadas à moradia.

Essa regra, porém, não é absoluta, pois nos casos em que o imóvel é locado por pessoa jurídica com o objetivo de ser usado por seus titulares, diretores, sócios, gerentes, executivos ou empregados, embora seja destinado à residência destes, também é considerada locação não residencial.

Em que pese a revolução pela qual está passando o comércio, com a franca expansão das negociações *on-line*, grande parte das empresas, especialmente as de serviço e industriais, necessitam de estrutura física, também chamado de **estabelecimento comercial**, que nada mais é do que o **local onde está fixado o estabelecimento**, no qual os clientes se relacionam com a empresa.

Por conta disso, a lei busca proteger o **ponto comercial**, que faz parte do **fundo de comércio e integra o patrimônio das empresas**. Esse ponto, e, portanto, a empresa, podem ter mais ou menos valor, faturar mais ou menos, em decorrência do ponto comercial em que estão localizadas.

Prevê a legislação a possibilidade de o empresário requerer perante o Poder Judiciário **a renovação forçada do contrato de locação**, nas hipóteses nas quais o locador, **de forma imotivada**, se nega a renovar a locação, desde que atendidas determinadas exigências legais.

Segundo a redação do art. 51 da Lei n° 8.245/1991, nas locações de imóveis destinados ao comércio, **o locatário terá direito à renovação do contrato, por igual prazo,** desde que atendidas determinadas condições, que serão vistas posteriormente.

Também estabelece a lei, no § 4° do mesmo artigo, que o direito à renovação do contrato **estende-se às locações celebradas por indústrias e sociedades civis** com fim lucrativo, regularmente constituídas.

A grande questão é saber qual a extensão da definição de empresário, comerciante, empresário individual, autônomo, profissional liberal etc. Fica a cargo da jurisprudência essa interpretação, que tende de forma quase absoluta a afirmar que profissionais liberais, como médicos, dentistas, engenheiros, escritório de advocacia, entre outros, **não têm direito à ação renovatória** por não se ajustarem às exigências legais, e por não serem uma sociedade civil com fins lucrativos.

Assim foi decidida a questão em julgamento da Apelação n° 0002065-03.2011.8.26.0577-TJ/SP, sob a relatoria do **Desembargador Renato Sartorelli**, que em consonância com a jurisprudência dominante fundamentou:

> A apelante quer equiparar seu consultório dentário a um estabelecimento comercial para se beneficiar da ação renovatória.
>
> O reclamo, porém, não merece prosperar pois, à evidência, exerce profissão liberal no imóvel locado e, sendo assim, jamais poderá ser considerada comerciante.
>
> É bem verdade que se a profissão liberal se relaciona com o exercício de um comércio ou de uma indústria, seja em caráter principal, seja em caráter acessório, o inquilino se beneficiará da proteção legal (*Ação Renovatória e Ação Revisional de Aluguel*, **Nascimento Franco e Nisske Gondo**).
>
> Sucede que, no caso *sub judice*, **não há elemento algum de comércio dentro da atividade desempenhada**, o que impede a procedência da ação renovatória.

Aliás, afigura-se inaplicável ao dentista, que exerce profissão liberal, o disposto no artigo 51, § 4º da Lei nº 8.245/1991 que assegura o exercício da ação renovatória às indústrias e sociedades civis com fins lucrativos uma vez que sua transferência de um local para outro, em regra, não afeta ser procurado por seus clientes.

Logo, **inexistindo fundo de comércio a ser protegido**, nego provimento ao recurso, confirmando a r. sentença combatida por seus jurídicos fundamentos (grifos nossos).

Esse entendimento, em que pese ser majoritário, parece descolado da realidade. Imaginar que profissionais da saúde, engenheiros, contabilistas e advogados, por exemplo, não exercem atividade comercial, e não visam o justo lucro com a prestação dos seus serviços, é uma ficção.

Incompreensível também imaginar que a mudança de endereço desses profissionais **não acarrete nenhum prejuízo**, pois é evidente que referida mudança causa a perda de contato de tais prestadores de serviços com seus clientes.

E, mesmo que a clientela conheça o novo endereço, não é certeza que continuará a procurar o profissional, pois vários fatores, especialmente nos grandes centros, onde a mobilidade é complicada e o tempo escasso, podem ser determinantes para o sucesso da atividade.

A mesma *dúvida* existe quando a questão envolve profissionais autônomos, que exercem atividades comerciais. Referidos profissionais têm esse direito à ação renovatória?

Com uma visão realista do mundo moderno e sensatez, ao julgar a Apelação nº 614020520108190042-TJ/RJ, a **Desembargadora Teresa de Andrade Castro Neves** reconheceu que as atividades de profissional autônoma se enquadram no sentido de atividade empresarial.

Em razão do brilhantismo da fundamentação do voto, e da forma como foi interpretada a questão à luz da legislação, é de se reproduzir, senão totalmente, mas em grande parte o raciocínio da nobre julgadora:

O réu alega que a autora **carece do direito à renovação do contrato de locação**, tendo em vista que como profissional autônoma, prestadora de serviços de barbearia, cabeleireiro e manicure, não desenvolve qualquer atividade comercial no imóvel locado, não havendo, assim, fundo de comércio a merecer a proteção legal. Dessa forma, faltaria à autora interesse de agir para a propositura de ação renovatória.

No entanto, é de se ver que o disposto no art. 51, III e § 4º da Lei nº 8.245/1991 trata de matéria afeta ao mérito da causa, tendo em vista que elenca hipóteses em que o direito do locatário de permanecer no imóvel deve ser assegurado, com o escopo de proteger seu fundo comercial. Assim, tal questão deve ser conhecida de ofício pelo órgão julgador, visto que envolve o próprio direito do locatário em manter-se no imóvel locado. (...)

Impende registrar que a parte autora confessa a atividade exercida no imóvel locado e afirma a sua condição de pessoa física exercendo-a e o locando. O Locador – Réu, confirma o alegado, a divergência reside na interpretação da lei e seu ajuste ao caso concreto, ou seja, se o exercício das atividades de barbearia, cabeleireiro e manicure, por profissional autônomo faz jus à proteção do fundo de comércio por meio da ação renovatória.

Trata-se, assim, de fato incontroverso, de modo que a proteção ao fundo comercial é fato constitutivo do direito autoral, o qual deve ser assegurado em razão do disposto no art. 51 da Lei nº 8.245/1995.

Não restam dúvidas de que a Locatária exerce a mesma atividade há mais de 3 anos, porém, será esta atividade considerada comércio? Hoje este conceito tem-se alargado para abranger as atividades civis e até industriais, tal como determina a regra do parágrafo 4º do art. 51 da Lei nº 8.245/1991. Porém, **profissional liberal ou não, a atividade civil deve estar revestida de sociedade civil, só então estará apta a formação do fundo de comércio protegível.**

Entretanto, como verificamos da própria inicial, a Locatária não é uma sociedade civil, mas pessoa física exercendo sua atividade como profissional liberal. Como tal, no sentido literal da lei, **não tem fundo de comércio protegível.**

Por outro lado, se a jurisprudência tem se firmado no sentido de não assegurar o direito à renovação a profissionais liberais, como advogados, médicos, entre outros, por outro lado não tem posição sedimentada sobre quem detém um pequeno comércio, sendo na verdade comerciante individual. (...)

Estou tecendo estas considerações porque a lei deve ser interpretada de acordo com a sua finalidade. A lei de locações não é diferente. Ela proteger o fundo de comércio, porque é interesse do Estado fomentar a economia. Se há uma empresa bem-sucedida formada e se um dos elementos, **talvez um dos elementos mais importantes, se dá pela localização, conhecimento da clientela do ponto, formado o fundo de comércio**, não é razoável fazê-la trocar de ponto e colocar em risco o sucesso do negócio.

Voltando ao caso dos autos, sem dúvida a parte autora, locatária, construiu sua clientela em razão de sua competência naquilo que exerce, barbearia, cabelereiro e manicure. Como pessoa física se enquadra mais na posição de profissional liberal ou de pequeno comerciante?

Pois bem, não creio que ela exerça sozinha todas as atividades, nem sua clientela tenha sido angariada exclusivamente pela sua reputação e confiança. No ramo da estética, onde se proliferam profissionais, **o local e a comodidade é fator relevante, preponderante,** além é claro do preço e competência do profissional. Assim, entendo que existe aqui sim um fundo de comércio protegível e que devemos entender que a Locatária *é comerciante de fato.*

Aliás, como tal responde inclusive com seus bens pessoais pelo insucesso do seu negócio. **Mesmo não tendo constituído uma sociedade civil merece o direito a renovação, posto que tal como exerce sua profissional, está caracterizada como comerciante, e não como profissional liberal.** A Lei nº 8.245/1991 permite inclusive que a pessoa natural celebre o contrato de locação em seu nome para depois de estabelecida, formar a sociedade comercial e ser por ela sucedida, sendo esta última apta a requerer a renovação. (...)

No caso dos autos, a Locatária exerce atividade comercial, figurando como comerciante de fato, comerciante individual, tendo sim, como não é negado, **mas confirmado pelas partes exercido a mesma atividade por 5 (cinco) anos, e estando no estrito cumprimento do contrato de locação.**

Mesmo antes da vigência da Lei nº 8.245/1991 que alargou a possibilidade do direito a renovação dos contratos de locação às sociedades civis, ainda sob a ótica da Lei de Luvas, **já se vislumbrava a possibilidade de proteção ao comerciante individual.** (...)

Sendo assim, **a Locatária autora faz jus à renovação do contrato de locação nos mesmos moldes do que o anteriormente firmado**, assim como decidiu o juízo de primeiro grau (grifos nossos).

Condições para a ação renovatória. Além da condição da atividade empresarial, para o exercício desse direito, **a lei exige condições para o pedido da ação renovatória**, que, se não forem atendidos em sua totalidade, inviabilizam a procedência da ação e consequentemente a renovação do contrato.

Em primeiro lugar, é condição *sine qua non* que os contratos sejam firmados **por escrito**, com **prazo determinado e não inferior a cinco anos**, ou a somatória de mais de um contrato ininterrupto seja igual ou superior a cinco anos.

A exemplo das demais modalidades de locação, findo o prazo do contrato e sem oposição do locador, **o contrato passa a vigorar por prazo indeterminado**, continuando válidas as condições da locação, **porém, nessa hipótese, o locatário não terá direito à ação renovatória por falta de elemento essencial**.

Caso haja uma pequena interrupção entre os contratos, isso por si só, desde que seja por um lapso temporal curto, não inviabiliza o direito ao pleito renovatório. O problema é justamente definir qual é esse tempo.

Esse entendimento foi externado pelo **Ministro Vicente Leal** ao relatar o REsp. 150.183, asseverando que

> com efeito, essa Colenda Corte, em reiterados julgados, tem reconhecido que, em sede de ação renovatória de locação comercial, se o período de interrupção entre a celebração dos contratos escritos não é significativo, *é de se admitir o accessio temporis* pela soma de seus prazos,

a fim de viabilizar a pretensão renovatória pelo perfazimento do quinquídio legal exigido (grifos nossos).

Atendidas as exigências legais que permitem a propositura da ação renovatória e, em sendo essa procedente, surge uma questão tormentosa acerca de qual o prazo do novo contrato. A lei é clara ao estabelecer no art. 51 que será por igual prazo. Mas qual igual prazo nos casos em que houve a somatória dos prazos contratuais? Do primeiro contrato, do último ou de ambos somados? Para a **Ministra do STJ, Nancy Andrighi**, ao relatar o REsp. 1.323.410, o prazo de renovação **deve ser de cinco anos**, tendo em vista que esse é o prazo mínimo exigido pela lei para possibilitar a renovatória e, portanto, **não poderia se admitir prazo inferior no contrato renovado, sob pena de se admitir a renovação com prazo inferior**. A fixação de tal prazo também visa possibilitar a propositura de nova ação renovatória.

O mesmo prazo de renovação se aplica aos contratos cujo prazo ou soma dos prazos supere os cinco anos. Entende a magistrada que **deve ser afastada a literalidade da lei**, considerando-se aspecto teleológico e sistemático da norma para evitar distorções.

Assevera, ainda, que

> o **prazo 5 (cinco) anos mostra-se razoável para a renovação do contrato**, a qual pode ser requerida novamente pelo locatário ao final do período, pois a lei não limita essa possibilidade. **Mas permitir a renovação por prazos maiores, de 10 (dez), 15 (quinze), 20 (vinte) anos, poderia acabar contrariando a própria finalidade do instituto**, dadas as sensíveis mudanças de conjuntura econômica, passíveis de ocorrer em tão longo período, além de

Locação 313

outros fatores que possam ter influência na decisão das partes em renovar, ou não, o contrato (grifos nossos).

Outro requisito inafastável para concessão do direito à renovação **é que a atividade empresarial esteja sendo explorada no mesmo ramo pelo prazo mínimo e ininterrupto de três anos.**

Isso não significa que o locatário não possa expandir seus negócios. É possível comercializar uma gama maior de produtos ou prestação de serviços, visando incrementar os negócios, sem, contudo, **perder sua essência ou descaracterizar o ramo de atividade.**

Esse prazo, definido pelo legislador, tem por objetivo justificar a valoração de determinado ponto comercial, com formação de clientela, cuja continuação dos negócios a lei visa proteger. **É obrigação do locatário apresentar prova de que exerce o mesmo ramo de atividade no local**, sob pena de perder o direito à renovação.

É possível a somatória dos tempos de exercício ininterrupto da mesma atividade por mais de um empresário, **tendo os seus cessionários ou sucessores direito à renovação**, consoante se interpreta da **Súmula n° 482 do STF,** *in verbis:* "O locatário, **que não for sucessor ou cessionário do que o precedeu na locação, não pode somar os prazos concedidos a este**, para pedir a renovação do contrato, nos termos do Decreto n° 24.150" (grifos nossos).

Também, tem direito a pleitear **a renovação do contrato locatício o empresário que utilize o imóvel em benefício da sociedade a qual pertença**, e cuja qual seja titular do direito do fundo de comércio, ocasião na qual tanto o locatário pessoa física ou a sociedade tem legitimidade para propositura da ação.

Exige-se ainda, como condição para intentar a renovatória, **a prova do exato cumprimento do contrato em curso**, inserindo-se aí não somente o valor do aluguel, mas todos os acessórios da locação, **como condomínio, tarifas públicas, prêmio de seguro, impostos e demais despesas** decorrentes da locação.

O não cumprimento de uma dessa obrigações inviabiliza a renovatória, consoante se extrai da fundamentação do voto proferido pelo **Desembargador Edgard Rosa** no recurso de Apelação n° 1011834-66.2017.8.26.0008-TJ/SP, ensinando que:

> *In casu*, os réus alegaram que a autora não vem cumprindo o contrato, pois, "em 02 de maio de 2017, a Autora, inadimplente quanto aos aluguéis e encargos contratualmente previstos, deixou de pagar os valores devidos nos meses de fevereiro, março e abril do corrente ano" (fls. 376), tendo sido assinados, inclusive, termos de acordo e confissão de dívida (fls. 590/597), nos quais a autora, de fato, admitiu ser devedora da quantia de R$ 131.790,98, relativa aos meses de fevereiro, março e abril de 2017, e R$ 44.617,73, relativa ao mês de julho de 2017. (...) **Assim, confessado o descumprimento contratual, era mesmo de rigor a extinção do feito, pois o que se apurou foi a mora da autora no pagamento dos alugueres,** principal obrigação que lhe cabia, por força do contrato de locação (grifos nossos).

O locatário que pretende renovar o contrato, **também precisa indicar de forma clara e precisa, a oferta de condições para o contrato a ser renovado.** A renovação implica novo contrato de aluguel, que precisa de novo ajuste, devendo o locatário indicar quais valores que pretende pagar, qual a forma de reajuste, as garantias que pretende oferecer, entre outros.

É evidente que o valor ofertado pelo aluguel deve ser condizente com o do mercado, pois o oferecimento de valor muito inferior, por si só, pode servir de convencimento para o juiz indeferir o pedido. **O locatário precisa demonstrar boa-fé na oferta de uma proposta condizente com a locação que pretende ser renovada.**

Em relação às garantias locatícias, a lei exige que, no caso de a modalidade garantidora ser a **fiança**, é preciso que no pedido haja uma **carta do fiador e seu cônjuge**, se casado for, **concordando expressamente** em garantir o novo período locativo, ou a apresentação de outro garante que atenda as exigências do locador.

Nada obsta, contudo, a apresentação de outra forma de garantia idônea pelo locatário, desde que não diminua a segurança do negócio a ser firmado.

Não obstante, existem situações que desautorizam o direito à renovação.

É garantido ao locador a **não obrigatoriedade da renovação do contrato**, em situações nas quais ele próprio utilizará o imóvel, **que pode ocorrer em duas situações.**

Pode o locador pedir a restituição do imóvel locado **para uso próprio**, utilizando-o tanto para **finalidade comercial como residencial**. Pouco importa se o imóvel serve a um comércio enquanto alugado, se possibilitar a habitação, pode o locador reaver o imóvel para esta finalidade no término do contrato.

Para tanto, o proprietário do imóvel não precisa provar que utilizará o imóvel para uso próprio. **Basta a alegação de sua utilização**. Nesse sentido, pronunciou-se o **Ministro Antonio Carlos Ferreira**:

> Basta ao senhorio afirmar que fará uso do imóvel para si, alegação a que se atribui presunção *juris tantum* de veracidade

(STF, Súmula nº 485), **cabendo à sua contraparte elidi-la,** produzindo prova em sentido contrário. Não o fazendo a improcedência do pleito renovatório é mesmo medida impositiva (STJ, REsp. 1.425.533, grifos nossos).

A citada Súmula editada pelo **Supremo Tribunal Federal** está assim redigida: **Súmula nº 485**: "Nas locações regidas pelo Decreto 24.150, de 20 de abril 1934, a **presunção de sinceridade do retomante é relativa**, podendo ser ilidida pelo locatário" (grifos nossos).

Também é permitido ao locador reaver o imóvel caso pretenda utilizá-lo para transferir o **fundo de comércio existente há mais de um ano de pessoa jurídica de qual seja sócio majoritário.** Essa autorização legal como causa de retomada estende-se ao cônjuge, ascendente ou descendente.

Importante salientar que, nessa hipótese, **não pode o locador exercer o mesmo ramo de atividade antes exercido pelo locatário,** salvo se na locação estiver incluído o fundo de comércio, com instalações e equipamentos, hipótese essa que deve constar no contrato de locação.

Retomado o imóvel, o proprietário terá o prazo de três meses para dar ao imóvel a alegada destinação, **sob pena de indenizar o locatário que foi obrigado a deixar o imóvel em perdas e danos, que compreendem lucros cessantes,** desvalorização do fundo de comércio e com a mudança, entre outros.

Consoante ensina o **Ministro Hamilton Carvalhido,** REsp. 264544, usada essa alegação como subterfúgio para retomada do imóvel,

> o locatário terá direito a indenização para ressarcimento dos prejuízos e dos lucros cessantes que tiver que arcar com a mudança, perda do lugar e

desvalorização do fundo de comércio, se a renovação não ocorrer em razão de proposta de terceiro, em melhores condições, ou se o locador, no prazo de 3 (três) meses da entrega do imóvel, não der o destino alegado ou não iniciar as obras determinadas pelo Poder Público ou que declarou pretender realizar (art. 52, § 3º, Lei nº 8.245/1991, grifos nossos).

O art. 52, § 3º, da Lei do Inquilinato busca evitar a retomada insincera, **assegurando ao locatário o direito de vir a ser ressarcido pelos danos causados pelo locador que se utiliza indevidamente da prerrogativa legal**, empregando-a como subterfúgio especulativo, conferindo destinação diversa da declarada ou, ainda, quedando-se inerte pelo prazo de três meses contados da entrega do imóvel.

Outra hipótese para impedir a renovação é se o locador tiver melhor proposta de terceiro. Essa proposta deve ser firme e real, juntando o locador prova documental da proposta do terceiro, assinada por duas testemunhas, com clara indicação do ramo a ser explorado, que não poderá ser o mesmo do locatário

Ciente da referida condição, **o locatário poderá aceitá-la nos termos propostos pelo terceiro**, inclusive em relação a valores, **prazo de pagamentos e demais pontos negociáveis** e, com isso, obter a renovação pretendida.

Também enseja **a não renovação pelo locador se houver a determinação por parte do Poder Público, que exija a realização de obras no imóvel** que resultem na sua radical transformação. Outra hipótese autorizadora da retomada ocorre quando referidas obras **resultem em aumento do valor da propriedade** ou do negócio.

318 Direito Imobiliário

Todavia, o início da realização dessas obras deve ocorrer em até 60 dias contados da retomada, **sob pena de praticar o locador contravenção penal,** punível com prisão de até seis meses ou multa a ser paga ao locatário de 3 a 12 meses do valor do último aluguel atualizado, revertida em favor do locatário.

Em qualquer situação de propositura de ação renovatória, que seja julgada improcedente, **o juiz fixará prazo de 30 dias para a desocupação,** desde que haja pedido expresso na contestação, requisito esse exigido pelo art. 74 da Lei n° 8.245/1991.

Prevê ainda a mesma lei, em seu art. 58, V, que **os recursos contra a sentença de improcedência do pedido não possuem efeito suspensivo,** portanto a ordem para desocupação do imóvel deve ser cumprida independentemente de eventual apresentação de recursos.

Findo o prazo assinalado para a desocupação, contado da data da notificação, será efetuado o despejo, se necessário com **emprego de força,** inclusive **arrombamento. Não querendo o despejado retirar móveis e utensílios do imóvel, estes serão entregues à guarda de depositário.**

A desocupação, no entanto, dependerá do cumprimento por parte do locador da **obrigação legal de prestar caução** não inferior ao valor correspondente de seis meses nem superior a 12 meses do aluguel mensal, devidamente corrigido.

Não exercido pelo locatário o direito de pleitear a renovação forçada do contrato, as demais regras que regem as outras modalidades de contrato prevalecem. Sendo assim, nos contratos por prazo determinado **encerra-se a locação ao final do prazo estipulado, independentemente de notificação ou aviso.** Contudo, se o locatário permanecer no imóvel e o locador não se manifestar dentro do prazo de 30 dias sobre a intenção de retomada, será presumido o consentimento para prorrogação do contrato locativo por tempo indeterminado, permanecendo inalteradas as cláusulas contratuais existentes.

A ação renovatória deverá ser proposta **no prazo compreendido entre um ano a seis meses antes do vencimento do contrato de locação**, prazo este que é decadencial. Caso não seja observado o prazo pelo locatário, este decairá do direito e, uma vez retomado o imóvel pelo proprietário, não fará jus a nenhuma indenização.

Em que pese serem locações não residenciais, imóveis destinados a hospitais, unidades sanitárias oficiais, asilos, estabelecimentos de saúde e de ensino autorizados e fiscalizados pelo Poder Público, bem como por entidades religiosas devidamente registradas, **gozam de regramento diferenciado para desocupação**.

Nesses casos, somente será possível a retomada do imóvel em razão de mútuo acordo, no caso de cometimento da prática de infração legal ou contratual, pela inadimplência do aluguel e demais despesas de responsabilidade do locatário e para a realização de obras emergenciais determinadas pelo Poder Público, que inviabilizem a utilização do imóvel ou que de alguma forma interfiram ou impeçam a regular realização das obras.

Também **é possível retomar o imóvel nessas situações específicas com intuito de demoli-lo ou nele realizar obras devidamente licenciadas**, que impliquem ampliação da área útil, em proporções não inferiores a 50% da área existente.

320 Direito Imobiliário

Para tanto, **o prazo de desocupação do imóvel será de um ano** ou, se o tempo decorrido entre a citação e a sentença superar um ano, **o prazo para desocupação será reduzido para seis meses.**

Para a retomada de imóveis que **abriguem instituição de ensino** devidamente autorizadas pelo Poder Público, há necessidade de, além de respeitar um prazo mínimo de seis meses e o máximo de 12 meses, observar o juiz **o período de férias escolares para realizar a desocupação,** exceto nas ações de despejo motivadas no art. 9º.

Sendo assim, gozam as **entidades enumeradas no art.** 53 **de privilégio especial** que impede a retomada do imóvel pelo proprietário por motivos diversos, senão aqueles expressamente previstos em lei.

Por fim, no caso dos **contratos de locação por prazo indeterminado,** poderá o locador reaver o imóvel a qualquer tempo, desde que notifique essa intenção ao locatário, concedendo o prazo mínimo de **30 dias para a desocupação.**

15.13.4 Locação de espaços em *shopping centers*

Nessa modalidade de locação, são observadas as regras gerais da Lei nº 8.245/1991, **referente às locações não residenciais, porém com algumas características especiais.**

Inicialmente é importante consignar **que a locação de espaços e lojas em *shopping centers* difere em relação às lojas de rua,** especialmente no que tange às **vantagens oferecidas pelo complexo comercial,** que beneficia os negócios do lojista e tem o potencial de atrair maior clientela.

Uma variada oferta de segmentos comerciais, em um só lugar, é um grande atrativo para a clientela procurar os *shopping centers*, que, em regra, oferecem maior conforto e segurança para os consumidores. Geralmente esses centros de compra também possuem estacionamento, item de crucial importância nos dias atuais, e que tem o poder de atrair a clientela a procurar determinada loja.

Na definição de **Fabio Ulhoa Coelho** (1992, p. 336-337),

> o empreendimento denominado *shopping center* é mais complexo. **Além da construção do prédio, propriamente dita, o empresário deve organizar os gêneros de atividade econômica que nele se instalarão.** A ideia básica do negócio é pôr à disposição dos consumidores, em um local único, de cômodo acesso e seguro, a mais variada sorte de produtos e serviços. Assim, **as locações devem ser planejadas, atendendo às múltiplas necessidades do consumidor.** Geralmente, não podem faltar em um *shopping center* certos tipos de serviços (correios, bancos, cinemas, lazer etc.) ou comércios (restaurantes, lanchonetes, papelarias etc.), **mesmo que a principal atividade comercial seja estritamente definida** (utilidades domésticas, moda, material de construção etc.), pois o objetivo do empreendimento volta-se a atender muitas das necessidades do consumidor. É esta concentração variada de fornecedores que acaba por atrair maiores contingentes de consumidores, redundando em benefício para todos os negociantes (grifos nossos).

Os *shopping centers* **normalmente pertencem a um único dono ou único grupo, que figura como locador** e tem a função de gerir e administrar o empreendimento, realizando campanhas com o fito de atrair mais clientela para o empreendimento. **Os lojistas, que figuram como locatários,**

devem respeitar as normas do empreendimento, como em qualquer outro condomínio.

A fim de garantir o sucesso do negócio, os empreendedores são responsáveis pelo *tenant mix*, que nada mais é do que **analisar e escolher a melhor gama de marcas e produtos distintos, além de dispor as lojas dentro do centro comercial, de forma planejada e harmoniosa,** visando uma maior circulação das pessoas e maior lucratividade. A ideia é que quanto mais as pessoas tiverem que circular nas dependências do *shopping*, **maior é a possibilidade de comprarem** e, em razão disso tudo, o complexo é pensado desde a construção do prédio.

A alocação das chamadas lojas âncoras, que são aquelas de grandes redes já conhecidas no mercado, e que ocupam os maiores espaços dentro do *shopping*, servindo como atrativos naturais de clientes, em regra ocupam as extremidades do prédio. Toda essa logística tem o condão de **forçar os consumidores a circular dentro do empreendimento e, por conseguinte, visualizar as demais lojas.**

As demais lojas de menor porte também são pensadas pelos administradores a fim de promover a diversificação dos negócios, sendo preferidas aquelas de franquias que já têm alguma tradição de mercado ou que ofereçam produtos ou serviços diferenciados.

Em geral, possuem praça de alimentação, com estrutura de sanitários, cujo objetivo é manter os clientes dentro do empreendimento, evitando que os consumidores precisem sair.

A locação é diferente do que ocorre em uma loja de rua, pois **não** dá ao comerciante, dono do ponto comercial, **o direito de gerir seu comércio com liberdade total.**

Não pode o lojista, por exemplo, mudar o *layout* da sua loja, fazer promoções fora dos períodos autorizados pelo locador, decidir sobre o horário de funcionamento, enfim, **deve obedecer a regras rígidas de funcionamento para manter a locação.**

Em razão dessas peculiaridades, estabelece a Lei do Inquilinato em seu art. 54 que para essa modalidade de contrato **prevalecerão as condições livremente pactuadas nos contratos de locação respectivos**, além das disposições procedimentais previstas na Lei nº 8.245/1991.

Uma dessas condições, que em regra constam do contrato de locação de espaços em *shopping centers*, **é a forma de cobrança do aluguel.** O valor é composto por um valor mínimo e fixo e um percentual sobre as vendas, prevalecendo o maior.

Nesse aspecto, **é lícito ao locador aferir a documentação contábil, balancetes e até mesmo a "boca do caixa" do lojista com intuito de contabilizar seu faturamento**, a fim de evitar qualquer tipo de manipulação por parte do locatário nos resultados financeiros informados.

Existe a previsão em determinados contratos da chamada **cláusula de *performance***, pela qual o locatário se obriga a obter um volume mínimo de vendas e de faturamento. Caso não atinja referida meta, sujeita-se o locatário a ser responsabilizado pela quebra de contrato por infração contratual.

É possível que, em razão de um faturamento aquém do esperado, **o empreendedor busque a retomada do imóvel para destiná-lo a outro interessado**, no mesmo ramo ou não, que atenda às exigências por ele estabelecidas.

Além da pactuação da forma de composição dos aluguéis, o locatário também deverá arcar com o **pagamento das despesas para campanhas promocionais, despesas com decoração e paisagismo, constituição do fundo de reserva e instalação de equipamentos de segurança.**

Não bastassem todas as obrigações suprainformadas, também recai sobre o locatário a obrigação de pagar uma espécie de **13º da locação,** que na prática é o valor **dobrado do aluguel no mês de dezembro.**

É possível ainda a cobrança de uma taxa anterior à locação em si. Não é incomum que os espaços de *shopping centers* sejam locados durante a realização das obras e antes de inaugurado o empreendimento. **É lícito, nesses casos, que se cobre do pretenso locatário uma taxa para reserva do ponto comercial.**

Contudo, não poderão ser cobrados do locatário **despesas com obras de acréscimo ou que interessem à estrutura integral do imóvel,** pintura externa das fachadas, manutenção das esquadrias externas, empenas, poços de aeração e iluminação, tampouco as obras destinadas a repor as condições de habitabilidade do edifício.

É vedado ainda, por disposição legal, que **o locador cobre do locatário eventuais indenizações trabalhistas e previdenciárias pela dispensa de empregados,** ocorridas em data anterior ao início da locação.

A exemplo do que ocorre nas locações não residenciais, o lojista de *shopping center,* locatário do espaço, **tem direito à ação renovatória, aqui com uma vantagem em relação às demais locações não residenciais.** Não pode o proprietário recusar a renovação do contrato em razão da alegação de uso próprio do imóvel.

Locação 325

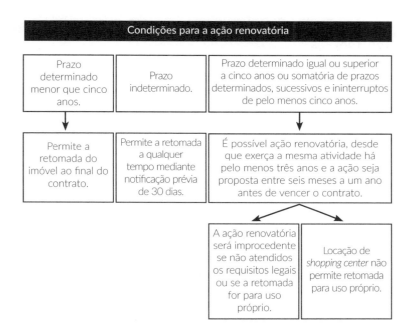

15.14 Ação revisional

Com as constantes mudanças na economia, assim como a dinâmica das cidades, que podem alterar significativamente o valor dos imóveis em uma certa região, **não é incomum que o preço dos aluguéis também varie, para mais ou para menos, destoando do real valor de mercado.**

Nos casos nos quais não há acordo entre locador e locatário sobre o valor real do aluguel, equivalente ao preço médio de mercado, depois de transcorridos pelo menos três anos da locação ou de eventual acordo anteriormente realizado, poderão as partes, locador ou locatário, **propor a ação revisional requerendo que o juiz fixe o justo valor para a locação.**

Sobre o assunto, ensina **Maria Helena Diniz** (2014, p. 128-130) que,

> para evitar a distorção no preço dos aluguéis, a lei admite o reajustamento contratual por via convencional, no art. 18, como vimos, e, por via judicial, no art. 19, ora comentado, restabelecendo-se aquela equivalência. (...) O locador ou locatário, na falta de acordo depois de 3 (três) anos de vigência do contrato ou do acordo anteriormente realizado, poderá pedir a revisão judicial do aluguel ou a sua atualização para ajustá-lo ao preço de mercado. Logo, não se tendo acordo, **havendo ou não cláusula de reajuste, após 3 (três) anos de contrato, poder-se-á pedir revisão judicial**. O magistrado, então, determinará por arbitramento o aluguel atualizado, fixando-o por sentença (grifos nossos).

Para tanto, como elemento essencial ao pedido, **deverá o autor da ação indicar o valor pretendido**. Essa indicação não pode ser aleatória, é necessário apresentar elementos que comprovem a razoabilidade do pedido, **por meio de avaliações de imobiliárias especializadas, laudo pericial, anúncios de locação de imóveis semelhantes na mesma localidade**, enfim, meios para que o juiz se convença sobre a verossimilhança das informações.

Discorre acerca do tema o **Ministro Ricardo Villas Bôas Cueva**, ensinando que

> os comandos dos arts. 18 e 19 da Lei nº 8.245/1991 autorizam que tanto o locador quanto o locatário, **passados 3 (três) anos da vigência do contrato de locação ou de acordo por eles anteriormente celebrado a respeito do valor do aluguel**, promovam ação objetivando a revisão judicial da referida verba, com o propósito de ajustá-la

ao preço de mercado, servindo, assim, como instrumento jurídico para a manutenção do equilíbrio contratual e o afastamento de eventual situação de enriquecimento sem causa dos contratantes. (...) **A ação revisional de aluguel, por sua natureza, possui campo de cognição restrito, reclamando provas eminentemente técnicas, visto que não abre espaço para discussão de natureza fática.** Investiga-se, durante sua fase de instrução, a possibilidade de ajuizamento (pela observância do prazo trienal de que trata o art. 19 da Lei nº 8.245/1991) **e a existência de oscilação do mercado capaz de justificar a pretendida readequação do valor livre** e anteriormente ajustado pelas partes (STJ, REsp. 1.566.231, grifos nossos).

Apresentados os elementos que indicam a possibilidade do pedido e desde que requerido pelo autor, o juiz fixará aluguéis provisórios que devem atender aos parâmetros legais. Se requeridos pelo locatário, **não poderão ser menores do que 80% do valor atual** e, se propostos pelo locador, não poderão exceder 80% da quantia pretendida. **O pagamento dos aluguéis provisórios será aplicado desde a citação.**

Mesmo antes da contestação, o réu poderá requerer a revisão do valor provisório arbitrado, desde que cumpra as mesmas exigências que levaram o juiz a acatar o pedido do autor, ou seja, **apresentar elementos comprobatórios que indiquem que o valor fixado está fora da realidade mercadológica.**

Ao final da ação, havendo divergência entre as importâncias pagas durante a ação e os valores finais definidos, **deverão ser quitados com o locador os valores eventualmente pagos a menor ou restituídos aos locatários os valores recebidos além do fixado na sentença.**

15.15 Ações de despejo

Seja qual for o motivo da locação, a ação pertinente para reaver o imóvel, **em caso de recusa do locatário em restituí-lo ao locador, é a ação de despejo.**

Exceção a essa regra ocorre na **hipótese da perda da propriedade pelo locador.** O ente desapropriante para retomar o imóvel precisa, nesse caso, da propositura de **ação de imissão na posse.**

Também **não se submetem às regras da Lei nº 8.245/1991**, consoante já mencionado anteriormente, as hipóteses previstas no parágrafo único do art. 1º da Lei de Locação, quais sejam: **imóveis de propriedade da União, dos estados e dos municípios, de suas autarquias e fundações públicas; vagas autônomas de garagem ou de espaços para estacionamento de veículos; espaços destinados à publicidade; apart-hotéis, hotéis-residência ou equiparados**, assim considerados aqueles que prestam serviços regulares a seus usuários e como tais sejam autorizados a funcionar, e **arrendamento mercantil**, em qualquer de suas modalidades.

Somente nessas hipóteses as discussões travadas acerca do contrato de locação devem seguir o quanto previsto no Código Civil e demais leis especiais.

15.15.1 Rito

O rito das ações de despejo, com o advento do CPC/2015, **é o rito comum**, não se dividindo mais em ordinário e sumário. Há, contudo, uma exceção que se aplica nos casos de **despejos para uso próprio**, nos quais é dado ao locador a opção de ingressar com a ação no **Juizado Especial Cível** – rito especial.

Tal possibilidade está amparada no inciso III, art. 3°, da Lei n° 9.099/1995, que estabelece que o Juizado Especial Cível tem competência para conciliação, processo e julgamento das causas cíveis de menor complexidade, entre as quais se enquadra a ação de despejo para uso próprio.

15.15.2 Denúncia vazia e denúncia cheia

As ações de despejo podem ser por denúncia vazia, que faculta ao locador a possibilidade de retomar o imóvel sem a necessidade de apresentar justificativas. Basta querer a restituição do imóvel e pode fazê-lo, sem apresentar nenhuma razão, desde que já vencido o contrato por prazo determinado ou escoados os prazos mínimos fixados em lei.

Exemplo de denúncia vazia são os contratos de locação residencial com prazo mínimo de 30 meses. Cumprido esse prazo, o locador poderá reaver o imóvel sem que tenha de explicar seus motivos para isso.

Já na denúncia cheia, a retomada do imóvel precisa ser motivada. Não basta ao locador querer, ele precisa justificar os motivos que o autorizam a retomar o imóvel ou propor a ação de despejo. Note-se que essa exigência se justifica quando existe um contrato válido vigente, mas que em virtude de um fato superveniente é possível a retomada do imóvel.

Exemplos dessas hipóteses são a prática de infração legal ou contratual, falta de pagamento do aluguel e demais encargos ou determinação do Poder Público para que sejam executados reparos emergenciais no imóvel. Nessas situações a retomada precisa ser fundamentada e os motivos precisam ser comprovados.

Para exercer o direito à ação de despejo, segundo o **Doutrinador José da Silva Pacheco** (1993, p. 440), é necessário que ocorra

> um fato previsto por lei, ou pelo contrato, quando por aquele autorizado, com esse efeito, nasce, para o locador, o respectivo direito subjetivo e para o locatário o dever correspondente. **O titular do direito tem a pretensão de exigir o seu cumprimento, mas não se dando este, de modo espontâneo, nasce a ação, que aquele pode exercitar.** Tudo isso no plano do direito material (grifos nossos).

O motivo mais comum para as ações de despejo **é a falta de pagamento dos aluguéis e demais encargos**, fundamento esse que permite a desocupação forçada em qualquer modalidade de locação, independentemente de existir contrato vigente.

15.15.3 Liminar

De acordo com a lei, para ter direito à concessão de liminar para desocupação do imóvel em 15 dias, nos termos do § 1º do art. 59, **deve se ter escoado o prazo contratual de locação não residencial** e o locador precisa propor a ação no prazo de até 30 dias, contados do dia do vencimento do contrato.

Caso ultrapasse esse prazo e **a locação prosseguir por prazo indeterminado**, ou ter sido contratada por prazo indeterminado, a ação de despejo deve ser proposta depois de escoado o prazo da notificação que concede 30 dias para a desocupação voluntária.

Dúvida que surge sobre o assunto se refere às **locações por prazo indeterminado**, nas quais há necessidade de notificação do locatário e este não desocupe o imóvel dentro de 30 dias. **Precisa o locador intentar a ação de despejo em até 30 dias contados do descumprimento da notificação?**

Em que pese a lei não trazer expressamente essa necessidade, há entendimentos contraditórios na jurisprudência e, a fim de não correr riscos, **o ideal é que a ação seja proposta dentro dos 30 dias subsequentes ao vencimento do prazo para desocupação voluntária.**

Quando a locação contar com alguma forma de garantia, sendo procedente o pedido, **a liminar será concedida juntamente com a sentença.** Determina a lei que, sendo julgada procedente a ação de despejo, **o juiz determinará a expedição de mandado de despejo.** Nos casos de despejo por falta de pagamento, **será dado o prazo de 15 dias para a desocupação voluntária.** Para tanto determinará na sentença o valor da caução que deve ser oferecida pelo locador.

Para as ações de despejo fundadas na falta de pagamento, há uma situação especial **quando o contrato de locação estiver desprovido de qualquer garantia.**

Nesse caso, estabelece a lei que a falta de pagamento de aluguel e acessórios da locação no prazo previsto em contrato, desde que não haja nenhuma garantia locatícia, será concedido ao locatário o **prazo de 15 dias para desocupação,** que se não respeitado, ensejará a **determinação liminar do despejo.** Essa regra se aplica tanto para as locações residenciais quanto as não residenciais.

Para tanto, é necessário que o locador requeira na inicial a liminar para o procedimento de despejo. Além disso, deve também o autor prestar uma caução no **valor equivalente a três meses de locação.**

Essa caução não precisa necessariamente ser em dinheiro, poderá ser dado em garantia o **próprio crédito que o locador tem a receber do locatário.**

Se a hipótese fática é de contrato de locação que não apresenta nenhuma das garantias previstas no art. 37 da Lei de Locações, cabível a concessão da liminar para desocupação do imóvel, desde que prestada caução. Caução que pode consistir no próprio crédito a receber do locatário inadimplente (TJ/RJ, AI n° 0013924-54.2015.8.19.0000, rel. Rogério de Oliveira Souza).

Tal previsão legal foi inserida na Lei de Locação, pela **Lei n° 12.112/2009, garantindo ao locador mais celeridade para a retomada do imóvel cujos aluguéis não estão sendo pagos.** A concessão de liminar para desocupação em 15 dias, sem necessidade de manifestação da parte contrária, se justifica em razão da falta de proteção que o locador tem.

Referida diferenciação se justifica, pois **nos contratos com garantias**, mesmo que o locatário deixe de pagar os aluguéis, o locador, em tese, **não amargará o prejuízo**, tendo em vista que o garantidor terá de honrar a dívida.

Curiosa é a situação na qual a garantia é a caução em dinheiro, **que não pode ultrapassar o valor equivalente a três aluguéis.** Tendo em vista que é incomum que o locador proponha a ação de despejo já no primeiro mês de atraso, surge uma situação peculiar.

Muitas vezes, até que seja proposta a ação, o tempo transcorrido supera três meses. Somando a isso a demora natural da ação, que em grande parte dos casos atrasa em razão da morosidade do Judiciário, tem-se que o locador estará sem nenhuma garantia depois de usado o valor da caução para assegurar o pagamento dos aluguéis.

É de se pensar se nos casos nos quais a garantia seja a caução em dinheiro, não seria melhor dispensá-la para ter o direito à liminar do despejo em 15 dias, o que poderá diminuir o prejuízo do locador significativamente.

Em razão disso, há entendimento jurisprudencial no sentido de que esgotado o valor da garantia caucionada, em razão do valor de o débito ser superior à quantia depositada pelo locatário, tornando-se evidente que não há mais garantia no contrato apta a satisfazer à quitação da dívida excedente, **deve ser deferida a liminar para ocupação em 15 dias.**

Diferentemente do que ocorre nas demais modalidades de garantia, a caução em dinheiro é limitada e, superado o valor a dívida, parece óbvio que o locador corre o risco de não receber os valores a que tem direito, razão pela qual parece bastante lógico o entendimento.

Nesse sentido é a fundamentação da então Desembargadora do TJ/SP **Carmen Lúcia da Silva**, que, ao relatar o AI 2137572-66.2020.8.26.0000, esclareceu que

de acordo com o artigo 59, § 1º, inciso IX, da Lei nº 8.245/1991, é cabível a concessão de liminar para desocupação em 15 (quinze) dias nas ações de despejo que tiverem por fundamento exclusivo a falta de pagamento de aluguel e acessórios da locação no vencimento, estando o contrato desprovido de qualquer das garantias previstas no art. 37, por não ter sido contratada ou em caso de extinção ou pedido de exoneração dela, independentemente de motivo.

Em outras palavras, na ação de despejo por falta de pagamento, **a condição para o deferimento da medida liminar é a situação de inadimplência do locatário** e a ausência de uma das garantias previstas no artigo 37 da Lei do Inquilinato, qual seja, caução, fiança, seguro de fiança locatícia ou cessão fiduciária de quotas de fundo de investimento.

No caso em exame, não se pode entender que a locação está garantida por alguma das modalidades previstas em lei, na medida em que o valor da dívida cobrada até 06/02/2020, de R$ 19.751,46, supera o valor da garantia prestada, equivalente a três meses de aluguéis, no valor total de R$ 12.240,00, conforme se verifica do preâmbulo do contrato.

É de se concluir, portanto, que a garantia se exauriu, eis que insuficiente para garantir o valor total dos aluguéis e acessórios inadimplidos. (...)

Desse modo, é de concluir que os requisitos legais para deferimento da ordem de despejo liminar estão preenchidos (grifos nossos).

Parece evidente que, exaurida a garantia, **há um perigo concreto do não recebimento do crédito, e a demora em uma decisão pode provocar dano de difícil reparação ao locador.** A cada mês de inadimplência aumenta o prejuízo do locador, que, além de não receber seus proventos, fica privado do imóvel, impossibilitando-o de locar para outra pessoa.

Além disso, especialmente nos contratos por escrito, a prova do vínculo contratual é simples. Da mesma forma, comprovar o inadimplemento por meio de notificações enviadas ao locatário não é tarefa das mais complicadas.

Surge, portanto, **a necessidade de uma tutela de urgência,** amparada no art. 300 do CPC. Presentes os requisitos legais para sua concessão – perigo da demora e verossimilhança, além de reversibilidade da decisão, tendo em vista que facilmente conseguiria o locatário comprovar os pagamentos, quando **intimado da decisão liminar que determinou o despejo**, parece lógico que o deferimento da medida é de rigor.

Apesar da existência de robustos argumentos que sustentam o entendimento de ser possível a liminar de despejo ancorada na falta de pagamento com contrato desprovido de garantia, quando a caução se mostrar insuficiente, existem entendimentos em sentido contrário.

O **Desembargador Neto Ferreira Barbosa** TJ/SP, ao fundamentar o voto no AI 2125356-78.2017.8.26.0000, assevera que

> se afigura irrelevante, **em se tratando de caução, para efeito de garantia da relação** *ex locato*, **que ela seja inferior à dívida.**
>
> **Realmente, visto que a lei do inquilinato exige, única e exclusivamente, a existência da garantia locatícia, e não o valor que ela representa.**
>
> Bem por isso, bate-se pelo argumento, embora com outras palavras, que a essa altura **não se pode dizer que a locação não está garantida** (grifos nossos).

Com todo o respeito à decisão proferida, esta **parece muito simplista**, com aplicação literal da norma sem maiores considerações.

No nosso entendimento, no entanto, se feita uma **interpretação teleológica do diploma legal**, extraindo deste a finalidade do instituto garantia, parece evidente que o objetivo é resguardar os direitos do locador em razão de inadimplência do locatário.

Parece evidente que, esgotados os recursos de uma garantia limitada, **há um risco real de o locador não receber os valores a que faz jus**, especialmente porque o locatário se torna

336   Direito Imobiliário

inadimplente, em muitos dos casos, em razão da falta de recursos. Embora seja possível que retome uma situação de estabilidade financeira, isso pode demorar muito tempo, o que ensejará prejuízo para o locador.

Ora, se a própria lei, prevendo essa situação, estabeleceu que em razão da falta de garantia há procedimento especial para despejar o inquilino inadimplente de forma mais célere, é evidente que, encerrada parca garantia antes oferecida, **fica o locador sem proteção, o que lhe permitiria que liminarmente retomasse o imóvel**. Parece ser esse o espírito da lei.

15.15.4 Fiador como corréu

Importante lembrar que **se o tipo de garantia for a fiança**, e a ação de despejo for cumulada com cobrança, **deverá o fiador, na qualidade de garantidor da locação, ser incluído no polo passivo da ação.**

Além disso, exige a lei que já na inicial de despejo, na qual estejam cumuladas as cobranças dos valores devidos, deve o locador apresentar **o cálculo discriminado do valor do débito, incluindo aluguéis e demais encargos locatícios.**

15.15.5 Direito de purgar a mora

Nas ações de despejo por falta de pagamento poderá **o locatário purgar a mora**, incluindo aí despesas da locação e demais encargos, **no prazo de 15 dias concedidos para a desocupação do imóvel**, por meio de depósito judicial, que contemple a totalidade dos valores devidos. Nessa hipótese, o contrato de locação subsistirá e **a ação de despejo é encerrada.**

Locação   337

Sendo assim, é essencial que a memória de cálculo acompanhe o pedido; caso assim não fosse, não teria o locatário como saber qual é o valor da dívida para quitá-la no prazo legal, em que pese a lei estabelecer que esse pagamento deve ser feito independentemente de cálculo.

O pagamento tem que ser total, depositando o réu de uma só vez os valores referentes aos aluguéis e encargos locatícios vencidos, multas contratuais e correções que incidem em razão do atraso, além das custas judiciais e dos honorários do advogado do locador, fixados em 10% sobre o montante devido, se do contrato não constar disposição diversa.

Na hipótese de já ter o locatário se utilizado da faculdade de pagar a dívida nos 15 dias subsequentes à citação nos últimos 24 meses, não poderá ele se valer novamente dessa possibilidade e a ação de despejo prosseguirá.

15.15.6 Sentença e despejo

Caso não haja o pagamento, sendo julgada procedente a ação, será fixado prazo de 15 dias para a desocupação voluntária, que, não ocorrendo, ensejará a desocupação forçada do imóvel, independentemente de nova decisão judicial, inclusive com o uso de força e arrombamento, se for o caso.

A desocupação será total, incluindo móveis e utensílios, que se não retirados pelo locatário nesse momento serão entregues à guarda de depositário.

Em eventual recurso contra a sentença que determinou o despejo forçado, só haverá efeito devolutivo, ou seja, não apto a obstar o despejo do imóvel, que será levado a efeito no prazo determinado.

338   Direito Imobiliário

Esquema – Despejo por falta de pagamento

Tem algum tipo de garantia?
Fiança, caução, seguro-fiança, cessão fiduciária de quotas de fundo de investimento

Sim	Não

Ação de despejo por falta de pagamento sem concessão de liminar para desocupação.	Ação de despejo por falta de pagamento com concessão de liminar para desocupação em 15 dias.

Possibilidade de purgação da mora em 15 dias contados da citação.	Possibilidade de purgação da mora em 15 dias contados do início do prazo para desocupação.

Houve pagamento do débito dentro do prazo?

Sim	Não

15.15.7 Sublocatário

No caso de permanecer o sublocatário no imóvel depois de extinta a locação, a ação de despejo que busca **a retirada desse sublocatário está inserida no rol do art. 59 da Lei de Locação.**

Isso porque, independentemente da anuência do locador para que ocorra a sublocação, o contrato de sublocação é acessório ao contrato principal – de locação. **Extinto o principal, extinto também estará o acessório.**

Autoriza, assim, a lei no inciso V do art. 59 que, em qualquer que seja o contrato de locação, permanecendo o sublocatário no imóvel depois de encerrada a locação, **seja realizado o despejo de forma liminar.**

Locação   339

15.15.8 Outros motivos que fundamentam as ações de despejo

Com fundamentação diversa da falta de pagamento, **também existem outras situações que permitem a concessão de liminar para desocupação do imóvel em 15 dias,** independentemente da audiência da parte contrária.

De acordo com o § 1º do art. 59 da Lei nº 8.245/1991, são essas as hipóteses nas quais será concedida medida liminar para execução do despejo:

a) O **descumprimento do mútuo acordo** (art. 9º, inciso I), celebrado por escrito e assinado pelas partes e por duas testemunhas, no qual tenha sido ajustado o **prazo mínimo de seis meses para desocupação**, contado da assinatura do instrumento, **permite o despejo liminar.**

b) **Término do prazo da locação para temporada,** tendo sido proposta a ação de despejo em até 30 dias após o vencimento do contrato. Tendo em vista que os contratos de locação para temporada são curtos, no máximo por 90 dias, uma ação de despejo que pudesse levar meses ou anos para ser finalizada poderia ser ineficiente em razão dessa peculiaridade contratual.

Dessa forma, findo o prazo da locação, tem o locador o prazo máximo de 30 dias para manejar a ação de despejo. Não exercendo esse direito dentro do prazo legal, a locação será considerada por prazo indeterminado e se sujeitará às regras daquela modalidade.

c) **A morte do locatário** que não deixou sucessor legítimo na locação, quais sejam, nas locações com finalidade residencial, o cônjuge sobrevivente ou o companheiro, herdeiros necessários e as pessoas que viviam na dependência econômica do *de cujus,* desde que residentes no imóvel, autoriza a propositura da ação de despejo e, nesse caso, também com a concessão da liminar.

d) Existindo a **necessidade de realizar reparações urgentes no imóvel**, determinadas pelo Poder Público, que não possam ser normalmente executadas com a permanência do locatário, ou, podendo, ele se recuse a consenti-las.

É evidente que tais **reparos precisam ser urgentes** e, caso não realizados de forma imediata, poderão colocar em risco o locatário ou até mesmo terceiros. Para isso, é essencial que o locador possua documentação apta a comprovar a urgência das obras.

Além disso, é necessário comprovar que as obras serão de tal monta que não poderão ser realizadas com o locatário habitando o imóvel ou que, mesmo que pequenas, o locatário se negue a autorizá-las.

É necessário também que se faça prova dessas alegações, **seja com projetos que indiquem a extensão das obras**, no caso da impossibilidade concreta, seja com notificações não atendidas pelo locatário que se negue a permitir a realização dos reparos.

e) Findo o **prazo estabelecido no parágrafo único do art. 40 da Lei nº 8.245/1991**, nas hipóteses na quais a **modalidade de garantia é a fiança, o locatário estará obrigado a apresentar nova garantia.** Não o fazendo, o locador poderá notificar o locatário para apresentar nova garantia locatícia no prazo de 30 dias, sob pena de desfazimento da locação.

Temos as seguintes hipóteses legais **para apresentação de nova garantia**: morte do fiador; ausência, interdição, recuperação judicial, falência ou insolvência do fiador, declaradas judicialmente; alienação ou gravação de todos os bens imóveis do fiador ou sua mudança de residência sem comunicação ao locador; exoneração do fiador; prorrogação da locação por desaparecimento dos bens móveis; desapropriação ou alienação do imóvel; exoneração de garantia constituída por quotas de fundo de investimento; liquidação ou encerramento do fundo de investimento de que trata o inciso IV do art. 37 desta lei; prorrogação da locação por prazo indeterminado uma vez notificado o locador pelo fiador de sua intenção de desoneração, ficando obrigado por todos os efeitos da fiança, durante 120 dias após a notificação ao locador.

Caso haja descumprimento dessa obrigação e, se notificado o locatário este quedar-se inerte, poderá ser **concedida liminar para desocupação em 15 dias**, desde que prestada caução no valor equivalente a três meses de aluguel.

f) Podem também resultar em ação de despejo, qualquer que seja o contrato de locação, **a venda do imóvel em cujo contrato de locação não conste cláusula de vigência**, ou existindo referida cláusula, esta não esteja averbada na matrícula.

g) **Nos casos de extinção do usufruto ou fideicomisso, nos quais não há anuência expressa nem do nu-proprietário nem do fideicomissário no contrato de locação**, estes podem promover a ação de despejo para reaver o imóvel.

15.16 Causas de despejo nas locações residenciais

a) Além da falta de pagamento dos aluguéis, as retomadas mais comuns nas locações residenciais dizem respeito **ao término do prazo de locação nos contratos firmados por escrito e por prazo determinado, com vigência mínima**

342 Direito Imobiliário

de 30 meses de duração, findo o qual poderá ser intentado o despejo.

Além disso, os contratos firmados, mesmo que por escrito, com prazo inferior a 30 meses, mas que somados já completaram cinco anos ou os contratos escritos ou verbais por prazo indeterminado, cujo tempo de locação já tenha atingido pelo menos cinco anos, podem ensejar o despejo.

b) **No falecimento do locatário** sem que haja sucessor legítimo na locação, quais sejam, o cônjuge ou companheiro, herdeiros necessários ou pessoas que residam no imóvel e sejam financeiramente dependentes do falecido, demais ocupantes do imóvel não se sub-rogam na qualidade de locatários do imóvel.

c) **Quando encerrado o contrato de trabalho**, cuja locação foi firmada exclusivamente em razão deste, também pode ser denunciado pelo locador, mesmo se ajustada verbalmente ou por escrito e com prazo inferior a 30 meses, findo o prazo estabelecido, ou aquelas firmadas por prazo indeterminado.

d) A Lei de Locação também prevê **a possibilidade de retomada para uso próprio**, do cônjuge ou companheiro, ou uso residencial de ascendente ou descendente, que não disponha de imóvel residencial próprio, tampouco seu eventual cônjuge ou companheiro, **nos contratos firmados por prazo indeterminado, ou prazo escrito e determinado inferior a 30 meses, desde que já transcorrido.**

e) Também é possível retomar o imóvel antes de transcorridos cinco anos, **se for pedido para demolição e edificação licenciada ou para a realização de obras aprovadas pelo Poder Público**, que aumentem a área construída, em, no

Locação 343

mínimo, **20% ou, se o imóvel for destinado a exploração de hotel ou pensão, em 50%.**

15.17 Causas de despejo nas locações não residenciais (ou comerciais)

a) Encerrado o prazo do contrato, **desprovido dos requisitos necessários para propositura de ação renovatória,** nos casos nos quais, embora estejam previstos os requisitos, mas **o locatário não a propôs dentro prazo legal,** ou não haja ação renovatória em curso, **é lícito ao locador retomar o imóvel.**

b) No caso de haver ação renovatória, precisará o locador aguardar a decisão judicial para, se improcedente, reaver o imóvel. Estabelece o art. 74 da Lei nº 8.245/1991 que, no caso de improcedência da ação renovatória, se expressamente requerido na contestação, o juiz determinará que seja expedido **mandado de despejo com prazo de 30 dias para desocupação.**

c) Caso o contrato seja por prazo indeterminado, pela própria natureza do contrato de locação, **não terá o locatário o direito de propor a renovatória.** Nessa hipótese, deverá o locador notificá-lo por escrito para **desocupação do imóvel no prazo máximo de 30 dias.**

d) Poderá o locador não renovar o contrato locatício, alegando em contestação de ação renovatória **ter melhor proposta de terceiro.** Nesse caso, não basta ao locador alegar que possui essa oferta melhor. De acordo com o texto legal, **é necessário que se comprove por meio de documentos a proposta oferecida por terceiros,** que deverá ser assinada tanto pelo locatário quanto por duas

344 Direito Imobiliário

testemunhas, indicando ainda o ramo a ser explorado, que deverá ser diferente daquele exercido pelo locatário.

e) Poderá haver retomada **para uso próprio do locador ou para transferência de fundo de comércio existente há mais de um ano**, possuindo o locador maioria do capital, para uso de seu cônjuge, ascendente ou descendente.

Não poderá, contudo, o locador se utilizar do imóvel para exercício da mesma atividade do locatário, a menos que o imóvel tenha sido alugado juntamente com o fundo de comércio e suas instalações.

f) **Nas ações de despejo de hospitais, repartições públicas, unidades sanitárias oficiais, asilos, estabelecimentos de saúde e de ensino autorizados e fiscalizados pelo Poder Público, bem como por entidades religiosas** devidamente registradas, além de estabelecimento de ensino autorizado e fiscalizado pelo Poder Público, as hipóteses que autorizam a retomada **são mais restritas**.

Inicialmente é importante esclarecer que imóveis locados para essas finalidades não são passíveis de retomada para uso próprio do locador. Há uma restrição aos direitos de propriedade estabelecidos pela própria lei.

Além disso, os prazos para desocupação são maiores. **Será concedido um ano para desocupação, salvo se entre a citação e a sentença tiver decorrido mais de um ano. Nesse caso o prazo será de seis meses.**

g) Em relação às escolas existe ainda mais exigência para realização do despejo. **Além do prazo de desocupação ser de seis meses a um ano, é necessário também que a data do despejo coincida com as férias escolares.**

Locação 345

Fica claro que nesses casos o objetivo do legislador foi muito mais voltado ao interesse da sociedade do que o particular. **Busca-se atingir a função social do contrato.**

15.18 Ação de consignação de aluguel e acessórios da locação

A ação de consignação de aluguel é a maneira que o locatário tem de efetuar o pagamento de suas obrigações, **caso o locador se recuse a receber o valor referente ao aluguel e demais encargos.**

O objetivo dessa medida é de quitar as obrigações do locatário, **quando em razão de injusta recusa** o locador se negue a receber os valores decorrentes do contrato.

Serve ainda quando **houver dúvida de quem é o real locador do imóvel,** por exemplo, quando, em virtude da morte do locador original, mais de uma pessoa se apresentar como sucessor deste, ou ainda quando não for possível localizar o proprietário.

Essa é a **forma que o locatário tem para cumprir sua obrigação,** evitando a **inadimplência,** quando estiver impossibilitado de realizar os pagamentos por motivos alheios à sua vontade.

A consignação de valores, que poderá ser realizada de forma judicial ou extrajudicial, **é um meio de pagamento indireto.**

Em se tratando da consignação extrajudicial de valores referentes a débitos de aluguéis e encargos, poderá o devedor ou terceiro realizar o depósito, somente em dinheiro, do valor que entender devido. Referido depósito deverá ser realizado em estabelecimento bancário, oficial onde houver, ou em outro estabelecimento bancário na falta deste. O banco não poderá se recusar a receber o depósito, e referido procedimento é previsto pelo banco central.

Realizado o depósito, deve o locatário devedor cientificar o credor com aviso de recebimento para que no prazo máximo de 10 dias se manifeste sobre o valor consignado, podendo recusá-lo, de forma expressa (por escrito), porém **não há necessidade de fundamentar** os motivos da recusa.

Em que pese a lei exigir que a notificação deve ser realizada com o **simples recebimento de AR para que tenha validade,** segundo previsto no art. 539, § 1°, do CPC, que estabelece que "tratando-se de obrigação em dinheiro, poderá o valor ser depositado em estabelecimento bancário, oficial onde houver, situado no lugar do pagamento, cientificando-se o credor por carta com aviso de recebimento, assinado o prazo de 10 (dez) dias para a manifestação de recusa", entendimentos diversos têm sido adotados pelo STJ.

No entender do **Minisitro Felix Fischer** (REsp. 618.295),

> é de rigor que o **credor efetivamente tome ciência do depósito**; e o devedor, por sua vez, **fique ciente de que o credor teve ciência do depósito liberatório**, sendo o aviso de recebimento o sinal mais aparente dessa ciência.
>
> O simples envio postal da notificação, porém, não basta para que se tenha como certa a ciência do credor quanto ao depósito, uma vez que poderá ser enviada a endereço incorreto, sendo aí assinada normalmente por quem a receba, ou até mesmo para o endereço correto do devedor, que, entretanto, lá não mais reside.
>
> Daí por que, tanto para a segurança do devedor – de que o credor tomou ciência do depósito – quanto para a do

credor – de que o depósito visa desonerar o depositante de tal e qual obrigação – **é necessário que este seja notificado pessoalmente**, sendo ônus do devedor, se quiser que o depósito tenha o efeito liberatório almejado, provar, em caso de futura contestação do credor, que a ciência se deu pessoalmente.

A propósito, esta e. Corte, em casos de citação postal, tem entendido que não basta a simples entrega da correspondência no endereço indicado. **Necessária a ciência inequívoca do citando, o que se dá com a sua própria assinatura no recibo** (grifos nossos).

Comprovada a notificação do credor acerca da consignação, se no prazo de 10 dias este não se manifestar, **entende-se como quitada a obrigação**, ficando à disposição do credor o valor depositado e liberando devedor da dívida.

Na hipótese de o credor recusar o depósito, terá o devedor 30 dias para propositura da **ação de consignação em pagamento**, utilizando-se do valor já depositado. A **não** propositura da ação **no prazo de 30 dias a contar da ciência da recusa, não impede o devedor de se utilizar da consignação judicial** como ferramenta para quitar a dívida, contudo precisará levantar a quantia anteriormente depositada e, acrescida de juros e encargos, consigná-la judicialmente.

No caso de aluguéis, que normalmente são prestações sucessivas, para eximir-se da mora **é preciso que o devedor continue a depositar os valores que entende devidos na mesma conta judicial.**

Na hipótese de o credor optar pela via judicial desde o início, além dos requisitos exigidos pelo CPC, **deverá especificar os aluguéis e acessórios da locação com indicação dos respectivos valores que pretende depositar.**

Desde que atendidos os requisitos legais para a propositura da ação e determinada a citação do réu, o autor será intimado para que no prazo de 24 horas efetue o depósito judicial da
importância indicada na petição inicial, sob pena de ser extinto o
processo. **Observe-se que, antes de realizar o depósito, o devedor precisa aguardar que o juiz determine a citação do credor.**

Em se tratando de **vencimentos sucessivos**, estes precisam ser depositados pelo devedor **até o sentenciamento do
feito** nas datas dos respectivos vencimentos.

Citado, **se o réu credor não oferecer contestação ou se
receber os valores depositados**, o juiz acolherá o pedido, declarando quitadas as obrigações, condenando o réu ao pagamento das custas e honorários de 20% do valor dos depósitos.

Na hipótese de contestar a ação, o locador, além da defesa de direito previstas no CPC que possa caber, **pode alegar
não ter havido recusa ou mora em receber a quantia devida**, ou
que a recusa é justificada, ou que o pagamento não foi realizado no local ou prazo estabelecido entre as partes, ou ainda que
o valor depositado não foi integral.

Sendo a contestação **fundamentada em insuficiência
do valor depositado** e apresentadas pelo locador planilhas que
demonstram os valores realmente devidos, poderá **o locatário
devedor complementar o depósito inicial**, no prazo de cinco
dias contados da intimação para ciência da contestação, com
acréscimo de 10% sobre o valor da diferença.

O locador poderá, **além de contestar a ação, pedir em
reconvenção o despejo e a cobrança de eventuais diferenças**,
comprovando que os depósitos não totalizam o valor da dívida
ou ainda, demonstrando que não houve recusa, requerer o le-
vantamento dos valores depositados.

Na hipótese de contestada a ação, **ter sido alegada insuficiência de depósito como fundamento para defesa**, é dado ao autor a oportunidade de complementar o depósito realizado, no prazo de cinco dias contados da ciência do oferecimento da resposta, com acréscimo de 10% sobre o valor da diferença.

Concordando o autor em complementar o depósito inicial e o fazendo no prazo legal, o juiz declarará quitadas as obrigações, **indeferindo a rescisão contratual**, porém, condenará o **autor-reconvindo no pagamento das custas e honorários advocatícios de 20% sobre o valor dos depósitos.**

Entretanto, não realizando o autor o depósito das diferenças, prosseguirá a ação para recebimento destas e, quando houver cumulação com pedido de despejo, referidas diferenças **somente poderão ser executadas depois de desocupado o imóvel**.

Importante salientar sobre **os valores incontroversos** que esses **poderão ser levantados a qualquer momento pelo réu**, prosseguindo a ação para discussão de eventuais diferenças ou até mesmo o despejo.

16

Desapropriação

16.1 Conceito e características

A desapropriação é o **procedimento administrativo** através do qual o Poder Público, em razão de **interesse público**, necessidade pública ou interesse social retira a propriedade de um bem do seu dono e o transfere para si, **compulsoriamente**, adquirindo **a propriedade em caráter originário, mediante justa e prévia indenização**.

É um ato privativo do Poder Público das três esferas, que pode, contudo, delegar a terceiros específicos que o façam, mediante autorização expressa constante de lei ou contrato, consoante previsto no art. 3º do Decreto-lei nº 3.365/1941. **A desapropriação é compulsória e exige a indenização ao dono em dinheiro de forma precedente ao ato expropriatório.**

O decreto de desapropriação **é um ato do chefe do Poder Executivo**. O Poder Legislativo poderá tomar a iniciativa da desapropriação, cumprindo, neste caso, ao Executivo praticar os atos necessários à sua efetivação.

Assinado o decreto, o Poder Público tem prazo para efetivar a desapropriação. Para as situações de utilidade pública ou necessidade pública o prazo para que o expropriante promova os atos concretos destinados a efetivar a desapropriação do bem **é de cinco anos.** Nas desapropriações fundadas no interesse social **o prazo será de dois anos.**

A desapropriação é um **direito fundamental** previsto na Constituição Federal que determina que "a lei estabelecerá o **procedimento para desapropriação por necessidade ou utilidade pública, ou por interesse social,** mediante justa e prévia indenização em dinheiro, ressalvados os casos previstos nesta Constituição" (art. 5°, XXIV, CF, grifos nossos).

É também na Carta Magna que está estabelecida a questão dos imóveis rurais e da reforma agrária, disciplinando que

> compete à União **desapropriar por interesse social, para fins de reforma agrária, o imóvel rural que não esteja cumprindo sua função social,** mediante prévia e justa indenização em títulos da dívida agrária, com cláusula de preservação do valor real, resgatáveis no prazo de até 20 (vinte) anos, a partir do segundo ano de sua emissão, e cuja utilização será definida em lei (art. 184, CF, grifos nossos).

Como regra, a Lei Civil também estabelece que "o proprietário tem a faculdade de usar, gozar e dispor da coisa, e **o direito de reavê-la do poder de quem quer que injustamente a possua ou detenha**" (art. 1.228, CC, grifos nossos). Mas, por outro lado, em razão do **caráter social** a mesma lei traz uma exceção: "**O proprietário pode ser privado da coisa, nos casos de desapropriação, por necessidade ou utilidade pública ou interesse social,** bem como no de requisição, em caso de **perigo público iminente**" (art. 1.228, § 3°, CC, grifos nossos).

Além dos princípios gerais, o regramento da desapropriação é previsto no Decreto-lei n° 3.365/1941, conhecido como Lei Geral da Desapropriação (LGD).

Em que pese **colidir com o direito de propriedade**, é fato que esse deve ser relativizado em alguns casos. Tem-se na ideia de desapropriação que **o interesse coletivo suplanta o particular**, o que autoriza a medida extraordinária por parte do Estado. Frise-se que tal medida somente é possível se **comprovada necessidade pública**, sob pena de nulidade da desapropriação.

16.2 Espécies de desapropriação

Como metodologia do estudo, podemos dividir as espécies de desapropriação conforme seus objetivos ou finalidades principais. Assim, temos: desapropriação por utilidade pública; desapropriação por necessidade pública; desapropriação por interesse social; desapropriação confiscatória ou de propriedade nociva, e a desapropriação indireta.

16.2.1 Desapropriação por utilidade pública

O objetivo é propiciar **melhor qualidade de vida à comunidade**, com a construção de hospitais, escolas ou implementação e ampliação do sistema de transportes públicos, por exemplo.

Embora sejam providências que requeiram planejamento criterioso, e não têm urgência no sentido estrito, pois devem ser implantadas seguindo um cronograma, é certo que não podem aguardar *ad eternum*.

16.2.2 Desapropriação por necessidade pública

Existe na necessidade pública a urgência da medida. Nessa modalidade de desapropriação o **ato expropriatório do estado não é planejado**, mas surge de situações que exigem uma pronta resposta, sob pena de causarem prejuízos ao interesse coletivo.

Fortes chuvas que colocam em risco a vida de pessoas, obrigando a remoção das famílias pelo Poder Público, desalojando-as de suas casas e interditando em definitivo a área em risco, em regra não são uma ação planejada do governo, mas resultantes de uma situação que, embora pudesse ser previsível, surgiu de repente, esse seria um bom exemplo.

16.2.3 Desapropriação por interesse social

Aqui o objetivo da medida é **realizar a justa distribuição da propriedade**, além de **dar a melhor destinação ao bem** que atenda aos anseios sociais. Quando se pensa em realizar a desapropriação por **interesse social**, a primeira coisa que vem à mente é a **construção de conjuntos habitacionais**, o que também é o objetivo da lei.

Mas não é só isso; quando se fala em aproveitamento dos espaços urbanos tem-se também a necessidade de o aproveitamento de **todo bem improdutivo ou explorado sem correspondência com as necessidades de habitação, trabalho e consumo dos centros de população** a que deve ou possa suprir por seu destino econômico.

Tem-se ainda que é possível realizar a desapropriação **para a proteção do solo e a preservação de cursos e mananciais de água e de reservas florestais**, o que está diretamente ligado com a qualidade de vida da população.

É possível pensar também que a geração de renda para a população é de suma importância, razão pela qual uma das hipóteses da desapropriação é para utilizar o imóvel que, por suas características, seja apropriado ao desenvolvimento de atividades turísticas. Ou seja, **fomentar o desenvolvimento de uma região.**

Nesse contexto está uma espécie de desapropriação-sanção, qual seja, a expropriação pelo Estado de bens particulares para fins de **reforma urbana,** cujo fundamento é externado pelo art. 182 da CF, que estabelece a política de desenvolvimento urbano, executada pelo Poder Público municipal, conforme diretrizes gerais fixadas em lei, e tem por objetivo ordenar o **pleno desenvolvimento das funções sociais da cidade** e garantir o bem-estar de seus habitantes.

Visa assegurar que o proprietário dê a **devida destinação ao imóvel,** sob pena de não o fazendo a administração municipal possa expropriá-lo para atender à função social no meio urbano, além de **promover a ordenação urbanística prevista no Plano Diretor.**

Sendo esses imóveis destinados à habitação, depois de serem adequados ao quanto previsto no plano diretor e com o fito de atender à razão pela qual foram desapropriados, são transferidos novamente ao particular, ocorrendo nessa hipótese a **"reprivatização".**

16.2.4 Desapropriação confiscatória ou de propriedade nociva

Nessa hipótese **a punição é mais que sanção,** pois a desapropriação **não será indenizada.** Isso porque,

> as propriedades rurais e urbanas de qualquer região do País onde forem localizadas **culturas ilegais de plantas psicotrópicas ou a exploração de trabalho escravo na forma da lei serão expropriadas e destinadas à reforma agrária e a programas de habitação popular,** sem qualquer indenização ao proprietário e sem prejuízo de outras

356 Direito Imobiliário

sanções previstas em lei, observado, no que couber, o disposto no art. 5º (art. 243, CF, grifos nossos).

Dessa forma é o texto constitucional que estabelece a maior de todas as sanções administrativas para quem usar da propriedade com fins espúrios. Não se trata apenas de não destinar o imóvel para fins sociais, **mas utilizá-lo para a prática de atividades criminosas, o que é muito mais grave, daí a sanção mais severa.**

16.3 Requisitos para a desapropriação

Os **requisitos** da desapropriação devem ser a **fundamentação do Poder Público** alicerçada no manifesto **interesse coletivo** para intervir na propriedade de outrem, nos casos de necessidade pública, utilidade pública ou interesse social, ficando obrigado a pagar uma **justa indenização.**

A simples alegação do Poder Público não é suficiente como fundamentação autorizadora para expedição do decreto de desapropriação. É necessária a **realização de estudos preliminares precedentes à expedição do decreto** e, em alguns casos, há necessidade de planos de melhoramentos urbanos definidos em lei.

Não pode haver desapropriação calcada em interesses outros senão atender às **necessidades da sociedade.** Esse é o único motivo pelo qual a lei confere ao Estado o direito de intervir na propriedade.

Na hipótese de o destino do bem ser diferente daquele declarado no decreto que determinou a desapropriação, **cabe ao proprietário expropriado a retrocessão,** que nada mais é do que a reversão da desapropriação.

Quando o destino de um bem é desviado da finalidade para a qual foi declarada, inexistindo o interesse público na expropriação, essa mudança de destinação é chamada de **tredestinação.**

16.4 Partes legitimadas para desapropriar

Em que pese na maioria das vezes a desapropriação ser de **bem particular** em favor do Estado, **é possível a desapropriação de bens dos estados e municípios,** desde que haja autorização legislativa.

Dessa forma, os bens dos estados e municípios podem ser desapropriados pela União e os bens dos municípios, pelos estados, **porém não é possível que os municípios desapropriem bens estaduais ou federais.**

16.5 Hipóteses que autorizam a desapropriação

A legislação especial enumera as hipóteses de desapropriação, contudo referido **rol não é taxativo,** sendo possível que o Poder Público identifique outras situações que podem se enquadrar como **interesse público, necessidade pública ou interesse social.**

16.5.1 Casos da Lei de Desapropriação

Primeiro, citaremos as **hipóteses autorizadoras da desapropriação** previstas no art. 5º do Decreto-lei da Desapropriação, que, como dissemos, são casos exemplificativos. São elas:

  a) a segurança nacional;

  b) a defesa do Estado;

  c) o socorro público em caso de calamidade;

358 Direito Imobiliário

d) a salubridade pública;

e) a criação e melhoramento de centros de população, seu abastecimento regular de meios de subsistência;

f) o aproveitamento industrial das minas e das jazidas minerais, das águas e da energia hidráulica;

g) a assistência pública, as obras de higiene e decoração, casas de saúde, clínicas, estações de clima e fontes medicinais;

h) a exploração ou a conservação dos serviços públicos;

i) a abertura, conservação e melhoramento de vias ou logradouros públicos; a execução de planos de urbanização; o parcelamento do solo, com ou sem edificação, para sua melhor utilização econômica, higiênica ou estética; a construção ou ampliação de distritos industriais;

j) o funcionamento dos meios de transporte coletivo;

k) a preservação e conservação dos monumentos históricos e artísticos, isolados ou integrados em conjuntos urbanos ou rurais, bem como as medidas necessárias a manter-lhes e realçar-lhes os aspectos mais valiosos ou característicos e, ainda, a proteção de paisagens e locais particularmente dotados pela natureza;

l) a preservação e a conservação adequada de arquivos, documentos e outros bens moveis de valor histórico ou artístico;

m) a construção de edifícios públicos, monumentos comemorativos e cemitérios;

n) a criação de estádios, aeródromos ou campos de pouso para aeronaves;

o) a reedição ou divulgação de obra ou invento de natureza científica, artística ou literária;

p) os demais casos previstos por leis especiais.

§ 1º A construção ou ampliação de distritos industriais, de que trata a alínea *i* do *caput* deste artigo, inclui o loteamento das áreas necessárias à instalação de indústrias e atividades correlatas, bem como a revenda ou locação dos respectivos lotes a empresas previamente qualificadas.

§ 2º A efetivação da desapropriação para fins de criação ou ampliação de distritos industriais depende de aprovação, prévia e expressa, pelo Poder Público competente, do respectivo projeto de implantação.

§ 3º Ao imóvel desapropriado para implantação de parcelamento popular, destinado às classes de menor renda, não se dará outra utilização nem haverá retrocessão.

(...)

§ 8º Os bens desapropriados para fins de utilidade pública e os direitos decorrentes da respectiva imissão na posse poderão ser:

I – alienados a terceiros;

II – locados;

III – cedidos;

IV – arrendados;

V – outorgados em regimes de:

a) concessão de direito real de uso;

b) concessão comum; ou

c) parceria público-privada; e

VI – transferidos como integralização de fundos de investimento ou sociedades de propósito específico.

§ 9º Aplica-se o disposto no § 8º aos casos de desapropriação para fins de execução de planos de urbanização, de renovação urbana ou de parcelamento ou reparcelamento do solo, desde que seja assegurada a destinação prevista no referido plano de urbanização ou de parcelamento de solo.

16.5.2. Casos de interesse social

Em especial, também podemos citar as hipóteses que autorizam a desapropriação por **interesse social** e que são reguladas pela Lei n° 4.132/1962.

Quando o fundamento for o interesse social, diz a lei que a desapropriação para essa finalidade será decretada para promover a **justa distribuição da propriedade ou condicionar o seu uso ao bem-estar social**. São elas:

I – o aproveitamento de todo bem improdutivo ou explorado sem correspondência com as necessidades de habitação, trabalho e consumo dos centros de população a que deve ou possa suprir por seu destino econômico;

II – a instalação ou a intensificação das culturas nas áreas em cuja exploração não se obedeça a plano de zoneamento agrícola;

III – o estabelecimento e a manutenção de colônias ou cooperativas de povoamento e trabalho agrícola;

IV – a manutenção de posseiros em terrenos urbanos onde, com a tolerância expressa ou tácita do proprietário, tenham construído sua habilitação, formando núcleos residenciais de mais de 10 (dez) famílias;

V – a construção de casa populares;

VI – as terras e águas suscetíveis de valorização extraordinária, pela conclusão de obras e serviços públicos, notadamente de saneamento, portos, transporte, eletrificação armazenamento de água e irrigação, no caso em que não sejam ditas áreas socialmente aproveitadas;

VII – a proteção do solo e a preservação de cursos e mananciais de água e de reservas florestais;

VIII – a utilização de áreas, locais ou bens que, por suas características, sejam apropriados ao desenvolvimento de atividades turísticas.

§ 1º O disposto no item I deste artigo só se aplicará nos casos de bens retirados de produção ou tratando-se de imóveis rurais cuja produção, por ineficientemente explorados, seja inferior à média da região, atendidas as condições naturais do seu solo e sua situação em relação aos mercados.

§ 2º As necessidades de habitação, trabalho e consumo serão apuradas anualmente segundo a conjuntura e condições econômicas locais, cabendo o seu estudo e verificação às autoridades encarregadas de velar pelo bem-estar e pelo abastecimento das respectivas populações.

Fica claro ao interpretar as hipóteses acima, juntamente com a interpretação do art. 4.º da Lei nº 4.132/1962, que a **desapropriação para finalidade social tem como destinatário dos imóveis os particulares**, que os receberão por venda ou locação, desde que estejam aptos a dar-lhes a destinação social prevista.

Diferentemente do que pode parecer à primeira vista, essa modalidade de desapropriação não visa expropriar a propriedade privada em favor de outro particular, mas em prol do próprio desenvolvimento de uma sociedade.

16.5.3 Desapropriação para fins de reforma agrária

Existem ainda as hipóteses de **desapropriação para fins de reforma agrária**, comumente conhecida como **desapropriação-sanção**, pois decorre do **uso inadequado da propriedade, sem cumprir sua a função social**.

362 Direito Imobiliário

Usar a propriedade a fim de atingir a função social desta é princípio fundamental garantido pela Constituição Federal, além de diversas outras leis, que invariavelmente relativizam o direito à propriedade em razão da necessidade de dar-lhe a correta destinação.

A reforma agrária tem como objetivos assentar as pessoas no campo, prover condições de sustento a essas pessoas, gerar renda, assim como destinar terras improdutivas, seja por abandono, seja por especulação imobiliária, a atividades rurais, que são essenciais para geração de riqueza do país.

Esta espécie de desapropriação tem por finalidade atender ao interesse coletivo das **classes rurais carentes**, constituídas pelos agricultores, para que, com os proveitos da terra consigam arcar com o próprio sustento e de seus familiares.

A reforma agrária é disciplinada pela Lei n° 8.629/1993, que dispõe sobre a regulamentação dos dispositivos constitucionais relativos à reforma agrária, previstos no Capítulo III, Título VII, da Constituição Federal.

16.6 Pagamento das indenizações

A desapropriação deve ser fundamentada em uma das hipóteses legais e deverá ser previamente **indenizada** de **forma justa** e **em dinheiro**, como regra geral.

Porém, ocorrem situações específicas previstas na própria Constituição Federal e leis especiais que flexibilizam o prazo ou a forma de pagamento.

A Carta Magna determina que a indenização nos casos **de descumprimento da função social da propriedade urbana** (art. 182, § 4°) e da **propriedade rural** (art. 186) será realizada por meio de **títulos da dívida agrária**, com cláusula de preservação do valor real, resgatáveis no **prazo de até 20 anos**, a partir do segundo ano de sua emissão, com exceção das benfeitorias úteis e necessárias que serão indenizadas em dinheiro. O Estatuto da Cidade também estabelece **forma diversa para a indenização**. Diz a lei que "decorridos 5 (cinco) anos de cobrança do IPTU progressivo sem que o proprietário tenha cumprido a obrigação de parcelamento, edificação ou utilização, o Município poderá proceder à desapropriação do imóvel, **com pagamento em títulos da dívida pública**" (art. 8°, grifos nossos).

16.7 Procedimentos para a desapropriação

O **acordo** seria a maneira mais usual para realizar a desapropriação. Bastaria para tanto que o Poder Público cumprisse a lei e ofertasse um valor justo para o proprietário, o que raramente acontece.

Para formalizar o acordo, caso seja aceito pelo proprietário o valor proposto, **a minuta serve como instrumento hábil para registro** da negociação na matrícula do imóvel perante o Oficial de Registro.

Estabelece a lei que o Poder Público deve **notificar** o proprietário acerca da desapropriação e lhe apresentar a oferta do valor para fins de indenização, instruída com a **cópia do ato de declaração de utilidade pública**, planta ou descrição dos bens e suas confrontações e o **valor da oferta**.

O proprietário então terá o **prazo de 15 dias** para aceitar ou rejeitar a oferta, e caso não o faça tempestivamente no prazo estabelecido o seu silêncio será interpretado como rejeição.

Segundo a nova sistemática trazida pela Lei n° 13.867/2019, que inseriu o art. 10-B no Decreto-lei que trata das desapropriações, discordando o expropriado do valor ofertado pelo Poder Público, poderá o particular optar pela mediação ou arbitragem para solucionar a questão, devendo este indicar um dos órgãos ou instituições especializados em mediação ou arbitragem previamente cadastrados pelo órgão responsável pela desapropriação.

Importante mencionar que essa é uma possibilidade de negociação da qual o expropriado pode se valer, porém não é obrigado a se utilizar dessas vias extrajudiciais para buscar o valor que entende justo para indenização.

Não havendo acordo, inicia-se o processo de desapropriação a ser proposto pelo Poder Público.

A petição inicial conterá a **oferta do preço** e será **instruída com um exemplar do contrato, ou do jornal oficial que houver publicado o decreto de desapropriação**, ou cópia autenticada dele, e **a planta ou descrição dos bens e suas confrontações.**

O primeiro passo é a **avaliação do imóvel**. Para tanto, ao despachar a inicial, o **juiz designará um perito** para proceder à avaliação dos bens.

É possível que, em razão de alegação de urgência do Poder Público, o juiz determine a **imissão provisória na posse**, independentemente da citação do proprietário expropriado. Em que pese tecnicamente ser uma imissão provisória, na prática se trata da antecipação da imissão definitiva, **tendo em vista que a desapropriação é irreversível**.

Para tanto é necessário o **prévio depósito** pelo expropriante. Tendo em vista que ainda não houve a avaliação, a lei elenca diversos critérios para estabelecer o valor a ser depositado,

Desapropriação 365

sendo bastante comum o **uso do valor venal do imóvel** que serve de base para o cálculo do IPTU.

Citado o réu, deverá apresentar contestação, cujos fundamentos somente poderão versar sobre **vício do processo judicial ou impugnação do preço.** Qualquer outra questão deverá ser decidida por ação direta. Importante frisar que **não** é possível trazer na contestação a discussão acerca da **situação de utilidade pública.**

Havendo concordância sobre o preço, o juiz o homologará por sentença no despacho saneador, caso contrário deverá o perito apresentar o laudo de avaliação para prosseguimento do feito. Encerrado o debate, **o juiz proferirá sentença fixando o preço da indenização.**

Tendo em vista o caráter expropriatório da medida, **não incidirá ITBI** sobre a negociação, tampouco **não** se sujeitará o proprietário expropriado ao pagamento de imposto sobre o **lucro imobiliário.**

Não concordando as partes com o valor fixado em sentença, **caberá apelação** com efeito simplesmente devolutivo, quando interposta pelo expropriado, e com ambos os efeitos, quando o for pelo expropriante.

16.8 Desapropriação indireta

Por fim, diferente da desapropriação clássica, na qual o Estado depois de declarar uma área de necessidade pública, utilidade pública ou interesse social procede a expropriação dentro dos ditames legais, especialmente, em tese, com a justa indenização, existe uma forma ilegal com que o Poder Público tem agido em determinados casos.

Trata-se da **desapropriação indireta**, não prevista em lei, e que constitui verdadeiro **esbulho estatal**. Nessa situação o Poder Público "desapropria informalmente" o bem, e por consequência não realiza o pagamento devido.

Não raro se vale o Estado do quanto previsto na Constituição Federal que permite ao Poder Público que "no caso de iminente perigo público, a autoridade competente poderá usar de propriedade particular, assegurada ao proprietário indenização ulterior, se houver dano" (art. 5º, XXV, CF) e, **aproveitando-se dessa situação literalmente arranca o bem do proprietário sem o pagamento da justa indenização.**

Existe muita confusão entre a **desapropriação indireta e servidão administrativa**. Na primeira hipótese, o Estado ingressa na propriedade particular e inicia suas obras sem o devido processo administrativo, tampouco sem realizar a justa indenização. Há uma expropriação do bem que é tomado para si pelo Estado.

Na **servidão administrativa** o Estado não despoja o proprietário do imóvel, mas **restringi-lhe o uso em razão de exercer uma atividade em parte da propriedade como servidão**. Como exemplo, tem-se a passagem de torres de energia, que impede o proprietário de se utilizar de uma faixa de sua propriedade por onde passam os fios.

Embora tecnicamente seja defensável a diferenciação entre as duas modalidades de intervenção do Estado, fora das regras da desapropriação clássica, na prática **o efeito nocivo é o mesmo para o proprietário**.

É muita ingenuidade, para não se dizer hipocrisia, a alegação de que na servidão mantem-se a propriedade e, por isso, não caracteriza a desapropriação. Se o cidadão fica **privado de** se utilizar de parte de sua propriedade, o efeito nefasto é um só, e pouco importa de quem é o bem, mas quem o está usando.

Parece bastante óbvio que a intervenção estatal na propriedade privada, impossibilitando o seu uso, mesmo que parcialmente, na prática é uma **expropriação disfarçada**, especialmente porque, além da restrição de uso, também retira o valor econômico do imóvel.

Mesmo que tenha o proprietário direito a uma **indenização ulterior**, isso não é simples, pois demandará um processo judicial, que na maioria das vezes é muito extenso, e cujo efetivo pagamento pode demorar anos ou décadas, o que logicamente **acarreta um prejuízo, muitas vezes irreversível.**

Por fim, quanto ao prazo prescricional para o expropriado reclamar a indenização, pacificou a questão o STJ, por meio de decisão em recurso repetitivo – tema 1.019, que o prazo prescricional aplicável à desapropriação indireta, na hipótese em que o Poder Público tenha realizado obras no local ou atribuído natureza de utilidade pública ou de interesse social ao imóvel, é de 10 anos.

17

Parcelamento do solo urbano

17.1 Conceito e espécies

Solo urbano distingue-se de **solo rural** em razão de sua utilização. Se um terreno tem potencial para ser utilizado na urbanização das cidades, o loteador deverá seguir as regras do **parcelamento do solo** que é um instituto regulado pela Lei nº 6.766/1979.

O parcelamento deve também seguir os regramentos do Direito Civil e demais legislações específicas, como as que regulam questões ambientais, o **Estatuto da Cidade, a Lei da Mobilidade Urbana, o Estatuto da Metrópole, legislação administrativa**, entre outras.

Somente será admitido o **parcelamento do solo para fins urbanos em zonas urbanas, de expansão urbana ou de urbanização específica**, assim definidas pelo plano diretor ou aprovadas por lei municipal.

É, portanto, **a área destinada a urbanização ou ampliação da área urbanizada do município**, que disciplinará a divisão do seu território em área urbana ou rural de acordo com as necessidades locais.

Denomina-se **gleba** a **porção de terra original,** que não tenha sido submetida ao parcelamento anteriormente.

O parcelamento de solo urbano é gênero das espécies: **loteamento** e **desmembramento.**

a) *Loteamento.* Tem-se como loteamento a **subdivisão de gleba**, ou seja, de **um terreno que ainda não foi parcelado**, em **lotes destinados a edificação**, com abertura de novas vias de circulação, de logradouros públicos ou prolongamento, modificação ou ampliação das vias existentes.

É fundamental para caracterizar o loteamento que no local **sejam realizadas obras de infraestrutura, com abertura de vias públicas.**

b) *Desdobramento.* Difere do loteamento porque, enquanto naquele é necessária a abertura de vias públicas, como avenidas, vielas e praças, neste **utiliza-se da infraestrutura existente**.

No desdobramento ocorre a subdivisão de gleba em lotes destinados a edificação, **com aproveitamento do sistema viário existente.** É fundamental para caracterizar o desdobramento que **os logradouros públicos, como ruas, vielas e praças, já existam** de tal modo que a divisão da gleba **não implique obras viárias.**

Para promover o parcelamento é necessária a figura do empreendedor, que poderá ser, além do proprietário do terreno, todos aqueles elencados no art. 2º-A da Lei nº 6.766/1979.

17.2 Regulação do parcelamento de solo urbano

Essa divisão, seja por loteamento, seja por desmembramento, **deve seguir diretrizes do Poder Público.** A política de desenvolvimento urbano tem por objetivo ordenar o pleno desenvolvimento das **funções sociais da cidade e garantir o bem-estar de seus habitantes,** razão pela qual deve se submeter ao controle direto do Poder Público.

Deverá respeitar o loteador **as diretrizes para o uso do solo, traçado dos lotes, do sistema viário,** dos espaços livres e das áreas reservadas para equipamento urbano e comunitário determinados pelo Poder Público, que também deverá aprovar previamente o projeto de loteamento.

O Poder Público indicará **nas plantas apresentadas pelo loteador,** de acordo com as diretrizes de planejamento urbanístico, **as ruas ou estradas existentes ou projetadas,** que compõem o **sistema viário da cidade e do município,** relacionadas com o loteamento pretendido cujo traçado básico deverá ser respeitado.

Também serão indicados pelo ente público a localização aproximada dos terrenos destinados a **equipamento urbano e comunitário e das áreas livres de uso público,** as **faixas sanitárias** do terreno necessárias ao escoamento das águas pluviais e as faixas não edificáveis, bem como a **zona de uso predominante da área.**

Apresentado o memorial descritivo e aprovado o loteamento, os espaços livres de uso comum, as vias e praças, as áreas destinadas a edifícios públicos e outros equipamentos urbanos, **não poderão ter sua destinação alterada pelo loteador.**

Depois de **registrado o loteamento,** o projeto deverá ser levado adiante e o **registro só poderá ser cancelado por decisão**

judicial se requerido pelo loteador com anuência do ente municipal e desde que **não haja nenhum lote comercializado**, ou havendo contratos de alienação dos lotes, além da vontade do loteador e anuência do Poder Público, é necessária a concordância de todos os adquirentes.

Importante mencionar que **constitui crime iniciar um loteamento ou desmembramento sem autorização do órgão público competente**, ou em desacordo com as disposições legais ou sem observância das determinações constantes do ato administrativo de licença.

Também é previsto como **crime** fazer ou veicular em proposta, contrato, prospecto, ou comunicação ao público ou a interessados, **contendo afirmação falsa** sobre a **legalidade de loteamento ou desmembramento do solo para fins urbanos**, ou ocultar fraudulentamente fato a ele relativo.

Para as cidades com mais de 120.000 habitantes é obrigatória a criação de um **plano diretor**, por meio de lei municipal, que estabeleça as regras para ocupação do espeço urbano como um todo, **demarcando as cidades com áreas destinadas a fins específicos, como residência, indústria, comércio ou mistas** e, nesse contexto, se inserem os loteamentos.

Uma questão muito importante atualmente é o respeito às normas que visam a **preservação do meio ambiente**. Cada vez mais se exige que o crescimento urbano ocorra em **harmonia com o meio ambiente**.

O equilíbrio ecológico é fator essencial em áreas de preservação ecológica ou naquelas onde a poluição impeça condições sanitárias suportáveis, e, portanto, **não será autorizado o loteamento** ou desdobramento até a sua correção.

Parcelamento do solo urbano   373

17.2.1 Proibições para o parcelamento

A lei proíbe o parcelamento do solo para fins urbanos em zonas urbanas ou de expansão urbana em **terrenos alagadiços e sujeitos a inundações**, antes de tomadas as providências para assegurar o **escoamento das águas** ou **em terrenos que tenham sido aterrados com material nocivo à saúde pública**, sem que **sejam previamente saneados**.

Também não é permitido lotear ou desmembrar as glebas em terrenos com **declividade igual ou superior a 30%**, exceto se realizadas obras que atendam às exigências específicas das autoridades competentes. Do mesmo modo nos terrenos com **condições geológicas incompatíveis não poderão ser realizadas edificações**.

17.2.2 Exigências mínimas para o loteamento

Como foi dito anteriormente, somente é considerado lote o terreno servido de **infraestrutura básica** cujas dimensões atendam aos índices urbanísticos definidos pelo plano diretor ou lei municipal para a zona em que se situe. **Essa infraestrutura deve ter pelo menos os equipamentos urbanos de escoamento das águas pluviais, iluminação pública, esgotamento sanitário, abastecimento de água potável, energia elétrica pública e domiciliar e vias de circulação.**

As diretrizes básicas para implementação dos loteamentos é que as áreas destinadas a sistemas de circulação, a implantação de equipamento urbano e comunitário, bem como espaços livres de uso público, **devem se ajustar à densidade da ocupação**, consoante normas do plano diretor.

Existe um tamanho mínimo de 125 m² para os lotes, e este tamanho pode ser reduzido a depender da destinação. Se

374   Direito Imobiliário

o uso for para urbanização específica ou edificação de conjuntos habitacionais de interesse social, é possível a redução por meio de atos dos órgãos públicos competentes.

Estabelece a lei que, ao longo das faixas de domínio público das rodovias, a reserva de faixa não edificável será de, no mínimo, 15 metros de cada lado, podendo ser reduzida por lei municipal ou distrital até o limite mínimo de cinco metros de cada lado.

Outra exigência legal é que, ao longo das águas correntes e dormentes e da faixa de domínio das ferrovias, será obrigatória a reserva de uma faixa não edificável de, no mínimo, 15 metros de cada lado.

Também é requisito fundamental que as **vias de loteamento deverão articular-se com as vias adjacentes oficiais, existentes ou projetadas**, e harmonizar-se com a topografia local, atendendo dessa forma aos interesses sociais e adequando-se ao conjunto urbanístico do município.

Por fim, o **prazo para realização das obras** também é determinado por lei, que concede no máximo **quatro anos** para que o loteador execute o projeto nos exatos termos em que foi apresentado.

17.3 Tipos de loteamento

a) *Loteamento aberto por lote autônomo.* Todas **as áreas são abertas** e não há nenhum tipo de controle para circulação, quer de pessoas, quer de veículos. Também **não há divisão física entre o loteamento e a cidade**, inexistindo muros ou cercas. Em nada difere do ambiente urbano.

b) *Loteamento fechado por lote autônomo.* Este loteamento tem como característica **o perímetro fechado por muros ou cercas**, cujo acesso é controlado.

Por meio de **contrato administrativo de concessão** firmado com o município, **os proprietários se comprometem a custear e manter os equipamentos públicos.**

Estabelece a lei que no loteamento de acesso controlado o controle de acesso será regulamentado por ato do Poder Público municipal, **sendo vedado o impedimento de acesso a pedestres ou a condutores de veículos, não residentes, devidamente identificados ou cadastrados**, o que na prática não acontece.

Em boa parte dos casos, referidos loteamentos são tidos como propriedade privada pelos proprietários dos lotes, impossibilitando a entrada de qualquer pessoa, salvo se expressamente autorizado pelo morador, omitindo-se o Poder Público do dever de fiscalizar e fazer cumprir a lei.

A forma de rateio do custeio de manutenção das áreas públicas internas em muito se assemelha ao pagamento das despesas condominiais. Os proprietários formam uma **associação** que administra os recursos e fiscaliza a realização dos trabalhos necessários para a **conservação dos bens públicos exclusivos.**

c) *Loteamento em condomínio de lotes*. Também tido como condomínio fechado ou urbanístico, é regido pela Lei nº 4.591/1964. Neste modelo existe a divisão do lote em unidades habitacionais autônomas edificadas em terreno pertencente a todos os condôminos e **cujos proprietários possuem apenas as frações ideais das áreas de uso comum.**

As vias internas desse tipo de loteamento, assim como os equipamentos de uso comum, **são de uso privado e pertencem aos proprietários das unidades de forma proporcional**, sendo certo que só podem ser usadas **exclusivamente** pelos proprietários ou possuidores das unidades autônomas.

Referências

ALVIM, José Eduardo Carreira. **Teoria geral do processo.** Rio de Janeiro: Forense, 2019.

ALVIM, José Eduardo Carreira. **Ações possessórias no novo CPC.** Paraná: Juruá, 2016.

BOBBIO, Norberto. **O positivismo jurídico: lições de filosofia do direito.** São Paulo: Ícone, 2006.

BRANDELLI, Leonardo. **Usucapião administrativa.** São Paulo: Revista dos Tribunais, 2016.

CHEZZI, Bernardo Amorim. **Condomínio de lotes.** São Paulo: Quartier Latin, 2019.

COELHO, Fábio Ulhoa. **Comentários a lei de locação de imóveis urbanos.** São Paulo: Saraiva, 1992.

DIDIER JR., Fredie. **Curso de direito processual civil.** Salvador: JusPodivm, 2017.

DINIZ, Maria Helena. **Lei de locações de imóveis urbanos comentada.** São Paulo: Saraiva, 2014.

DIP, Ricardo e JACOMINO, Sergio. **Registros públicos e legislação correlata.** São Paulo: Revista dos Tribunais, 2016.

GOMES, Orlando. **Direitos reais.** Rio de Janeiro: Forense, 2012.

GOMES, Orlando. **Introdução ao direito civil.** Rio de Janeiro: Forense, 2010.

GONÇALVES, Carlos Roberto. **Responsabilidade civil.** São Paulo: Saraiva, 2016.

KÜMPEL, Vitor Frederico. **Legislação notarial e registral.** São Paulo: YK, 2018.

MARQUES NETO, Floriano de Azevedo. **Bens públicos:** função social e exploração econômica: o regime jurídico das utilidades públicas. Belo Horizonte: Fórum, 2009.

MARQUES, Claudia Lima; BENJAMIN, Antonio Herman V.; MIRAGEM, Bruno. **Comentários ao código de defesa do consumidor.** São Paulo: Revista dos Tribunais, 2013.

MARQUESI, Roberto Wagner. **Usucapião extrajudicial.** Paraná: Juruá, 2018.

NERY JR, Nelson e NERY, Rosa Maria de Andrade. **Código civil comentado.** São Paulo: Revista dos Tribunais, 2019.

NUNES, Rizzatto. **Comentários ao código de defesa do consumidor.** São Paulo: Saraiva, 2012.

PACHECO, José da Silva. **Tratado das locações, ações de despejo e outras.** São Paulo: Revista dos Tribunais, 1993.

PEREIRA, Caio Mário da Silva. **Condomínio e incorporação.** Rio de Janeiro: Forense, 2021.

PEREIRA, Caio Mário da Silva. **Instituições de direito civil:** direitos reais. Rio de Janeiro: Forense, 2017.

RIBEIRO, Juliana de Oliveira Xavier. **Direito notarial e registral.** Rio de Janeiro: Campus 2008.

RIZZARDO, Arnaldo. **Condomínio edilício e incorporação imobiliária.** Rio de Janeiro: Forense, 2011.

RODRIGUES, Silvio. **Direito civil:** direito das coisas. São Paulo: Saraiva, 2007.

RODRIGUES, Silvio. **Direito civil:** direito reais. São Paulo: Saraiva, 2007.

RODRIGUES, Silvio. **Direito civil:** dos contratos e das declarações unilaterais das vontades. São Paulo: Saraiva, 2007.

RODRIGUES, Silvio. **Direito civil:** parte geral das obrigações. São Paulo: Saraiva, 2007.

SANTOS, Gildo dos. **Locação e despejo.** São Paulo: Revista dos Tribunais, 2011.

SCAVONE JR, Luiz Antônio e PERES, Tatiana Bonatti. **Lei do inquilinato comentada artigo por artigo.** Rio de Janeiro: Forense, 2020.

SCAVONE JR, Luiz Antônio. **Direito imobiliário:** teoria e prática. Rio de Janeiro: Forense, 2021.

SLAIBI, Nagib e SÁ, Romar Navarro de. **Comentários à lei do inquilinato.** Rio de Janeiro: Forense, 2010.

SOUZA, Sylvio Capanema de. **A lei do inquilinato comentada artigo por artigo.** Rio de Janeiro: Forense, 2013.

TARTUCE, Flavio. **Manual de direito civil.** São Paulo Método, 2018.

TARTUCE, Flavio *et al.* **Código civil comentado:** doutrina e jurisprudência. Rio de Janeiro: Forense, 2020.

TEPEDINO, Gustavo. **Multipropriedade imobiliária.** São Paulo: Saraiva, 1993.

TUCCI, José Rogerio Cruz e. **A penhora e o bem de família do fiador da locação.** São Paulo: Revista dos Tribunais, 2003.

VENOSA, Sílvio de Salvo. **Direito civil:** direitos reais. São Paulo: Atlas, 2007.

VENOSA, Sílvio de Salvo. **Direito civil:** responsabilidade civil. São Paulo: Atlas, 2007.

WAMBIER, Teresa Arruda Alvim *et al.* **Primeiros comentários ao novo código de processo civil artigo por artigo.** São Paulo: Revista dos Tribunais, 2016.